此书为广东省教育厅人文社会科学研究项目
"大易翻译学：译学的大易视角研究"
（批准号：2013WXYM0104）的最终研究成果

大易翻译学

YI-TRANSLATOLOGY

陈东成 著

中国社会科学出版社

图书在版编目(CIP)数据

大易翻译学/陈东成著．—北京：中国社会科学出版社，2016．2
(2017．6 重印)
ISBN 978 - 7 - 5161 - 7618 - 4

Ⅰ．①大…　Ⅱ．①陈…　Ⅲ．①《周易》—翻译理论
Ⅳ．①B221．4

中国版本图书馆 CIP 数据核字(2016)第 032897 号

出 版 人	赵剑英	
选题策划	刘　艳	
责任编辑	刘　艳	
责任校对	陈　晨	
责任印制	戴　宽	

出　　版　中国社会科学出版社
社　　址　北京鼓楼西大街甲 158 号
邮　　编　100720
网　　址　http://www.csspw.cn
发 行 部　010 - 84083685
门 市 部　010 - 84029450
经　　销　新华书店及其他书店

印　　刷　北京明恒达印务有限公司
装　　订　廊坊市广阳区广增装订厂
版　　次　2016 年 2 月第 1 版
印　　次　2017 年 6 月第 2 次印刷

开　　本　710×1000　1/16
印　　张　18.25
插　　页　2
字　　数　312 千字
定　　价　78.00 元

谨以此书献给

我敬爱的父母亲

陈行光先生

余莲宝女士

学者点评

（以姓氏拼音为序）

《大易翻译学》以易治译，以易弘译，是译学中一大创新型研究成果。陈君如能以易学为体、译学为用，并双向发挥，必然在两方面都会有很大的成就。有关易学方面，"三易"之说必须扩展为"五易"之说，方能彰显译学中意义交换及视野融和的目标，是以为勉。

——国际易经学会会长、美国夏威夷大学终身教授成中英

译学界给翻译的定义林林总总，但是就其凝炼与精当而言，首推《大易翻译学》的表述：生生之谓译；就像翻译标准各说纷纭，人们还是普遍信奉"信达雅"三字一样。我国传统哲学强调"生生"为宇宙的根本原理，认为"二气交感，化生万物，万物生生而变化无穷焉。"……讨论翻译，或可把上述名言改为："二语交际，化生翻译，译文生生而变化无穷焉。"这里，二语指两种不同的语言。用两种语言交际就产生翻译，译语生生不息，译事、译理、译史延绵发展。《大易翻译学》的作者传承国粹，以易治译。这是难得的既弘易又弘道的译学新论。

——《上海翻译》主编、上海大学教授方梦之

《周易》乃群经之首，大道之源，中国文化与智慧之宝库。《大易翻译学》蹊径独辟，以《周易》的"道""理"阐释现代译学，展示了译学研究的中国特色，拓宽了译学研究的中国视角。

——澳门理工学院教授蒋骁华

深圳大学外国语学院陈东成教授学贯中西，精思深研《周易》与翻译学，尝试结合二者，构建会通体系，完成《大易翻译学》杰作，中国社会科学出版社出版，来鸿

邀请赐言，与有荣焉。特赋《东成教授大易翻译学赞》排律一首，祝贺学志圆成，更上层楼！

东西道理古今同，
成就名山德业隆。
教艺相长时损益，
授研互惠岁枯荣；
大家切磋琢磨久，
易传思量斟酌重；
翻典圆神玄妙巧，
译文信达雅恢宏；
学无止境勤为岸，
赞美三才仰圣功。

——台湾师范大学教授赖贵三

《大易翻译学》出入中西，归本大易，推陈出新。展卷读之，便觉别有风味，耳目一新，遂作《东成大易翻译学好》诗一首以赞之。

东西南北你也她，
成功酿蜜笔生花。
大作宏辉争祥报，
易苑精髓喜上嘉。
翻阅典章添新页，
译带一路通天塔。
学研创新宜自觉，
好生庄重颂中华！

——《中国科技翻译》主编、中国科学院教授李亚舒

融合中西文化，体悟先圣之意，建构大易翻译学，转换话语系统，再显大易精义，立成器为天下利。

——《周易研究》副主编、山东大学教授林忠军

　　《周易》是中国古代哲学的一座高不可攀的巅峰，令凡人却步，引智者痴迷。东成教授显然就是这样一位智者，他用中国哲学来论中国译学之事，上接天理，下接地气，理论与实践无缝对接。他的这部《大易翻译学》是一部难得的、真正具有中国特色的翻译研究。

——中山大学教授王东风

　　本书作者立足《周易》所承载之中国传统哲学思想，"援易入译"，系统阐释当代翻译学的新话题。其价值性、合理性及科学性如何，读者自有思考与判断，但作者坚持探索，孜孜于"易"与"译"的研究，这是极其值得肯定与支持的。

——香港浸会大学教授谭载喜

目 录

序

"形而上者谓之道，形而下者谓之器。"这是《周易》对自身和人类一切知识体系的高度概括。可是人类失之于道已久，诚如《论语》所言："天下之无道也久矣。"当今的知识追索要么是本末倒置，要么迷失于细枝末叶，有些令人无奈。复归于道，似乎是痴人说梦。然而，有人却在默默地践行。翻译，在很多人看来算不得什么学问，而在我看来它却是通向所有知识领域的大学之道。有哪门学科像翻译学这样包含更多的真理与悖论，需要研究者抛洒更多的热情，也需要他们投入更多的理性与辩证？如果没有道的引领，其结果必然是混乱而低劣的——理论与实践皆如此。我在讲座中回顾经典翻译的质量问题时曾断言以往的译作百分之九十九不合格，听者可能会觉得我故作惊人之语，其实这是我发自内心的真话。如果没有道的关照或者我们崩解了形上与形下之间的张力，不谙哲学、文学之要义，情况也只能如此。我之所以还保留百分之一，这大概是由于潜意识中的客气吧。

撰写《翻译学归结论》时，我心目中的框架就是《周易》。归结何处？归结于道；翻译的系统是什么？就是易。但我并没以《周易》作为翻译学的构架。那时人们大多觉得《周易》太玄，而更主要的原因是：我对《周易》认识还很浅，不敢贸然采用。

十年后我有幸受陈东成先生信赖，为其新著《大易翻译学》作序。由于对《周易》还没精研，我真觉得无能为力。但陈先生如此诚挚，我实在无法婉拒。好在我对《周易》也是一片痴情，权作是一个学习机会，说几点自己的感受吧。

在知识爆炸的当下，翻译是不乏理论的，但纵观形形色色的理论，由于没有形而上的关照，其认识是极其庞杂而肤浅的，甚至有的理论其精神竟是颠覆翻译的本原、本质而借翻译理论之名行解构翻译理论之实，于是

"作者死了"，而传统的准则比如忠实、对等，乃至文本本身都被解构了。翻译成了是其所非的荒谬和无所不是的弥散。

《大易翻译学》是一次反动，是将翻译拉回正轨的企图，而且它多向度地向前掘进了。

通读《大易翻译学》是一次愉快的学术旅程。

该书以《周易》为哲学依据，系统地探索翻译的本原、本质、原理与方法，进而朝外在的成分扩展，它力图建构的是翻译学全域与局域相照应的理论体系。

它引贾公彦之言："译即易，谓换易言语使相解也。"可谓一语道破天机。译乃是大学之道，只是相对于"易"，其所谓的"译"是译理在翻译中的体现。一切的"译"均可以以"易"为关照，比如翻译本质"交易论"、"太和"翻译标准、"中和"翻译批评标准、"阴化、阳化"翻译策略、"阴译、阳译"翻译方法、"生生为美"的翻译审美观、"利以合义"的翻译伦理观、"保合太和"的翻译生态环境观，等等，无不蕴含简明而深刻的易理。

该书中"译"与"易"的结合是全域的、系统的，它细化易理作为哲学依据来阐释和推演出翻译的要旨。它从《周易》中的"生生之谓易"推演出"生生之谓译"，认为译作不是原作的附庸，而是原作的再生，即原作与译作不是主从关系，而是平等互补的关系，体现着《周易》里所谓的阴阳关系：阴中有阳，阳中有阴，阴阳互存互生。翻译之所以是"文化交易"，是因为翻译是原文信息在异域文化中的再传播，与其说是语言的转换，不如说是文化的易位，是一种跨语言的文化对话，是原语文化与译语文化这两个体系的交际、合作或交融。原语文化与译语文化，犹如阴阳两种力量，两者相遇、相摩、相荡、相融后便产生文化交易。显然，这种译理的解释超越了传统译论的忠实、对等，也避开了西方翻译理论的操控论、改写论，它以翻译为本由此也就确立了译者独立的学术地位。

该书进而以"易"的"简易"、"变易"、"不易"推演出"译"的"简易"、"变易"、"不易"，并指出"译"与"易"相通。不难发现，这是很合理的定位和解释。它从宏观的视角探讨翻译原则，得出这样的断言：一是求同存异，二是守经达权。"易之三义"即简易、变易、不易在翻译中得到全面的体现。"不易"是体，"变易"是相，"简易"是用。

如果我们把"易"与"不易"看作两极，则翻译处于"易"与"不易"的张力之中。"不易"是"常道"，它不局限于具体的语言，是最高位的抽象，人们称之为"经"；"易"则表现在"通权达变"上。在具体的层面翻译可以无处不变，但所有的变又都是受制约的，这一性状可以看作翻译的本质。"求同存异、守经达权"是依据《周易》哲学进行的高度提炼，是从新的视角切入进行的研究，而且也以中外权威译论加以佐证，有较强的科学性和说服力，对译者和译论研究者自然也有所裨益。

"易"是"译"的本体论定位，但是如果不设定翻译标准或勾勒出翻译策略，翻译也便没有可操作性了。该书以"太和"为翻译标准，并探讨其特性和实现途径，即"阴化、阳化"翻译策略。"太和"翻译标准是《周易》中"和"、"中和"、"太和"等观念和思想的推演，"阴化、阳化"翻译策略以易理为哲学依据，以十二消息卦作类比推出。策略与方法相辅相成，该书从"阴化、阳化"翻译策略又推演出"阴译、阳译"翻译方法。翻译中阴译和阳译互存互依，不可截然分割，理想的状态是"阴阳合德"、"阴阳和合"、"协调互补"。

"太和"不是一个玄虚的概念，作为一种翻译标准，它具有多种特性，包括整体性、多样性、审美性和动态性，符合且体现为语言的组合原则和格式塔效应。就审美性而言，"太和"是一种最本真、最理想的状态。和谐即美，由太和而推及审美是符合逻辑的，其拟构的太和审美包括语言审美、文化审美、情感审美等。《周易》所指的"太和"是阴与阳的完美统一，是一种变化之美，诚如《道德经》所言："万物负阴而抱阳，冲气以为和。"审美是"神以明之"的玄妙，而《大易翻译学》给出了基于易理的解释，把它归结到生命，即审美本原：生命即美，生命是翻译的本原。在《周易》文化与美学审视中，"生"是易理的根本，从宇宙自然到人类社会是一个生生不息的大系统。就翻译而言，"译有生生之美。""生生"是翻译审美的前提，也是翻译审美的根本和理论基础。

该书还从《周易》移植了"言"、"象"、"意"这些概念，它们同样适用于翻译审美。比如，"象"是中国美学的逻辑起点。象之大美，在于摄"象"以尽"意"，即"立象尽意"。《周易》提出"立象以尽意"，把象看成表意的工具和桥梁，对语言所无法表达的某种深邃隐秘的情思进行潜移默化的显示，以弥补"言不尽意"的遗憾。事实上，语言处于有限和无限、不尽意和尽意的悖论之中，而就译者而言，由于受到原文的制约，其所面对的更多的是语言的局限性，而象本身则具有整体性、形象性、多义性，其中包孕着无限丰富的情趣和意蕴，能够弥补语言相关方面的不足，能够以小喻大、以少总多、以有限喻无限，从中体现了象征的意义，使其既具体又概括，既感性又抽象，使形而下之象能够表达形而上之道。

翻译涉及语言的运用，必须进行语言操作，虽说言不尽意，但必须言说，必须"译有所为"。美的创造需要"通变"／"变通"。翻译遵循《周易》的变革模式：穷—变—通—久—利/文。事物因穷而变，因变而通，因通而久，因久而得利/成文。

翻译的本体、原则、策略、方法等是基于翻译本身的考察，当然这些不是翻译的全部。该书也放眼文本之外论及翻译的外在因素。

《大易翻译学》利用《周易》的语言阐释了相关的翻译伦理：修辞立诚、利以合义、交通成和、以同而异和进德修业，这些内容大致涉及再现伦理、服务伦理、交际伦理、存异伦理和译者伦理。它们共存并依，彼此相互联系，构成一个有机的整体，不能彼此割裂，单独看待。它认为，"修辞立诚"是一切翻译活动得以进行的伦理预设，是确保翻译顺利进行的必要条件。翻译既要讲翻译之"利"，又要讲翻译之"义"，应遵循"利以合义"的伦理标准。《周易》主张以同而异或说求同存异。在翻译过程中，译者应怀着一种开放的精神和宽容的心态，遵循"以同而异"原则，顺应文化交流的本质，让不同文化各美其美，使它们在相互交流中彼此从对方获取营养，共同生长、发展和繁荣。

"画虎画皮难画骨"，"意态由来画不成"。风格的翻译虽然不无可能却是最为玄妙的东西。《大易翻译学》认为，译者风格与原作风格是翻译中风格运动的矛盾双方，而根据《周易》的模仿说，文本间的模仿不仅可能而且可行，可以达致"阴阳合德"的状态。译者能与原作者产生情感的沟通，达到心灵的共鸣，翻译时两者的风格便易于融合，原作的"气韵"也易于传达，从而达到"同声相应，同气相求"的效果。

翻译风格的达成涉及翻译距离。由于时空距离、语言距离、文化距离、心理距离等客观存在，翻译距离不可避免。翻译是一种调和，它要"适当"，要"致中和"，因此正确调整翻译距离的原则和方法必不可少。该书根据《周易》的与时迁移、应物变化的道理提出了"变通"／"通变"的翻译思想，而且依据《周易》的"穷—变—通—久—利/文"变革模式提出了翻译的变通途径，即为取得最佳美学效果，译者调整翻译距离时应以"致中和"为终极目标，遵守"适旨、适性、适变、适度"的原则，灵活运用各种翻译技法，创造使人知之、乐之、好之的理想译文。

由于译即易，即变，而译的变是无穷尽的——变文之数无方，所以该书基于《周易》原理对于复译现象进行了解释。它认为文本的意义总是处于未定状态，文本具有开放性，因此其解释不是单一的，而是多元的。主体不同，理解不同，选择不同，翻译就不同。另外，对于历史上同一个作家、同一部作品的理解和接受，不同时代的译者往往不尽相同，甚至有很大的差异。前人有言："易无达占，从变而移。"就是说，易卦没有固定的占断，因人、因事、因时而异。文无定诠，言人人殊，人以群分，言随时变……种种不确定因素决定了复译的必然性。

翻译批评是翻译的重要一环，但批评不是任意的，它与翻译的标准互为表里，所以该书提出了"中和"翻译批评标准。"中和"是"中"与"和"的结合。"中"与"和"的关系可以说是体用关系或因果关系，事物因"中"而"和"，"中"是体，是"和"的前提，"和"是用，是"中"的结果。翻译批评应以"中和"为终极目标，"中和"可作为翻译批评的标准。"中和"翻译批评标准的特性可以概括为：整体性、多元性和动态性。翻译批评方法在总体上呈现开放性系统的特性，不能只从一个方向、一个平面、一条直线上去研究。我们可以从不同层次、不同视角、不同侧面等进行相关研究。但无论怎样，翻译批评应不断朝着"中和"这一目标努力。从大易的视角着重研究翻译批评标准、原则和方法，可以说该书折射了中国传统文化的智慧。

通观全书，《大易翻译学》并不局限于文本而涉及与文本相关的因素，涵盖"科学学"所关注的范畴。翻译伴随翻译生态环境而生。这种视角有别于悬置法则，但有其合理性，因为生态和环境，犹如阴阳两种力量，相摩相荡，相生相克，交感成和，生生不息。翻译生态环境的"太和"状态是动态的，它随宏观环境因素、支持环境因素、作者因素、译者因素、读者因素等的变化而变化。此所谓"圆满调和"，即中国哲学上的"和合之境"或"太和之境"。

当然，任何理论都无法对翻译这个宇宙进化史上最为复杂的事件进行穷尽性的解释。《大易翻译学》可以看作一个总纲，具体的问题还需要专书来细化。

　　翻译处于悖论之中，既可以看作飞矢不动也可以看作万物皆流，那么其制约条件是什么呢？目前书中提到的标准是弹性的，还没有量化或难以量化，其操作性还有所欠缺，在此意义上作者还可进行更深入的探讨。

　　翻译的本原涉及翻译的本体论定位，而作者在此方面也着墨不多。其说明、描述的成分偏多，而解释、推导或推演的步骤等方面还不够充分，比如"简易"、"变易"、"不易"之间的关系，在翻译中如何体现如何操作等都需要进一步的研究。就翻译批评而言，它着墨的重点是批评所涉及的伦理，似乎还缺少翻译批评的客观依据和理性的推导。

　　通观全书，其论述是系统而全面的，涉及翻译本体与本质、翻译标准与策略、翻译原则与方法、翻译审美、翻译伦理、翻译风格、翻译距离、复译原因与策略、翻译批评标准与原则、翻译生态环境等诸多方面。

　　该书融易学与译学为一体，既弘易道又弘译道，是作者多年来从事译学、易学研究之结晶。翻译相对于道而言是用是器，而翻译学本身也具有翻译的本体论地位，在此意义上《大易翻译学》将翻译研究从对"器"的探究上升至了对"道"的求索。

　　综观之，《大易翻译学》以易治译，拓展了翻译研究的途径，为中国传统译论灌注了新的血液。

赵彦春

2015 年 9 月 10 日

于天津马场道

前　言

改革开放后的二三十年，我国引进了大量的西方翻译论著，包括雅各布逊（Roman Jacobson）、卡特福德（John Catford）、奈达（Eugene A. Nida）、纽马克（Peter Newmark）、斯坦纳（George Steiner）、韦努蒂（Lawrence Venuti）、巴斯内特（Susan Bassnett）、勒弗维尔（André Lefevere）、赖斯（Katharina Reiss）等一大批学者的论著，西方翻译理论在我国"大行其道"，一度将中国翻译理论推向边缘化状态。近十多年来，情况出现了明显变化，国内不少学者致力于中国翻译理论的研究与创新。例如，1999 年，北京师范大学郑海凌教授在《中国翻译》（第 4 期）上发表《翻译标准新说：和谐说》一文，开启和谐说翻译思想的传播历程。2001年，清华大学胡庚申教授在国际译联第三届亚洲翻译论坛宣读论文《翻译适应选择论初探》，正式提出翻译适应选择论。近几年来，世界范围内有关翻译适应选择论的研究日趋理性和成熟，催生了生态翻译学的形成。2011 年，南京理工大学吴志杰教授在《南京理工大学学报（社会科学版）》（第 2 期）和《中国翻译》（第 4 期）上分别发表论文《中国传统译论研究的新方向：和合翻译学》和《和合翻译研究刍议》，提出了创立和合翻译学的设想，目前不少学者致力于和合翻译学的研究……国内越来越多的学者从不同的角度审视翻译，探讨新的翻译研究途径。但综观全局，现有国内翻译研究尚存一些不足，较为明显的是：在"器"上做文章者多，在"道"上探究者少。翻译理论要真正创新和彰显魅力，相关研究必须由"器"上升至"道"。而达至此"道"的良策莫过于将翻译的有关问题置于哲学的高度加以透视并进行系统研究。本书正是从这一策略出发，以《周易》的哲理为理论基础，探赜索隐，钩深致远，构建大易翻译学，综合研究一系列翻译问题，从而寻求有关翻译规律以指导翻译实践。

《周易》雄踞六经之首、三玄之冠,是"经典中之经典,哲学中之哲学,智慧中之智慧"(南怀瑾,2008:5)。它以别具一格的表现形式和博大精深的思想内容,将生动的形象与深刻的哲理结合,将形象思维与逻辑思维结合,形成了恍惚窈冥的象征哲学,闪现出人类智慧的灿烂光辉。《周易》因此历来备受关注,相关研究层出不穷。在国内,从古代的《易纬》、王弼《周易注》、孔颖达《周易正义》、朱熹《周易本义》、来知德《周易集注》、王夫之《周易外传》等到当代的李镜池《周易探源》,苏渊雷《易学会通》,高亨《周易古经今注》,朱伯崑《易学哲学史》,黄寿祺、张善文《周易译注》,金景芳、吕绍纲《周易全解》等,易学著作可谓汗牛充栋。这些著作虽涵盖"天地人三才",但没有涉及翻译理论。在国外,1626年法国耶稣会士金尼阁(Nicolas Trigault)译介《周易》后,比利时耶稣会士柏应理(Philippe Couplet)(1687)、法国耶稣会士雷孝思(Jean-Baptiste Régis)(1834)、英国汉学家理雅各(James Legge)(1882)、德国神学家卫礼贤(Richard Wilhelm)(1924)、加拿大汉学家林理彰(Richard John Lynn)(1994)、美国汉学家夏含夷(Edward Shaughnessy)(1996)、英国汉学家闵福德(John Minford)(2014)等大批学者对《周易》进行了译介和研究,在西方产生了强烈反响,并对西方文化的影响越来越大(杨平,2015)。然而,他们的研究路径大致为:(1)以传教士汉学为母体的宗教学路径;(2)以荣格(Carl Gustav Jung)为起点的分析心理学—比较文化学路径;(3)以考证和思辨为特征的历史—哲学路径;(4)结合自然科学的"科学易"路径(赵娟,2011)。这些国外易学研究者中没人从《周易》的视角系统研究翻译理论。

《易》准天地,弥纶大道,范围万化而无过,曲成万物而不遗。《四库全书总目提要》断言:"易道广大,无所不包,旁及天文、地理、乐律、兵法、韵学、算术,以逮方外之炉火,皆可援易以为说。"(转引自傅惠生、张善文,2008:42)在翻译研究史上,"援易以为说"可追溯至我国论述翻译的第一文——三国时期支谦的《法句经序》。该文提到:"老氏称'美言不信,信言不美。'仲尼亦云'书不尽言,言不尽意。'"(支谦,2009:22)其中"书不尽言,言不尽意"出自《周易·系辞上传》。梁慧皎《高僧传》(卷第七)说,竺道生"彻悟言外",视"忘筌取鱼"为译经大法(慧皎,1992:256)。这一说源自魏王弼对《周易·系辞上传》"圣人立象以尽意,设卦以尽情伪,系辞焉以尽其言"的发挥：“故言者，所以明象，得象而忘言；象者，所以存意，得意而忘象。犹蹄者所以在兔，得兔而忘蹄；筌者所以在鱼，得鱼而忘筌也。”（王弼，2011：414）清严复《〈天演论〉译例言》“援易以为说”甚为明显：“《易》曰：‘修辞立诚。’子曰：‘辞达而已。’又曰：‘言之无文，行之不远。’三者乃文章正轨，亦即为译事楷模。”（严复，2009：202）其中“修辞立诚”源自《周易·文言传》。进入现当代，翻译研究受《周易》浸染越来越深。例如，许渊冲《译学与〈易经〉》（1992），钱纪芳《和合翻译思想初探》（2010），周朝伟《解蔽“翻译标准”》（2011），李丹、彭利元《从阴阳学说看翻译中的异化与归化》（2011），魏建刚《鸣鹤在阴，其子和之——中国传统译学之易学影响发微》（2015）等，皆援易入译，利用《周易》的智慧阐释有关翻译问题。但遗憾的是，这些译论在整个翻译研究中仅是凤毛麟角，只能算零星“散论”，不但数量非常有限而且缺乏系统性。相对于辉煌灿烂的《周易》文化，翻译研究中映现的《周易》身影何其少！因此，在当今弘扬中国传统文化的大潮中，加强援易入译的研究工作极为必要且意义重大。为顺应时代的潮流，笔者致力于易学与译学研究，将两者融合构建大易翻译学并撰写了专著《大易翻译学》。此书并非简单零散地援易入译，而是较深入系统地以易治译，力图以易弘译。

世界是一个系统，人类社会是一个系统，文化是一个系统，大易翻译学也是一个系统，他们分别实现自己的太极建构。就大易翻译学而言，它不是一个简单的元素，而是一个成分多样的复杂的太极建构，其研究范围不囿于一隅，研究内容不拘于一端。总的说来，《大易翻译学》以《周易》文本和文化、翻译理论和实践为主要研究对象，将易学和译学融为一体，创立新的翻译研究话语体系。全书共十三章，涉及的主要话题有：大易翻译学的哲学依据、翻译含义与本质、翻译标准与策略、翻译原则与方法、翻译审美（包括审美本原、审美表现、审美态度、审美境界、审美理想）、翻译伦理（包括再现伦理、服务伦理、交际伦理、存异伦理、译者伦理）、翻译风格（包括风格的可译性、翻译风格与译者个性的关系、译者风格与原文风格的统一）、翻译距离（包括翻译距离的成因、翻译距离调整的原则与方法）、复译（包括复译原因与策略）、翻译批评（包括翻译批评标准、原则与方法）、翻译生态环境（包括翻译生态环境的特性、各要素之间的关系及其理想状态）等。

　　本书根据所涉及的话题提出和论证了一系列观点，主要有：（1）《周易》是一部蕴藏无穷智慧的宝典，涵具阴阳交变的道理，拥有丰富的哲学思想，可以指导大易翻译学的构建。（2）"易"与"译"是体用关系，体用一源，易译相通。译含多义：简易、变易、不易等；生生之谓译，"生生"即创生、相生、生生不息。（3）翻译是原语文化与译语文化的相遇、相摩、相荡、相融，其本质是文化交易。（4）"太和"可作为翻译标准，它具有整体性、多样性、审美性、动态性，其实现策略——阴化与阳化策略可用易理、太极图、十二消息卦等得到科学论证。（5）翻译应坚持两条基本原则：求同存异、守经达权。（6）文无定诠，译无定法，变文之数无方。译者应灵活运用阴译、阳译方法以及琳琅满目之译技，创造使人知之、乐之、好之的译文。（7）翻译审美应把握以下要点：①审美本原：生命即美；②审美表现：立象尽意；③审美态度：贵时通变；④审美境界：精义入神；⑤审美理想：止于太和。（8）译者应恪守如下翻译伦理：①修辞立诚；②利以合义；③交通成和；④以同而异；⑤进德修业。（9）风格的可译性可用《周易》的模仿观来论证，翻译风格和译者个性的关系可借鉴八卦图来阐释，翻译风格之美在于译者风格与原作风格"致中和"，包括：①材料选择：各从其类；②原文理解：心悟神解；③译文表达：适中得当。（10）翻译是一个涉及"言—象—意"与"意—象—言"多级生发的思维过程，其间原作发生变形，翻译距离必然产生。为使翻译距离产生翻译之美，译者应遵守"适旨、适性、适变、适度"的调整原则。（11）复译的原因可归结为：①文本的开放性：文无定诠；②译者的主体性：言人人殊；③读者的差异性：人以群分；④语言的时代性：言随时变。复译可采取如下策略：①纠错性复译：改错迁善；②改进性复译：渐臻至善；③建构性复译：见仁见智；④适应性复译：趋吉避凶。（12）翻译批评应以"中和"为标准，以"善、公、实、全"为原则，多层次、多视角、多途径进行。（13）翻译生态环境具有整体性、多样性、创生性、动态性，各因素交相感应、相生相克、生生不息，其理想状态为"保合太和"。

　　作为跨越易学和译学两个学科领域的一种新的翻译研究途径，大易翻译学主要汲取这两个学科的营养，把翻译置于"天地人三才"中，对翻译进行客观审视、分析、论证。基于此，本书撰写的基本思路是以"翻译"为"经"，以"大易"为"纬"，"经""纬"交织，从哲学的高度将"体"、"相"、"用"贯通，以致"成务"，构建大易翻译学。换言之，就是援易入译，以易治译，以易弘译。

本书借鉴《周易》的整体论方法，采用系统分析的方法展开写作，即为达到既定目的，集中分析系统的各个组成部分，综合研究其各种因果关系。也就是说，宏观上，把握翻译研究中各要素的关系结构，从整体上进行系统思考，综合分析；微观上，以相关的易理为理论支撑，以客观翻译现象和现有翻译理论为事实依据，全方位、多视角、多层次研究具体的翻译问题。文献综述法、例证法、类比法、比较法、图表法等，根据需要择用，并以能产生最佳效果者优先。

本书是笔者从事译学、易学研究多年之结晶，其中不乏创新之处，主要表现在：（1）总体构思上，提出了以易理为哲学依据构建大易翻译学的设想，为当下的翻译研究提供了一种新的途径；（2）具体内容上，较有创见性地提出并论证了一系列译学观点，如翻译本质"交易论"、"太和"翻译标准、"中和"翻译批评标准、"生生为美"的翻译审美观、"利以合义"的翻译伦理观、"保合太和"的翻译生态环境观等，为中国传统译论灌注了新的血液；（3）研究策略上，走出把中国译论置于西方译论的标准中进行定位的做法，充分发掘大易的智慧，以易治译，从而彰显中国译论的优势；古今贯通、中西结合、体用融合，使大易翻译学形成一个时空交汇、旁通统贯、开放和谐的译学体系。

构建大易翻译学，是走前人没走过的学术道路，必须"披荆斩棘"。总体来说，是用易理做工具在译学之山开路，成功与否主要在于对工具的妙用。这就要靠智慧，如何获得这智慧，无疑是笔者面临的难点。具体来讲，本书写作过程中这些难点表现在：（1）"生生之谓译"的论断、翻译本质"交易论"、"太和"翻译标准、"阴化、阳化"翻译策略、"善、公、实、全"翻译批评原则、"适旨、适性、适变、适度"翻译距离调整原则等是译学中的新观点，要用易理、易图（如八卦图、阴阳鱼图、十二消息卦图）等作缜密的科学论证，需探两仪之奥，具卓识沉机。（2）《周易》是"有字天书"，文辞句读简古玄深，卦爻象数扑朔迷离，卦爻筮符与卦爻辞之语义联系复繁错综，索解难度大。阅读时必须探赜索隐，精义入神；同时运用时必须善于甄别，适当选择。（3）《周易》是一部带有占卜色彩的哲学书，是"天人之学"，主要讲"天人之道"，无法从中找到直接论述翻译的文字。要从中悟出相关哲理并将其娴熟自如地运用于翻译研究中，是件难度很大的事。（4）笔者意欲通过中国传统文化中的有关论述建立翻译领域中的中西方对话，掌握和发挥这些论述既要勤奋钻研又要有极高的学术敏感性、洞察力和创造力，这对笔者是一大挑战。（5）《周易》语言艰涩，义理深奥，如何在行文的过程中表达恰到好处，便于当代读者理解和欣赏，这也是笔者遇到的难点之一。

构建大易翻译学是笔者勉强为之之事，重重困难，有的已找到满意的解决办法，有的至今无力应对，留下诸多遗憾。大易翻译学是个新生事物，正值处屯之时，需多方理解和支持。诚望后继有人，弘前人之智慧，补笔者之不足，推动大易翻译学蓬勃发展。

陈东成

2015 年 9 月 11 日

于深圳大学海滨小区寓所

第一章

大易翻译学的哲学依据

大易翻译学（Yi-translatology），简称"易译学"（YT），是一种援易入译、以易治译、以易弘译的翻译研究途径。换言之，大易翻译学是按照大易所揭示的道理来研究翻译本质、翻译标准、翻译原则、翻译审美、翻译伦理、翻译风格、翻译距离、翻译批评、翻译生态环境等一系列问题，从而寻求翻译规律以指导翻译实践的一种翻译研究途径。本书中，"大易"一般指《周易》以及推演这部经典的观点和学说。本章首先讨论有关《周易》的几个基本话题，然后简述大易翻译学的哲学依据。

一 《周易》的命名之义

"对非常事物称谓的解读，犹如对其博大内涵的领悟一样，从来就不是一览无余，一蹴而就的事情。"（刘业超，2012：276）《周易》的命名之义，一直众说纷纭，无人能尽窥其秘。

《周礼·春官》记载："大卜……掌三易之法，一曰连山，二曰归藏，三曰周易。其经卦皆八，其别皆六十有四。"① 南宋王应麟《三字经》说："有连山，有归藏，有周易，三易详。"由此可见，《易》有《连山易》、《归藏易》和《周易》。因《连山易》、《归藏易》原典早佚，现在唯有《周易》存世，所以我们所说的《易》一般指《周易》。关于《周易》的形成，东汉班固《汉书·艺文志》概括为："人更三圣，世历三古。"上古时，伏羲创八卦；中古时，周文王作卦辞；近古时，孔子著《易传》，对《周易》作了权威性解释（刘蔚华，2007：22）（后人对此说有疑，于

---

① 本书所引中文古籍原文的出处一般只说明作者名（作者不详者除外）、书名、篇章名，其他信息从略。

是有"人更多手，时历多世"等说，这里略去不谈）。

"周易"作为书名最早见于《左传》，如《左传·庄公二十二年》记载："周史有以《周易》见陈侯者。"（周朝的史官用《周易》为陈侯演策算卦。）"庄公二十二年"换算成公历，是公元前 672 年（王振复，2011：33）。

关于《周易》的命名之义，说法不一。

首先看关于"周"的解释：

（1）"周"为朝代名，即"周代"。东汉郑玄《易赞》及《易论》云："夏曰《连山》，殷曰《归藏》，周曰《周易》。"唐孔颖达《周易正义》解释道："又文王作《易》之时，正在羑里，周德未兴，犹是殷世也，故题'周'别于殷；以此文王所演，故谓之《周易》，其犹《周书》、《周礼》题'周'以别余代。故《易纬》云'因代以题周'是也。"南宋朱熹《周易本义》明言："周，代名也。"

（2）"周"为地名，即"周原"。孔颖达《周易正义》曰："案《世谱》等群书，神农一曰连山氏，亦曰列山氏；皇帝一曰归藏氏。既连山、归藏并是代号，则《周易》称'周'，取岐阳地名，《毛诗》云'周原朊朊'是也。""周原"指"岐阳"，在今陕西省扶风、岐山县境内，是周朝先祖古公亶父自陕西甸邑迁移到这里建造都邑的发祥之地。

（3）"周"为"周普"、"周备"。郑玄《易赞》云："《连山》者，象山之出云，连连不绝；《归藏》者，万物莫不归藏其中；《周易》者，言易道周普，无所不备。"唐陆德明《经典释文》断言："周，代名也，周至也，遍也，备也，今名书，义取周普。"清姚配中《周易姚氏学》以郑说为是，并举《周易·系辞传》"易与天地准，故能弥纶天地之道"、"知周乎万物"、"周流六虚"等语句为佐证。

（4）"周"为"周匝"、"周期"、"周环"。钱基博（2010：7—9）称："'周'之为言'周匝'也，'周而复始'也。""'周'有原始反终之义。"张其成（2007：10—11）认为，"周"当为"周环"、"周旋"、"周期"之义。周环、周期是《周易》揭示的宇宙生命的最根本的规律。"周易"就是周而复始的变易规律。

（5）"周"为"占"、"卜"。王振复（2011：35）认为，"周易"的"周"有"密"义；"密"有"正"义；"正"通"贞"；"贞"为占、为卜，因此可以说，"周易"的"周"，不仅仅指周代、周朝、周原，而且是与"卜问"即占卜、占筮、向神灵询问相关的一个汉字。

再看关于"易"的解释：

（1）"易"为"日月"。《易纬·乾坤凿度》曰："易名有四义，本日月相衔。"郑玄《易论》曰："易者，日月也。"东汉魏伯阳《参同契》曰："日月为易，刚柔相当。"东汉许慎《说文解字》曰："秘书说'日月为易，象阴阳也'。"

（2）"易"为"蜥蜴"。《说文解字》这样解读"易"字："易，蜥易，蝘蜓，守宫也。象形。"意思是说，"易"字本像蜥蜴之形，也就是古人所说的"守宫"，这是一个象形字。"易，即蜴。蜥蜴因环境而改变自身颜色，曰之易，取其变化之义。"（祖行，2010：20）

（3）"易"为"飞鸟的形象"。有人根据《周易·系辞传》"远取诸物"的说明，认为原始的"易"字，是取其象形飞鸟的观念（南怀瑾、徐芹庭，2009：4）。鸟能在地上走，水中游，天空飞，走、游、飞三种行为状态可自由变换。"易"的"变换、变化"之义可能由鸟的行为状态变换引申而来。

（4）"易"为"卜筮"。郑玄《周礼注》曰："易者，揲蓍变易之数可占也。"（转引自张其成，2007：12）清吴汝纶指出："易者，占卜之名。《祭文》：'易抱龟南面，天子卷冕北面。'是易者占卜之名，因以名其官。《史记·大宛传》：'天子发书易'，谓发书卜也，又武帝轮台诏云：'易之，卦得《大过》。'易之，卜之也。说者从简易、不易、变易说之，皆非。"（转引自杨鸿儒，2011：11）近代易学名师尚秉和发论："愚案《史记·礼书》云：'能虑勿易。'亦以易为占。简易、不易、变易，皆《易》之用，非易字之本诂，本诂周占卜也。"（同上）

（5）"易"为"日出"。黄振华1968年在《哲学年刊》第五辑发表论文《论日出为易》，认为"易"在殷代甲骨文中为"俞"，象征"日出"，上半部尖顶表示初出的太阳，中间弧线表示海的水平面或山的轮廓线，下面三劈线表示太阳的光彩。并认为"日出"象征阴阳变化，大义主于"变易"（参见陈鼓应、赵建伟，2015：前言3）。

（6）"易"为"将液体从一个容器倾倒进另一个容器"。据王振复（2011：38—39）的研究，甲骨文中，有一个"易"字，是个象形字，象征人用双手把液体从一个容器倾倒到另一个容器中去，这是最古老的"易"字。它源自一种上古关于水等液体之流动的巫术理念，即水的变幻不定，与人的命运吉凶息息相关。

（7）"易"为"交易、变易"。清陈则震《周易浅谈》中将"易"的定义分为两种："一称交易，阴阳寒暑，上下四方对待是也；二称变易，春夏秋冬，循环往来是也。"（转引自祖行，2010：20）

（8）"易"为"简易、变易、不易"。孔颖达《周易正义》引《易纬·乾凿度》曰："易一名而含三义，所谓易也，变易也，不易也。"孔氏又指出："郑玄依此义，作《易赞》及《易论》云：'易一名而含三义：易简，一也；变易，二也；不易，三也。'"（孔颖达，2009：4）这就是所谓的"易之三义"：简易、变易、不易。

（9）"易"为"变易、不易、简易、代易"。当代学者苏渊雷对"易"有这样的见解："易则包括有无、生死、存在与不存在、现象与本质而言也。故以现象言，则曰'变易'；以易体言，则曰'不易'；以执一御万言，则曰'简易'；以其有无相代言，则曰'代易'。"（转引自杨鸿儒，2011：11）

（10）"易"为"变易、交易、反易、对易、移易"。清毛奇龄综合前儒诸说，在《仲氏易》中提出"易"有五层意义："一曰变易，谓阳变阴，阴变阳也。一曰交易，谓阴交乎阳，阳交乎阴也。一曰反易，谓相其顺逆，审其向背而反见之。一曰对易，谓比其阴阳，絜其刚柔而对视之。一曰移易，谓审其分聚，计其往来而推移，而上下之。"（转引自章关键，2007：90）

（11）"易"为"不易、变易、简易、交易、和易"。国际易经学会会长成中英（2006：5）提出了"易之五义"：生生源发义（彰显不易性）、变异多元义（彰显变易性）、秩序自然义（彰显简易性）、交易互补义（彰显交易性）、和谐相成义（彰显和易性）。

（12）"易"为"生生不息"。《周易·系辞传》曰："生生之谓易。"[1] 明喻国人认为："先儒解易为变易、为交易，总不如《系辞》'生生之谓易'五字为最确。"（转引自张其成，2007：12）易言宇宙万物生生不息，变动不居，易为生命哲学。

---

[1] 本书所引《周易》原文出自黄寿祺、张善文《周易译注》（上海古籍出版社2007年版），而黄寿祺、张善文《周易译注》以孔颖达《周易正义》为底本。本书中一般只注明所属经、传，其他信息不一一注明。

（13）"易"为"逆数"。《说卦传》曰："数往者顺，知来者逆，是故易逆数也。"郑玄将"易逆数"理解为："易本无形，自微及著。气从生，以下爻为始，故曰逆数也。"东晋韩康伯注："作易以逆睹来事，以前民用。"朱熹《周易本义》引邵雍语："自乾至坤，皆得未生之卦，若逆推四时之比也。"清李道平《周易集解纂疏》曰："乾坤初索震巽，再索坎离，三索艮兑，是逆数也。"从《易经》卦爻看，每卦六爻为六阶段，是从下往上发展的，这是"逆数"，同时卦爻是用来逆推事物变化发展的，这也是"逆数"。

以上对"周"、"易"的解释，从不同的视角看，各有其理。张其成（2007：13）依据诸家看法，总结出《周易》命名之义有三种：

（1）周代或周地的占筮；

（2）周代或周地的变化；

（3）周环或周期的变化。

他认为，《周易》的命名表层含义是"周代或周地的占筮"，深层含义是"周环或周期的变化"。笔者认为此说可取。

二　《周易》的基本构成

《周易》这部奇书，是世界上唯一由符号和文字组成的神秘古典，包括《易经》和《易传》（有时人们用《易经》代指《周易》）。

《易经》指的是《周易》中相对于《易传》的经文部分，包括上经三十卦和下经三十四卦，共六十四卦。每一卦由卦符（又称卦画）、卦名、卦辞、爻题、爻辞组成。

《易经》六十四卦由乾、坤、震、巽、坎、离、艮、兑这八卦重叠演变而来（八卦卦符、先天八卦图、后天八卦图、六十四卦卦符分别见图1.1、图1.2、图1.3、图1.4。为便于读者记忆，随图附上朱熹《八卦取象歌》和《六十四卦卦名次序歌》）。

每个卦符都有六爻，爻分阴阳，阳爻以"九"表示，阴爻以"六"表示。各卦中，爻从下向上排列成六行，其位置依次称为初、二、三、四、五、上。六十四个卦符共有三百八十四爻。卦名与卦辞、爻辞的内容相关。卦辞在爻辞之前，一般说明卦名的含义。爻题即卦中各爻的名称。爻辞是每卦内容的主要部分，根据有关内容按六爻的先后层次安排。

《易传》（又称《周易大传》或《易大传》）指的是《周易》中除经文部分外的七种十篇（合起来称为"十翼"）：《彖传》（上、下）、《象传》（上、下）、《系辞传》（上、下）、《文言传》、《说卦传》、《序卦传》、《杂卦传》。

《彖传》是对各卦卦名、卦辞及各卦大旨的阐释，即所谓"统论一卦之体，明其所由之主者也"（王弼，2011：395）。

《象传》是对各卦卦象及各爻爻象的阐释。

《系辞传》是《易传》中最重要、最有代表性的文字。它是我国古代首次对《易经》的产生、原理、意义及易卦占法等所作的全面、系统的说明，可视为早期的《易》义通论。

《文言传》是文饰乾、坤两卦之言，是对乾、坤两卦象征意旨的解说。

《说卦传》是有关八卦象例的专论，解说八卦的性质、功能、方位、取象特征及所取的物象。

《序卦传》解说六十四卦的编排次序，揭示诸卦相承的意义。

《杂卦传》将六十四卦以相反或相错的形态排列成两两相对的综卦和错卦，从卦形中看卦与卦之间的联系，以精要的语言概括卦旨（祖行，2010：22；黄寿祺、张善文，2007：4—5）。

乾　兑　离　震　巽　坎　艮　坤

图 1.1　八卦卦符

八卦取象歌

乾三连（☰），坤六断（☷）；

震仰盂（☳），艮覆碗（☶）；

离中虚（☲），坎中满（☵）；

兑上缺（☱），巽下断（☴）。

图 1.2　先天八卦图

图 1.3　后天八卦图

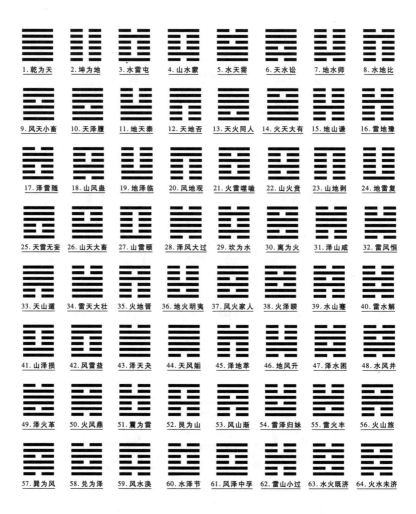

图 1.4　六十四卦卦符

六十四卦卦名次序歌

乾坤屯蒙需讼师，比小畜兮履泰否；

同人大有谦豫随，蛊临观兮噬嗑贲；

剥复无妄大畜颐，大过坎离三十备。

咸恒遁兮及大壮，晋与明夷家人睽；

蹇解损益夬姤萃，升困井革鼎震继；

艮渐归妹丰旅巽，兑涣节兮中孚至；

小过既济兼未济，是为下经三十四。

三 《周易》的主要性质

《周易》是一部什么性质的书？围绕这一问题，古往今来，众说纷纭。

(一)《周易》是卜筮书

《朱子语类》中说："《易》本卜筮之书……想当初伏羲画卦之时，只是阳为吉，阴为凶，无文字。某不敢说，窃意如此。后文王见其不可晓，故为之作彖辞。或占得爻处不可晓，故周公为之作爻辞……皆解当初之意。"（转引自朱伯崑，2011：15—16）这段话的意思是讲，《周易》本是卜筮用的书，其书的内容，不仅卦象，而且卦辞和爻辞，都是为卜筮而写的。现代著名易学家李镜池在《周易通义》中指出："《周易》是根据旧筮辞编选而成的，而且也采用了占筮参考书的形式。"（李镜池，1981：2）先秦文化史研究和古籍校勘考据专家高亨在《周易大传今注》中说："《周易》本经……原为筮（算卦）书，要在用卦爻辞指告人事的吉凶。"（高亨，2009：前言1）当代国际著名易学家刘大钧在《周易概论》中说："归根到底，《周易》是一部筮书。"（刘大钧，2010：49）

台湾著名易学家胡自逢（1998：39）就《易经》本身视之，举证指出：

1. 《蒙》卦辞"初筮告，再三渎，渎则不告。"

2. 《比》卦辞"比吉，原筮，元永贞，无咎。"按：原，今作源，本也，原筮，即初筮。

3. 《巽》九二"用史巫纷若吉无咎。"史，卜；巫，祝。若，犹然也，《周礼·春官》"女巫掌岁时拔除疾病"，《礼记·礼运》"王前巫而后史"。

4. 《损》六五、《益》六二皆言"十朋之龟"。

胡自逢由此四条材料得出结论：《易》为卜筮之书无疑。

还有一种普遍的说法：秦代焚书，《周易》不在被焚之列而免于浩劫，是因为它是卜筮之书。

(二)《周易》是哲理书

清代《四库全书总目提要》写道："《易》之为书，推天道以明人事者也。"从汉武帝设置五经博士开始，《周易》被列于五经之首而成为"圣人觉世牖民"的钦定教科书。从东汉郑玄《周易乾凿度》、三国魏王弼《周易注》、唐孔颖达《周易正义》、北宋张载《横渠易说》、南宋杨万里《诚斋易传》，到明末清初王夫之《周易内传》和《周易外传》，《周易》的哲理思想被发挥得淋漓尽致。由近代而当今，《周易》哲根深延，理枝繁茂（章关键，2007：3）。

当代著名易学家金景芳在《学易四种》中说，《周易》就其思想实质来说是哲学，并列举了两大理由：

（1）《易经》一书，用《庄子·天下篇》的话讲，即"《易》以道阴阳"；用现代语言说，讲"阴阳"就是讲矛盾。"这个阴阳（亦即矛盾），从卦来说，它贯穿在八卦、六十四卦中；从蓍来说，它贯穿在小衍之数（指天一地二至天九地十）、大衍之数（天地之数五十有五）中。……再从全《易》六十四卦的结构来考察，六十四卦从首到尾，两两相反相对……都是贯穿着矛盾。"（金景芳，1987：139）而它们又都是构成《易经》的基本元素，所以《易经》是讲辩证法的哲学书。

（2）《易传》是从哲学的立场来解释《易经》的，而历史有其继承性，《易传》能从哲学的立场来解释《易经》，说明《易经》本身是讲哲学的（金景芳，1987：141）。

黄寿祺、张善文（2007：12—13）认为，《周易》一书的性质，就经传大旨分析，应当视为我国古代一部特殊的哲学专著。其论证要点如下：

（1）从整体角度看，六十四卦是六十四种事物、现象的组合，一一喻示着特定环境、条件下的处事方法、人生哲理、自然规律等。而六十四卦的旨趣，又共同贯串会通而成作者对自然、社会、人生在运动变化中发展规律的基本认识，并反映着颇为丰富的哲学意义。

（2）分别诸卦来看，各卦六爻之间在"义理"上的联系，是十分明显的；而这种联系，正是某种事物、现象的变动、发展规律的象征性表露，也是一卦哲学内容的具体反映。

（3）若将有关卦义两相比较，又可以发现六十四卦的哲理十分突出地反映着事物对立面矛盾转化的变动规律。不仅卦与卦之间如此，在一卦的具体爻象中，也往往喻示这一哲理。

（4）用综合分析的方法考察，《周易》六十四卦的内容又涉及作者对所处时代的思想意识形态各领域的多方面认识。但无论六十四卦内容多么广泛、复杂，却集中体现着统一的哲学原理：阴阳变化规律。

（三）《周易》是历史书

近代著名思想家、国学大师章太炎认为，《易经》是某一段人类文化与发展的历史，并以此观点解释了前十二卦。现代著名历史学家李平心提出："《周易》基本上是用谐隐文体和卜筮外形写成的一部特殊史书。"（转引自张其成，2007：15）当代著名易学家黎子耀发现，《易经》是一部西周社会史，更具体地说，是一部西周社会对立冲突史，是一部用血泪写成的披着宗教外衣的"殷周奴婢起义史。它表面上供卜筮之用，而其筮辞却谱写着殷周奴婢先后反抗殷周两个王朝的英雄事迹"（黎子耀，1989：1）。近代史学家胡朴安所著的《周易古史观》一书，系统论证了《周易》是史书。他认为："乾、坤两卦是绪论，既济、未济两卦是余论。自屯卦至离卦为蒙昧时代至殷末之史，自咸卦至小过卦，为周初文、武、成时代之史。"（转引自朱伯崑，2011：16）当代易学家李大用也视《易经》为一部史书。他在《周易新探》中详细阐述了《易经》卦爻辞中所记载的文王伐商、帝乙归妹、武王伐纣、周公东征等大量史实，以此说明《易经》的性质，创见性地指出该书并非占筮参考书而是一部史鉴。"六十四卦爻辞之记事，井然有序，毫无前后凌乱之处；且每卦爻辞均主题明确、前后连贯。而所叙之观点或史事，皆与《尚书》、《诗经》等先秦文献、两汉古籍和《史记》相合或接近，又为西周甲骨文、青铜铭文和考古资料所证实，断非偶然之事也。"（李大用，1992：165）

（四）《周易》是科学书

当代学者冯友兰在1984年写给"中国周易学术讨论会"的贺信中提出：《周易》是一部宇宙代数学；《周易》是一种模式或框子，什么内容都可以往里套。当代"科学易"派据此认为，《周易》是一部科学书，并援引一些科学发现为证：

（1）德国杰出数学家莱布尼茨（Gottfried Wilhelm Leibniz）发现六十四卦符号与二进制原理完全吻合；

（2）丹麦著名物理学家玻尔（Niels Henrik David Bohr）发现太极图（"阴阳符号"）是量子力学互补性原理、并协原理的形象说明，并最终选定太极图作为他的族徽图案；

（3）美国当代物理学家卡普拉（Fritjof Capra）认为卦象符号具有通过变化产生动态模式的观念，与现代物理学中的 S 矩阵理论最为接近；

（4）英国近代生物化学家和科学技术史专家李约瑟（Joseph Terence Montgomery Needham）终身选择中国科技史作为研究事业，并对易经符号用于炼丹术倾注极大兴趣；

（5）德国学者申伯格（Martin Schönberger）1973 年出版了《生命的秘密钥匙：宇宙公式〈易经〉和遗传密码》，首次阐明了 64 个生物遗传密码"词"与《易经》六十四卦之间的对应；

（6）刘子华 1940 年用法文写成论文《八卦宇宙论与现代天文学》（1989 年四川科学技术出版社出版了中译本），他在其中将八卦的逻辑结构用于分析太阳系，以八卦配星球，并预测出一颗新的星球——太阳系第十大行星：木王星；

（7）赵定理认为卦爻阴阳学说的时空就是古代天文历算的时空，并不是牛顿的绝对时空，而是爱因斯坦的相对时空，甚至在时间坐标上较之相对论更科学，卦爻阴阳时空的时间坐标与空间坐标是彼此对应的；

（8）朱灿生认为六十四卦代表日、地、月三体运动的六十四个特征点；

（9）赵庄愚认为卦爻阴阳代表物理之正负能元；

（10）郑军用太极太玄结构表达化学元素周期变化的三维图像（张其成，2007：15—48）。

（五）《周易》是百科全书

《四库全书总目提要》断言："易道广大，无所不包，旁及天文、地理、乐律、兵法、韵学、算术，以逮方外之炉火，皆可援易以为说。"其实，《周易》所涉及的内容远不止这些，它还涉及伦理学、哲学、史学、文学、美学、医学等，把中国古代的命理、数理、天理、哲理、心理与文理，统统熔于一炉，称得上是中华民族文化思想的"综合知识库"。《系辞下传》曰："《易》之为书也，广大悉备。有天道焉，有人道焉，有地道焉。"《周易》是大道之源。大道即自然之道，天道、地道、人道莫不在其中。《周易》广大精微，包罗万象。其至大无外，至小无内，囊括宇宙，包罗万象，诚可谓"与天地准，故能弥纶天地之道……范围天地之化而不过，曲成万物而不遗"（《系辞上传》）。《周易》被认为是无所不包的万世经典。

今有人进一步认为《周易》是一部包罗万象的百科全书，中国乃至世界各门学科都可以从中找到源头、找到知识。

除上所述，还有不少观点：《周易》是智能逻辑（尹奈）；《周易》是中国最古老的一部辞书（刘长允）；《周易》是敌情之报告（徐世大）；《周易》是上一次人类活动保存下来的精神文明（王锡玉）……（张其成，2007：16）

不同的人看《周易》，会从中看到不同的东西：算卦者从中看到卜筮，哲学家从中看到哲理，史学家从中看到历史，科学家从中看到科技，政治家从中看到治世，军事家从中看到用兵……所以，关于《周易》一书的性质，没有绝对统一的说法，但主流的观点是：《易经》是带有哲学色彩的占卜书，《易传》是带有占卜色彩的哲学书，《周易》主要讲哲理。诚如朱熹所言："它是说尽天下后世无穷无尽事理。只一两字，便是一个道理。"（转引自朱伯崑，2011：16）

四　大易翻译学的哲学依据：易理

"《易经》涵盖万有，纲纪群伦。挥之弥广，卷之在握；用舍行藏，关照自在。是机神的妙旨、人事的仪则。符号数理的意象，表之于外；内圣外王的大道，蕴之于内。是圣人钩深致远、极深研精、崇德广业、开物成务的一门学问，探赜索隐、创业立功、近取远则、观象制器的高深哲理。是故学之而弥深，用之而弥精，尽古今，盖天下，没有比《易经》更高深、更美、更神奇了！"（徐芹庭，2009：自序1）。《周易》是解开宇宙人生密码的宝典，"是经典中之经典，哲学中之哲学，智慧中之智慧"（南怀瑾，2008：5）。《周易》是"仰观天文、俯察地理、中通万物之情，究天人之际，探索宇宙人生之必变、应变、不变的大原理，阐明人生知变、应变、适变的大法则"（雷士铎，1993：4）。

冯友兰说："《周易》本身并不讲具体的天地万物，而只讲一些空套子，但是任何事物都可以套进去。"他将《周易》誉为"宇宙代数学"

（转引自章关键，2007：427）。笔者认为，我们可以用《周易》这个"空套子"去"套"翻译，翻译研究的相关问题能以易理作为哲学依据，从《周易》这"宇宙代数学"中寻求答案。鉴于此，我们探讨大易翻译学的有关问题，拟从《周易》中发掘其哲学依据，进行阐释和推演。按话题内容归纳，本书所用主要易理（包括易图以及能根据《周易》推演出的道理）大致如下：

翻译含义："简易、变易、不易""易则易知，简则易从；易知则有亲，易从则有功""不可为典要，唯变所适""生生之谓易""动静有常""天道有常""天不变其常，地不易其则，春夏秋冬不更其节"。

翻译本质："一阴一阳之谓道""一阖一辟谓之变""天地纲缊，万物化醇；男女构精，万物化生""天地交而万物通也""天地感而万物化生""阴阳调和""交通成和"。

翻译标准："乾道变化，各正性命，保合太和，乃利贞""中正和合""和为贵""天下同归而殊途，一致而百虑""天地之道美于和""天地之美莫大于和""刚柔相磨，八卦相荡""刚柔相推而生变化""不可为典要，唯变所适"。

翻译策略："一阴一阳之谓道""孤阴不生，孤阳不长""天地盈虚，与时消息"、太极图、十二消息卦。

翻译原则："求同存异""和同于人""类族辨物""守经达权"。

翻译方法："阴阳和合""通权达变""不可为典要，唯变所适"。

翻译审美："生命即美""一阴一阳之谓道""生生之谓易""天地之大德曰生""书不尽言，言不尽意""立象尽意""贵时通变""不可为典要，唯变所适""日中则昃，月盈则食，天地盈虚，与时消息""损益盈虚，与时偕行""时止则止，时行则行""变通者，趣时者也""穷则变，变则通，通则久""变而通之以尽利""精义入神""穷神知化""乾道变化，各正性命，保合太和，乃利贞""和顺于道德而理于义，穷理尽性以至于命"。

翻译伦理："修辞立诚""利以合义""交通成和""一阴一阳之谓道""天地纲缊，万物化醇；男女构精，万物化生""天地交而万物通也""求同存异""以同而异""和而不同""进德修业""乐天知命""厚德载物""知至至之，可与言几也；知终终之，可与存义也"。

翻译风格："一阴一阳之谓道""法象莫大乎天地""见仁见智"、

八卦图、"中和"、"阴阳合德而刚柔有体"、"同声相应，同气相求"、"本乎天者亲上，本乎地者亲下，则各从其类也"、"精义入神"、"适中得当"。

翻译距离："书不尽言，言不尽意"、"中和"、"折中"、"变通"、"通变"。

复译："道有变动"、"不可为典要，唯变所适"、"见仁见智"、"言人人殊"、"方以类聚，物以群分"、"同声相应，同气相求"、"趋时通变"、"道者，与时迁移，应物变化"、"与时偕行"、"时止则止，时行则行"、"改过迁善"、"无咎者，善补过也"、"渐臻至善"、"循序渐进"、"趋吉避凶"。

翻译批评："和同于人"、"和为贵"、"执两用中"、"致中和，天地位焉，万物育焉"、"和实生物，同则不继"、"万物并育而不相害，道并行而不相悖"、"小德川流，大德敦化"、"与时偕行"、"道有变动"、"道者，与时迁移，应物变化"、"不可为典要，唯变所适"、"见仁见智"、"与人为善"、"改过迁善"、"务臻至善"、"上交不谄，下交不渎"、"治心以中"、"处正则吉"、"君子以言有物而行有恒"、"实事求是"、"天尊地卑，乾坤定矣。卑高以陈，贵贱位矣"、"方以类聚，物以群分"、"天下同归而殊途，一致而百虑"。

翻译生态环境："一阴一阳之谓道"、"天地絪缊，万物化醇；男女构精，万物化生"、"天地交而万物通也"、"天地感而万物化生"、"交通成和"、"和实生物，同则不继"、"和而不同"、"审异求同"、"相生相克"、"天地以和顺为命，万物以和顺为性"、"生生不息"、"大哉乾元！万物资始，乃统天"、"至哉坤元！万物资生，乃顺承天"、"生生之谓易"、"乾道变化，各正性命，保合太和，乃利贞"。

限于篇幅，这里对众易理不展开详细讨论，后面论及有关问题必要时将分别作一定阐述。

第二章

翻译含义

《周易》有言："夫《易》为何者也？夫《易》开物成务，冒天下之道，如斯而已者也"（《系辞上传》）；"夫《易》广矣大矣！以言乎远则不御，以言乎迩则静而正，以言乎天地之间则备矣"（《系辞上传》）；"《易》有圣人之道四焉：以言者尚其辞，以动者尚其变，以制器者尚其象，以卜筮者尚其占"（《系辞上传》）；"《易》之为书也，广大悉备。有天道焉，有人道焉，有地道焉"（《系辞下传》）。一句话，易道广大精微，无所不包。

知《易》明道，悟《易》启智，用《易》获益。我们研究翻译，不妨"偷《周易》的火"，借《周易》的智慧光芒，照亮我们的研究道路。大易翻译学就是在《周易》的智慧光芒照耀下开始其研究历程的。它确定其哲学依据——易理后，便开始对翻译含义进行研究。

一　易之三义与译之三义

王宏印在其所著的《中国传统译论经典诠释——从道安到傅雷》中说：

> 按照《易经》用字的解释，可以从中发掘出翻译的三易之义：1）简易之"易"，谓通过翻译，语言和道理倾向于简洁明了，便于理解；2）变易之"易"，谓翻译为一种语言的变易活动，即从一种语言演变为另一种语言的活动；3）不变之"易"，谓翻译虽然经过语言的变异过程，但终究有保持不变者，这便是语言所表达的内容。（王宏印，2003：72）

王宏印对翻译含义的解释有其道理。不过，我们可以从大易的视角，探幽阐微，将其深化。

（一）易之三义

关于《周易》中"易"的解释，历来有多种说法。有的说："易者，日月也"（郑玄《易论》）；"日月为易，刚柔相当"（魏伯阳《参同契》）；"秘书说'日月为易，象阴阳也'"（许慎《说文解字》）。有的说："易，飞鸟形象也。"有的说："易，即蜴。蜥蜴因环境而改变自身颜色，曰之易，取其变化之义。"清陈则震《周易浅谈》则将"易"的定义分为两种："一称交易，阴阳寒暑，上下四方对待是也；二称变易，春夏秋冬，循环往来是也。"（转引自祖行，2010：20）唐孔颖达《周易正义》引《易纬·乾凿度》曰："易一名而含三义，所谓易也，变易也，不易也。"孔氏又指出："郑玄依此义，作《易赞》及《易论》云：'易一名而含三义：易简，一也；变易，二也；不易，三也。'"（孔颖达，2009：4）这就是所谓的"易之三义"：简易、变易、不易。

1. 简易

"简易"即"简单和容易"。《周易》的道理是简易的，并不是什么烦琐的学问。它告诉我们，大道至简。无论宇宙间的事物怎么变化，我们都可以通过自己的智慧去了解其内在的原理，即使是最奥妙多奇的事物也会变得平凡淡然，简单容易。"易简而天下之理得矣。"（《系辞上传》）"易则易知，简则易从；易知则有亲，易从则有功。"（《系辞上传》）"天下之功，贞夫一者也。夫乾，确然示人易矣；夫坤，隤然示人简矣。"（《系辞下传》）天下之理不过一。老子也有类似的观点："昔之得一者：天得一以清，地得一以宁，神得一以灵，谷得一以盈，万物得一以生，侯王得一以为天下正。"（《道德经》第三十九章）"一阴一阳之谓道。继之者善也，成之者性也。"（《系辞上传》）宇宙的规律多么简单，一阴一阳而已。"若能了达阴阳理，天地尽在一掌中。"（易正天，2009：16）

"简易"可引申为"简约平易"。"那是一个繁简关系处理的问题，就是如何执简驭繁、化繁为简、化高深为平易的问题，也是一种方法论、大智慧，即用最简朴的方法办最复杂的事情，抓住要领，化繁为简，一解百解。"（章楚藩，2010：32）

《系辞传》曰："易简之善配至德。"基于简易（易简）的作用，我们才能简易（易简）地思考问题、寻求答案、诠释现象、发现定理与规律。基于此，早期的占卜预测才成为可能（"极数知来"、"遂知来物"、"神以知来"、"穷神知化"），现代的科学理论也才成为可能。盖科学理论与科学定律的极为重要的逻辑规范就是简易性或易简性（成中英，2006：10）。

2. 变易

《周易》曾叫《变经》，西方用英语翻译，有译者将其名为 *The Book of Changes*，因为它"专明变易之义"（康有为，转引自程静宇，2010：623），研究变化的道理。孔颖达《周易正义》曰："夫'易'者，变化之总名，改换之殊称。自天地开辟，阴阳运行，寒暑叠来，日月更出，孚萌庶类，亨毒群品，新新不停，生生相续，莫非资变化之力，换代之功。然变化运行，在阴阳二气，故圣人初画八卦，设刚柔两画，象二气；布以三位，象三才也。谓之为'易'，取变化之义。"（孔颖达，2009：4）《系辞传》曰："富有之谓大业，日新之谓盛德。生生之谓易……通变之谓事，阴阳不测之谓神。"（《系辞上传》）"参伍以变，错综其数；通其变，遂成天地之文；极其数，遂定天下之象。非天下之至变，其孰能与于此？"（《系辞上传》）为突出变易的特点，《周易》提出了"唯变所适"的观点："《易》之为书也，不可远。为道也屡迁，变动不居。周流六虚，上下无常，刚柔相易。不可为典要，唯变所适。"（《系辞下传》）《周易》一书以"变易"为纵贯主线，始终阐述的就是"大道变化不已，万物流动不居"的道理（易正天，2009：93）。日月盈昃，寒暑往来，云行雨施，花开花谢，宇宙间的万事万物都在运动变化着，没有哪个是不变的。西方人说，"你不能两次踏入同一条河中"，"太阳总是新的"，也是讲变易的哲理。变易体现宇宙万物永恒的运动本质。

3. 不易

所谓"不易"是指阴阳变化的规律，也就是阴阳易理是永远不会改变的。《周易》所指的"简易"、"变易"是就其外在的、形式上的东西而言的，其深层的内容其实是寂静的、深沉的、恒定的，"简易"、"变易"是以"不易"为基础的。"不易也者，其位也；天在上，地在下，君南面，臣北面；父坐子伏，此其不易也。故易者，天地之道也，乾坤之德，万物之宝。至哉易，一元以为元纪。"（《易纬·乾凿度》）《易》法天地，天上地下，此天地之道也。天地之元，为万物所纪，故有君尊臣卑、父坐子伏之理。《系辞传》开篇就揭示了这一秩序："天尊地卑，乾坤定矣。卑高以陈，贵贱位矣。动静有常，刚柔断矣。方以类聚，物以群分，吉凶生矣。"即是说，天尊而高，地卑而低，乾坤的位置就定了。尊高、卑低一经陈列，事物显贵和微贱就各居其位。天的动和地的静有一定的规律，阳刚阴柔的性质就判然分明。天下各种意识观念以门类相聚合，各种动植物以群体相区分，吉和凶就（在同与异的矛盾中）产生了。天地是自然事物，尊卑属人伦秩序，本不相及。所谓天尊地卑，是《周易》以一定的人文秩序暗示一种恒常的自然规律。天地及其中一切现象的运动变化都要遵循这一规律。在规律之内则吉，出规律之外则凶（侯敏，2006：52）。

《管子·形势》中说："天不变其常，地不易其则，春夏秋冬不更其节，古今一也。"（转引自程静宇，2010：477）意思是说，天不改变正常的规律，地不改变客观的法则，春夏秋冬不改变固定的节令，自古至今这种自然规律似乎是不断重复，恒久不变的，因为"春夏秋冬，阴阳之推移也，时之短长，阴阳之利用也，日夜之易，阴阳之化也，然则阴阳正矣，虽不正，有余不可损，不足不可益也，天地莫之能损益也"（管子，转引自程静宇，2010：477）。四时变化与日月更替的动力是阴阳的推移与利用，遵循一定的客观规律，不以人的意志为转移。这说明了自然规律的客观性，与《周易》所讲的"不变"相一致。

古人认为"天道有常"：日月星辰，周期轮转；春夏秋冬，顺时循环。变化不息的宇宙具备恒常的法则，井然有序，循环不已，有一定的规律可循。"天地之道，恒久而不已也……日月得天而能久照，四时变化而能久成，圣人久于其道而天下化成。观其所恒，而天地万物之情可见矣。"（《恒·象传》）《周易》所揭示的宇宙人生的真理，是恒久不变的。正如《刘蔚华解读周易》中所言："这是确定不移之理，就是说可变性的规律本身是不变的，现代哲学中把这种特性叫'常住性'，中国哲学把它叫做'常道'，说的都是永恒范畴。"（刘蔚华，2007：27）不易，说明事物运动可感知可认识的相对静止状态以及宇宙发展规律的相对稳定性，也成为我们认识事物的前提和条件。

（二）译之三义

唐贾公彦在《周礼义疏》中说："译即易，谓换易言语使相解也。"（转引自罗新璋，2009：1）宋赞宁在《义净传系辞》中说："译之言易也，谓以所有易所无也。"（赞宁，2009：92）保罗·怀特（Paul White）说：

"每当我们提到'翻译'时，我们都在使用一个隐喻，即'把一个东西（从一个地方）运送到另一个地方'，因为这个词本身来源于拉丁文'trans'（穿过）和'latus'（运送）。因此，它与'transfer'来源于同一拉丁文动词，意思大体相同，暗示一个人可以将某个东西从一种语言带到另一种语言，就像一个人将某样东西从河的一边搬到另一边。"（转引自周志培、陈运香，2013：1）"从词源上来讲，英语中的 translate 就是 carry over，将某东西从 A 带到 B 方；就汉语而言，'译，易也'，易就是转换，'换个地方'，'换个说法'"（赵彦春，1999），也就是把一种语言文字的意义用另一种语言文字表达出来。这里的"译"与"易之三义"中的第二义相通。

翻译是一项复杂的人类活动，涉及诸多因素，包括翻译的宏观环境因素、支持环境因素、作者因素、译者因素和读者因素。各因素之间的关系又错综复杂，这无疑给翻译带来诸多困难。但一旦人们细心研究翻译，把握了翻译的要领，懂得了翻译的规律，翻译便变得不难了。从"泛翻译论"的角度来看，现实中，翻译成了人们必不可少的生存方式。"理解即翻译"（Steiner，2001：1），一切交际活动似乎都成了翻译，交际者即为翻译者。翻译即人生，人生即翻译。"翻译活动在生活中时常发生，无论是语内翻译、语际翻译，还是符际翻译，人们往往日用而不知。"（周朝伟，2010）从这个意义上来说，翻译又变得普遍简单起来了。另外，翻译即解释。"每种翻译都是解释，而所有的解释都是翻译。"（海德格尔，转引自胡兆云，2013：42）翻译可以将人们不理解的东西解释清楚，化繁为简，使其变得简洁明了，易于把握。可见，"译"与"易之三义"中的第一义相联系。

易的基本含义中，不易指太极的不变，变易指六十四卦的互变。合变易与不易，构成我们常说的"有所变有所不变"，有所变为"权"，有所不变为"经"，"达权守经"之谓也。"译"要"变易"，即变换语言，但是在语言变换中也有"不变"，即"不易"的东西，这种不变的东西或指翻译规律，或指交流的主要内容，或指交际意图等。翻译中，译者可以根据原文提供的信息以及自己对译文读者认知环境和认知能力的评估，充分发挥自己的主观能动性，自由选择适当的翻译策略和表达方式。但译者对原文信息的处理、语境假设的判断、翻译策略的选择、表达方式的调整等，不可随意妄为，都应遵循翻译规律，以实现原文的交际意图为宗旨，不应有所偏离，诚所谓译者，依也，不变也。这里的"译"与"易之三义"的第三义相吻合。

综上所述，"译"也含"简易、变易、不易"三义，与"易之三义"相通。

二　生生之谓易与生生之谓译

翻译含义不只上述三义，我们还可从《周易》中的"生生之谓易"推演出"生生之谓译"。

（一）生生之谓易

"生生之谓易"，语出《系辞上传》："盛德大业至矣哉！富有之谓大业，日新之谓盛德。生生之谓易……阴阳不测之谓神。"何谓"生生"？三国魏王弼的注释是："阴阳转易，以成化生。"北宋司马光的解答是："形性相续，变化无穷。"北宋张载的释义是："'生生'，犹言进进也。"北宋程颐的研判是："生生相续，变化而不穷也。"南宋朱熹则认为"生生"是"阴生阳，阳生阴，其变无穷"（转引自章关键，2007：14）。总之，他们眼中的"生生"就是持续不断地生成、生发、生长、生化，滋生不已，生命不绝，推陈出新。按照一般语义解释，"生生"即指化生、创生万物，但这只是对生生之道的一个层次的理解。事实上，它至少包括两层含义：一是创生万物，即历时态的宇宙万物生成，前面的"生"是动词，后面的"生"是名词；二是万物相生，即共时态宇宙存在的相生共存，前面的"生"是名词，后面的"生"是动词。《周易》的生生之道成为贯通宇宙自然、人伦社会的普遍原则和伦理精神（罗炽、萧汉明，2004：108）。

（二）生生之谓译

翻译意味着"为特定目的和的语环境中的特定受众生产的语背景中的文本"（Vermeer，1987），其过程就是文本的生产，其结果就是文本的生成。文本的生产、生成即物的化生、创生。另外，翻译是一项非常古老的人类活动。在整个人类历史上，语言的翻译几乎同语言本身一样古老，自有人类起就一直在发生，并且从未中断。早在原始社会，各部落的交往全靠翻译沟通。古典作家西塞罗（Marcus Tullius Cicero）和贺拉斯（Horace/Quintus Horatius Flaccus）曾这样论述过翻译：早在他们很早以前，几乎还在人类的发祥期，就一定有会讲两种语言的人，每当语言各异的原始人要进行某些和平接触时，他们便充当译员（卡特福德，1991：122）。翻译是人类不可或缺的跨文化交际工具，是促进政治、经济、文化、科技、军事等交流的重要工具，是人类认识自然、改造自然的一种强有力武器，会随着社会的发展不断发展。几千年来，翻译赓续不断，生生不息，并将与人类社会共延共进，永无止境。所以说，翻译本身就是创生、创新的过程，是谓"生生"。

《序卦传》说："有天地然后有万物，有万物然后有男女，有男女然后有夫妇，有夫妇然后有父子，有父子然后有君臣，有君臣然后有上下，有上下然后礼义有所错。"所谓"事出有因"、"前因后果"，无"因"之"果"是不存在的（李丹、彭利元，2011）。译作源于原作，原作借译作延续其生命，译作与原作相存相生。正如沃尔特·本杰明（Walter Benjamin）在《译者的任务》（The task of the translator）里所认为的那样，翻译虽然有其独立性，但它与原作相联系，它源自那"后起的生命"（afterlife），也使原作的"生命得以延续"（continued life）（Benjamin，2000：16）。文本经过翻译被赋予新的意义，从而获得新的生命。译作不是原作的附庸，而是原作的再生。原作和译作不是主从关系，而是平等互补的关系。翻译不仅仅是传达原作内容的手段，而更主要的是使原作得以延生的手段（刘桂兰，2010：74—75）。译作和原作相互联系，一方的存在以另一方的存在为前提和基础。两者体现着《周易》里所谓的阴阳关系：阴中有阳，阳中有阴，阴阳互感互摄，互存互生。所以说，生生之谓译。

通过以上分析，我们可以透视翻译含义：（1）"译含三义"：简易、变易、不易；（2）"生生之谓译"：创生、相生、生生不息。联系《周易》中的"易之义"，我们有理由得出结论：易具译之理，译得易之用，"译"与"易"相通，理无二致。

《周易》雄踞群经之首，是一部蕴藏无穷智慧的宝典，是一个取之不尽，用之不竭的智慧源泉。将其运用到翻译含义的阐释中，只是取其极为微小的一部分，犹如取九牛之一毛。大易翻译学研究中，创造性地利用《周易》的智慧必将为其开辟一片广阔的新天地。

第三章

翻译本质

从哲学角度来说，本质就是归根结底最本体和本原的东西，是事物比较深刻的长期稳定且有别于其他事物的基本特质。翻译的本质问题就是"翻译是什么"的问题，即翻译在从一种语言转换到另一种语言的过程中，转换的究竟是什么的问题。翻译是符号的转换，是信息的传递，是原文的复制，还是文化的交际，或者是其他？本章拟从大易的视角来探讨翻译本质问题。

一 阴阳交感，万物以生

《周易》认为，世上万事万物无不处于变化之中，且变化持续不断，恒久不已，即所谓"生生不已之谓易"，这就是易的生生源发义，是易的不易性。基于易的变易性，不易之易的持续展开便呈现一个丰富多彩、品物流形的世界。这世界中的各种事物并非彼此独立、互不联系，而是互存互依、交相感应。更重要的是，为了发挥事物的潜能以求更好的存在状态，事物间相互交易必然产生。所谓交易是一种互通有无的行为，"交易有亡，各得所愿"（王充《论衡·量知》）。交易形成事物的完整性与再发展性，同时也形成新的共同的发展可能并创造新的事物。《系辞传》提出"一阴一阳之谓道"，又说"阖户谓之坤，辟户谓之乾，一阖一辟谓之变"，都隐含着乾坤交感勾联的交易的意思。交易的形式可以多种多样：从以物易物的货品交换，各得其所，到"天地纲缊，万物化醇；男女构精，万物化生"（《系辞下传》），都是天地阴阳之气的交易融合。从生物的个体化的历史看，复杂有机体的形成也都是由单细胞的交易形成多细胞的组织。放之于人类社会的形成，从婚姻家庭到族群国家，也莫不是由于交易原理的作用所致。如今人类进入全球化的生活共同体，其发展的可能及其所依持者就是交易的需要。从本体论的眼光来检验，交易是众多事物发展自身以至发展全体的宇宙力量，是不易之易平面或纵面秩序组合的原理，是事物秩序化组合化以实现其价值的根本途径（成中英，2006：5—11）。

《吕氏春秋·大乐》曰："万物所出，造于太一，化于阴阳。"《管子·乘马》曰："春秋冬夏，阴阳之推移也；时之短长，阴阳之利用也；日夜之易，阴阳之化也。"《黄帝内经·素问》曰："阴阳者，天地之道也，万物之纲纪，变化之父母，杀生之本始，神明之府也。"世界的本质在于阴阳，天地万物的变化离不开阴阳。从天地自然到人类社会都因阴阳交感、交通或交易而和谐有序，生生不息。《周易程氏传·泰》曰："为卦，坤阴在上，乾阳居下。天地阴阳之气相交而和，则万物生成，故为通泰。"（程颐，2016：49）《泰·彖传》曰："泰，小往大来，吉亨，则是天地交而万物通也，上下交而其志同也。"程颐解释道："小谓阴，大谓阳。往，往之于外也。来，来居于内也。阳气下降，阴气上交也。阴阳和畅，则万物生遂，天地之泰也。""小往大来，阴往而阳来也，则是天地阴阳之气相交，而万物得遂其通泰也。在人，则上下之情交通，而其志意同也。"（同上）咸卦的卦象为兑上艮下，兑为阴、艮为阳，阴气在上、阳气在下，阴阳二气相遇才能发生交感效应。《周易·咸》曰："咸：亨，利贞。""凡君臣上下，以至父子、夫妇、亲戚、朋友，皆情意相感，则和顺而亨通。事物皆然，故咸有亨之理也。"（程颐，2016：136）《咸·彖传》曰："天地感而万物化生，圣人感人心而天下和平：观其所感，而天地万物之情可见矣！""天地二气交感而化生万物，圣人至诚以感亿兆之心而天下和平。天下之心所以和平，由圣人感之也。观天地交感化生万物之理，与圣人感人心致和平之道，则天地万物之情可见矣。"（同上）"反映了天与地，物与物，人与人，天地与万物与人相感状态，人们在观其所感，察其所应，了解了天地万物之情后，根据它的规律加以妥善处理，就能促进天、地、人、物的和谐统一。"（程静宇，2010：389）庄子曾提出"阴阳调和"、"交通成和"的重要论断："四时迭起，万物循生，一盛一衰，文武伦经；一清一浊，阴阳调和，流光其声……吾又奏之以阴阳之和，烛之以日月之明。其声能短能长，能柔能刚，变化齐一，不主故常。"（《庄子·天运》）"至阴肃肃，至阳赫赫。肃肃出乎天，赫赫发乎地。两者交通成和，而物生焉。"（《庄子·田子方》）交通，即交感；调和包括和谐、平衡、协调，以至渗透、转化等意蕴。庄子在盛衰、清浊、长短、刚柔对待中以求阴阳的和谐；这个"和"是通过交通的方式达到的，阴阳交感成和，万物以生（刘玉平，2004）。

二 翻译本质：文化交易

通过《周易》阴阳交感的思想，我们可以推知：只有文化交感，人类交流才有可能，翻译才能成为现实。用《周易》的语言来说，翻译是一种"文化交易"。所谓"文化交易"，就是指文化交际、文化交流或文化转换。人类文化从整体来说，是各国、各民族文化汇聚、交流的产物。翻译是译者将一种语言传达的信息用另一种语言传达出来的有目的的跨文化交际活动。表面上看，翻译是一种言语换易活动。究其实，翻译是原文信息在异域文化中的再传播，本质上是一种文化转换活动。通过这种转换，不仅语言发生了变化，时间发生了变化，空间也发生了变化，文化土壤有别于从前。

"《易经》的道理，过去有所谓三易，就是交易、变易、简易。……实际上，《易经》的道理是'交易'、'变易'。一切的变化都是从交互中来的，变化之中有交互，交互之中有变化，从变化交互中看到万物的复杂性。"（南怀瑾，2008：271）翻译与其说是语言的转换，不如说是文化的易位，是一种跨语言的文化对话，是一种跨文化的交际、合作或交融，是原语文化与译语文化的相遇、相摩、相荡、相融。由此可见，翻译的本质是文化交易。这种文化交易"如液入湆"（方以智，转引自王章陵，2007：115）。"湆"为羹汁，水液倒入羹汁中，就成了水汁交融的状态，此方渗透彼方，彼方渗透此方，两者互相渗透，相互联系。

事实上，翻译活动不仅仅是单纯的文字转换过程，更重要的是它涉及两种语言所负载的文化。在一些翻译理论家如约瑟·朗贝尔（José Lambert）和克莱姆·罗宾（Clem Robyns）看来，与其把翻译视为一种双语之间的转换活动，不如把翻译看成是两种文化之间的一种交流活动更加确切。朗贝尔和罗宾承袭了翁贝托·艾科（Umberto Eco）的观点，认为翻译等同于文化（Gentzler，2004：193），意即翻译活动就是文化的转换活动。吉迪恩·图里（Gideon Toury）指出："翻译活动应视为具有文化意义的活动。"（Toury，2001：53）汉斯·威密尔（Hans Vermeer）将译者称作是"双文化的"（bicultural）（Vermeer，1978），玛丽·斯内尔-霍恩比（Mary Snell-Hornby）将译者比作"跨文化专家"（cross-cultural special-ist）（Snell-Hornby，1992），兰斯·休森（Lance Hewson）和杰基·马丁（Jacky Martin）视"翻译操作者"（translation operator）为"文化操作者"（cultural operator）（Hewson and Martin，1991：133—135；Katan，2004：14）。玛丽亚·提莫志克（Maria Tymoczko）明确提出："翻译是用一种文化表述另一种文化最重要的手段之一。"（Tymoczko，2004：17）克里斯蒂安·诺德（Christiane Nord）干脆用"跨文化交际"（intercultural communication）来替代"翻译"这一术语（Nord，1991），贾斯塔·霍尔兹-曼塔里（Justa Holz-Mänttäri）用"跨文化合作"（intercultural cooperation）来替代"翻译"（Holz-Mänttäri，1984：17），安德烈·勒弗韦尔（Andre Lefevere）把翻译看作"文化交融"（acculturation）（Lefevere，1992），而丹尼尔·肖（Daniel Shaw）创造了"transculturation"（跨文化交际）这个词（Shaw，1988）。翻译已不再仅仅看作是语言符号的转换，而是一种文化转换的模式（郭建中，1998）。说到底，翻译就是文化的翻译。

对于翻译活动，孔慧怡也认为，不应只停留在语际转换过程或这个过程的产品上，而应该把这一范围扩展到翻译过程开始以前和翻译产品面世以后的各个阶段，比如选材、选择读者、出版安排、编辑参与、当代反应和历史地位，而每一个阶段都会受到当时的社会、文化和经济环境的影响。她把翻译活动划分为选材、理解、信息传递、当代评价和历史地位五个阶段（孔慧怡，1999：9）。这样，翻译被置于一个更广阔的天地，放到了整个社会文化的领域，翻译研究也就不局限于文本研究，而是在社会文化的大框架下进行，翻译的文化交易本质就因此更加显现。

翻译既然是一种文化转换的模式，那么它就必然受到原语文化和译语文化的共同作用。原语文化催生了原文，译语文化提供了多视角阐释原文的可能性。译文应努力传达原文的内容，但原文内容的传达是经过译语文化阐释后通过译语语言形式表现出来的，打上了译语文化的烙印。所以，翻译不是简单的线性语言转换活动，而是原语文化和译语文化对话、交流的双向互动活动，译文是原语文化和译语文化共生的复合体，是它们共有的家园。

许钧等（2009：292）提出，在全球化和经济一体化日益加快的进程中，维护语言多元和文化多样性对于维护各个民族文化的独特性和生存价值，对于促进世界和平、民族发展具有重要意义。同样，社会和历史的发展使得各民族之间的文化交流必不可少。维护文化多样性是一个尊重差异、保持差异的过程；而文化交流必然寻求一个基本的共同点或者说普遍性作为基础，因为两种截然不同的文化之间很难展开真正的对话。那么，我们如何在文化交流中维护世界的语言多元和文化多样性？曾任联合国教科文组织总干事的松浦晃一郎（2008）认为："求同与存异唯有通过翻译才能并行不悖。"翻译是"一种独一无二的工具，能够开通渠道，在个性与共性，多样化与对话之间找到契合点"。翻译的文化交易本质决定了它能担当这一重任，诚如孙艺风（2008）所言，翻译"突破以往文化思维惯性，还丰富本土文化资源，又促进现代社会变革"；它"打破文化的趋同和单一，演绎异域之美，融合之美，多元之美，促使人们勉力构建世界各民族和谐共存的文化生态"。

天地交通成和，万物以生；万物阴阳交感，生生不息。原语文化和译语文化，犹如阴阳两种力量，相遇、相摩、相荡、相融后便产生文化交易。翻译担当促成原语文化和译语文化交易的重任，其过程是一种跨语言的文化对话，实现的是跨文化的交际、合作或交融，从本质上来说是一种文化交易。

《周易》雄踞六经之首、三玄之冠，是一部旷世奇书，也是大道之源、万有概念宝库，蕴藏着无穷智慧。将其运用到翻译本质的阐释，只是取其微量，犹如取海水之一瓢。翻译研究中，发掘和创造性地利用《周易》的智慧必将既弘翻译之道又弘大易之道。

第四章

翻译标准

"翻译标准指翻译活动遵循的准绳，是衡量译文质量的尺度，是翻译工作者不断努力以期达到的目标。切实可行的标准对发挥翻译功能、提高翻译质量具有重要的意义。"（方梦之，2011：68）翻译标准是翻译理论得以建立的基础，也是翻译活动的理论出发点。我们经常提到的翻译标准，国内有严复的"信达雅"、鲁迅的"易解、丰姿"、朱生豪的"神韵"、傅雷的"神似"、钱锺书的"化境"、刘重德的"信达切"、张今的"真善美"等，国外则有斯米尔诺夫（Александр Смирнов）的"等同翻译"、费道罗夫（Андрей Фёдоров）的"翻译对等"、雅各布逊（Roman Jakobson）的"有差异的对等"、奈达（Eugene A. Nida）的"动态对等"/"功能对等"等（杨柳，2009：2—3）。这些翻译标准各有其特点和功能，对规范翻译市场和指导翻译实践发挥了应有的作用，有的还产生了巨大深远的影响。例如，"信达雅"标准就风行百年，盛极一时，被很多翻译人士视为神圣法度。但无论何种翻译标准，都有其时代性和局限性，都需要完善或更新。本章拟按大易所揭示的道理，从新的视角提出"太和"翻译标准，探讨其特性和实现途径——翻译策略。

一 "太和"翻译标准的哲学依据

"太和"翻译标准是《周易》中"和"、"中和"、"太和"等观念和思想的推演，它以易理为哲学依据。

《周易》尚和，《易传》中"和"字多处可见，就其要义言，表现了崇尚中和的思想。例如：

> 乾道变化，各正性命，保合太和，乃利贞。（《乾·象传》）

利者，义之和也。（《乾·文言传》）

利物足以和义。（《乾·文言传》）

天地感而万物化生，圣人感人心而天下和平。（《咸·彖传》）

健而说，决而和。（《夬·彖传》）

"和兑之吉"，行未疑也。（《兑·象传》）

《履》，和而至。（《系辞下传》）

《履》以和行。（《系辞下传》）

和顺于道德而理于义，穷理尽性以至于命。（《说卦传》）

所谓"和"，就是中和、和谐的意思。《坤·文言传》说："君子黄中通理，正位居体，美在其中，而畅于四支，发于事业：美之至也！"认为将内在的中和之性表现于形体，发扬为事业，是最美不过的。可见"和"是一种最佳存在状态（罗炽、萧汉明，2004：100）。因此，《易传》提出："乾道变化，各正性命，保合太和，乃利贞。"（《乾·彖传》）意思是说，天道变化，万物各自禀受其性，得天赋之命，而太和元气得以保全、融合，这样就使得物性和谐，各有其利，万物都能正固持久地成长。"太和"，朱熹在《周易本义》中解释为："阴阳会合冲和之气也"（朱熹，2011：50），也就是阴阳和谐之气。

两千多年来，《周易》的"太和"思想与民族传统哲学发展相一致而日趋完备和缜密，并逐步积淀和强化为一种思维定式。例如，西汉董仲舒说："和者，天之正也，阴阳之平也，其气最良，物之所生也。"（董仲舒，2001：643）他十分崇尚宇宙的整体和谐："天地之道美于和"，"天地之美莫大于和"（同上）。魏晋玄学家阮籍说："男女同位，山川通气，雷风不相射，水火不相薄，天地合其德，日月顺其光。"（阮籍，1978：78）他把人际社会关系与天地日月自然的和谐贯通起来，这无疑是对"太和"思想的发展。宋代哲学家在继承前人观点的基础上，对《周易》"太和"思想作了进一步解释和发挥。程颐说："天地之道，常久而不已者，保合太和也。"（《伊川易传·乾·彖》）天道既刚正而又和顺，能够化育万物，生生不息，根本原因是"保合太和"。张载说："太和所谓道，中涵浮沉、升降、动静、相感之性，是生絪缊、相荡、胜负、屈伸之始。"（《正蒙·太和》）他所讲的"太和"是矛盾的统一体，强调宇宙本质上是动态性的和谐。明末清初哲学家王夫之则对程颐、张载等人所阐发的《周易》"太和"思想加以全面系统的总结，并提升到新的理论高度："太和，和之至也。道者，天地人物之通理，即所谓太极也。阴阳异撰，而其絪缊于太虚之中，合同而不相悖害，浑沦无间，和之至矣。未有形器之先，本无不和；既有形器之后，其和不失，故曰太和。……太和之中，有气有神。神者非它，二气清通之理也。不可象者，即在象中。阴与阳和，气与神和，是谓太和。"（《张子正蒙注·太和篇》）王夫之对"太和"内涵的诠释同前人相比颇有新意：其一，"太和"是至高至上之和、至大至美之和；其二，"太和"作为道，是天地人物共同的通理，亦即太极所呈现的一种状态；其三，"太和"是宇宙中阴阳二气表现出动态的相融相合，而不相冲突危害，浑然一体的和之至境；其四，"太和"是一种主体对所存在客体的价值判断，客观事物出现之前，根本不存在同人的价值关系，也就不存在和与不和的问题；其五，"太和"是气与神的辩证统一，"气"是阴阳互补之气；"神"是蕴涵在气中的理，也就是事物内在的规律性。"神"（理）在"气"（象）中，一体二面。阴与阳相和，气与神相和就是"太和"。所以，太和是阴阳、理气、形神的辩证统一。若如此，便是理想的"太和"之境（杨洪林，2006）。

现代学者汤一介（1998）认为，"太和"可以理解为"普遍和谐"，包括自然的和谐、人与自然的和谐、人与人的和谐（即社会生活的和谐）以及自我身心内外的和谐四个方面。我们认为"太和"乃和谐的极致状态或理想表现，是"至和、最和谐"，即最高的和谐，包括汤一介所说的四方面的和谐，是自然自在的和谐与人类自为的和谐的统一，是统贯天、地、人三才之道的整体和谐，是至上至美的和谐。"太和"呈现的具体状态包括个人和乐、家庭和睦、人我和敬、自然和顺、社会和泰、世界和平。自然、社会和人事，一旦进入"太和"状态，便安宁祥和，顺畅发展。

翻译是人类活动的一部分，与社会其他活动紧密联系，在人们的生活中起重要作用。翻译与其他人类活动一样，其和谐发展会推动人类社会的和谐发展。翻译工作者孜孜以求的也应是翻译的"太和"状态。我们把"太和"作为翻译标准，顺应了社会和时代的要求。"太和"翻译标准基于易理之上，有可靠的哲学依据，对指导和评价翻译活动有重要圭臬作用。

二 "太和"翻译标准的特性

"太和"作为一种翻译标准，具有多种特性，包括整体性、多样性、审美性和动态性。下面对"太和"翻译标准的这四种特性分别进行讨论。

（一）"太和"翻译标准的整体性

《周易》的"太和"思想是以事物的普遍联系和整体性为依托的。《周易》的整体观念表现在多个方面。就《易经》的编排而言，筮辞位于卦爻象之下，表示一卦六爻为一整体。就每一卦的卦爻辞看，大多数的卦体现某种中心观念，而且各爻辞之间多存在某种联系。例如，咸卦从咸其拇、咸其腓、咸其股、咸其脢到咸其辅颊舌，说明了"感"不但是从脚到头的身体各部位被感，而且是一个由外感和内应结合的身心感动的整体过程。而艮卦既强调"止"，就必须是人作为整体所止，所以要艮其趾、艮其腓、艮其限、艮其身、艮其辅直到敦艮的全身所止（张立文、莫艮，2005：49）。

《易经》每卦六爻皆为一密切相关的整体，每爻相当于特定系统的一个层级。例如，观卦初二两爻为"童观"和"窥观"，"童观"乃幼稚肤浅之观，"窥观"乃自发片面之观，六三"观我生"于初二两爻之后标出，并将"观"字提至优位，足见"观我生"之观实为超越肤浅片面之观的深入全面省观，是一种自觉省观和整体思考。而九三之后的"观国之光"，九五之后的"观其生"，又表明《易经》关于自我生存的观思，非但不排拒对群体乃至族类整体的观省，不排拒对其他个体生存的思考，而且与其他个体的生存是相得益彰的，与群体的生存和发展是互动互助的（张立文、莫艮，2005：20）。

六十四卦中前后相连的两卦，常常构成一个有机联系的统一体。从卦象来看，六十四卦中乾、坤、颐、大过、坎、离、中孚、小过这八卦用"变"的方法，把四组阴爻阳爻互变之卦安排在一起，而其他五十六卦，则用"变"的方法，按一反一正，两两相对安排在一起，到"既济"、"未济"结束，构成一个圆圈。

就《易传》而言，《彖传》和《象传》对卦辞的解释，即视每卦为一整体。《序卦传》探讨六十四卦的相互关系，又视六十四卦为一整体。《象传》提出的爻位说，如中位、当位、应位、承乘、往来等，都在于说明六爻在一卦中的地位及其相互关系。一卦为一整体，六爻为其部分，探讨六爻的相互关系，就是探讨个体之间的普遍联系。

此外，《易传》中特别强调的三才说、八卦说等，也都集中体现了事物之间的整体性及其普遍联系的特征。三才说取人居天地之中之义，初、二为地，三、四为人，五、上为天，以一卦六画象征宇宙整体，天、地、人为其部分，各有其遵循的法则。这种将天、地、人连接为一体的观点，要求人们辩证地对待人与自然的关系，即人与自然相互依赖、相互影响、并存共荣。八卦说强调八卦各有其功能，但又相互联系，成为一个整体，分别表现着自然现象的普遍联系（杨庆中，2010：222—224）。

　　"太和"翻译标准强调翻译的整体性，讲究的是译文的整体效果，而不是个别词句的对等。正如尤金·奈达（Eugene A. Nida）所说："译者翻译的是语篇而不是语言。"（Nida，2001：129）著名的波兰翻译理论家泽农·克列曼塞维奇（Zenon Klemensiewicz）说得更为透彻："应该把原作理解为一个系统，而不是部件的堆积，理解为一个有机的整体，而不是机械的组合。翻译的任务不在于再现，更不在于反映原作的部件和结构，而在于理解它们的功能，把它们引入到自己的结构中去，使它们尽可能地成为与原作中的部件和结构同样合适、具有同样功效的对应体。"（李文革，2004：35）玛丽·斯内尔－霍恩比（Mary Snell-Hornby）明确指出："译者应该按文化和情景来识别文本，将此作为语篇分析的开端，把文本视为世界统一体的一部分。"（Snell-Hornby，2001：69）她还建议，翻译时译者应按一种"情景—结构"步骤来进行操作，即译者从原文的"结构"，也就是"文本及其语言成分"出发，根据自己的经验水准和对相关素材的主观认识来形成自己"创设的情景"。基于此"情景"之上，译者此时"必须确定恰当的译语结构，这就会伴随着一个持续的决策过程，在这一决策过程中，他完全倚仗自己对译语的熟练程度……来形成新的文本"（Snell-Hornby，2001：81），而这种"情景—结构"步骤"并非单纯在词语和结构层面上进行，还必须更多地按整体原则对相互关联的语篇成分、经验、感觉和背景状况等做通盘考虑"（贾文波，2004：186）。在翻译中，译者可按斯内尔－霍恩比提出的"情景—结构"步骤，对原文和译文按"整体原则"进行处理，以形成鲜明的语篇整体图式和符合译文规约的完整译文形式。

　　我国著名英美文学研究家、文学翻译家王佐良力倡整体论，多次强调译文的整体效果：

　　　　一个出色的译者总是能全局在胸而又紧扣局部，既忠实于原作的

灵魂，又便利于读者的理解与接受的。……译者的任务在于再现原作的风貌和精神。（王佐良，2009：928）

如果译者掌握了整个作品的意境、气氛或效果，他有时会发现有些细节并不直接促成总的效果，他就可以根据所译语言的特点做点变通。这样他就取得一种新的自由，使他能振奋精神，敢于创新。（王佐良，1992：66）

在文学作品特别是诗的翻译中，还有比词对词、句对句的对等更重要的通篇的"神似"问题。这一切使得翻译更为不易，但也正是这点不易使翻译跳出"技巧"的范畴而变为一种艺术，使它能那样强烈地吸引着无数世代的有志之士——他们明知其大不易而甘愿为之，而且精益求精，乐此不疲；他们是再创造的能人，他们在两种文化之间搭着桥梁，他们的努力使翻译工作变成一种英雄的事业。（王佐良，2009：930—931）

我国著名翻译理论家焦菊隐在《论直译》中提出"相对价值"、"意念联立"、"思想过程"等概念，从而建立了"整体论"，即整体理解、整体传达、整体转换的思想。他认为，一个词的意义往往不在它的固有词义，而在其特定环境中的具体所指以及言外之意。句中"它必须和其他符号联系在一起，才被别的符号的相乘相因相消长而建立起意义来"（转引自王秉钦、王颉，2009：282）。他强调译者必须完全沉浸在原文思想与情感的"整体"中，化在自己的血与肉里，从"整体"出发，去处理每一句、每一段，而且必须顾及每句的重心和每段的重心，即是说，要围绕一个中心，向心于一个主题，从整体走向局部。这样，全段，乃至全篇，才会因此而有机地联贯起来，活跃起来（王秉钦、王颉，2009：283—284）。"太和"翻译标准所强调的正是这种整体的联贯和整体的活跃。

（二）"太和"翻译标准的多样性

《周易》"太和"思想强调的整体性与其多样性是相连的。世间万物阴阳和合是多样性的统一。《易传》认为，乾、坤、震、巽、坎、离、艮、兑八经卦可以代表世界上任何事物，如自然界的天、地、雷、风、水、火、山、泽；动物界的马、牛、龙、鸡、豕、雉、犬、羊；家庭中的父、母、长男、长女、中男、中女、少男、少女；人身的首、腹、足、股、耳、目、手、口。也可以代表时间和空间：震为春分，为东方；巽为立夏，为东南；离为夏至，为南方；坤为立秋，为西南；兑为秋分，为西方；乾为立冬，为西北；坎为冬至，为北方；艮为立春，为东北。

《易》之别卦，就是由"八卦因而重之"组成的六十四卦，不但可以代表世界万事万物，而且可以表现世界万事万物的发展变化规律。《系辞上传》说："《易》与天地准，故能弥纶天地之道。仰以观于天文，俯以察于地理，是故知幽明之故；原始反终，故知死生之说；精气为物，游魂为变，是故知鬼神之情状。"能"范围天地之化而不过，曲成万物而不遗，通乎昼夜之道而知。"世界万事万物的发展变化是复杂、多样的。《易》模拟表现世界万事万物的手段也是复杂多样的。《易》之象能拟天下事物之形容，"象其物宜"，《易》之卦能尽天下事物之"情伪"，《易》之爻变而"遂成天地之文"，"感而遂通天下之故"，《易》之蓍能"通天下之志"，《易》之数"遂定天下之象"，《易》之系辞能断天下之"吉凶"（陈恩林，2004）。

"太和"，不是消弭差异而追求绝对的等同，而是从差异中追求统一。无论是自然还是人类社会，差别始终存在，各层面的阴阳关系造成了事物的多样性，所以"太和"是异类相承的结果，表示相互对立、相互补充的多层阴阳关系的和同。《系辞上传》说："参伍以变，错综其数；通其变，遂成天地之文。"《系辞下传》说："物相杂，故曰文。"可见，"文"在这里指天地自然一切丰富多彩、相杂糅、相错综、相融合的和谐状态，而易象正是以阴阳爻之交错组合来象征天地错综变化、和谐统一的状态，其主旨便是以天地自然之"和"来说明"和"是多样性的统一体。这正与孔子"和而不同"的思想相契合，也是《乾·象传》"保合太和，乃利贞"理想状态的具体展现（戴永新，2006）。

从《周易》强调的"太和"的多样性，不难推出"太和"翻译标准的多样性。鲁迅的"易解、丰姿"，林语堂的"忠实、通顺、美"，陈西滢的"形似、意似、神似"，许渊冲的"三美"等，都体现了翻译标准的多样性。1989 年，北京大学辜正坤教授在《中国翻译》（第 1 期）发表论文《翻译标准多元互补论》。他提出的"多元互补论"，是一个由若干标准组成的相辅相成的翻译标准系统，即绝对标准（原作）—最高标准（最佳近似度）—具体标准（多元分类标准）（辜正坤，1989）。翻译标准的多样性在其中得到了明确论述。

谭载喜在《翻译学》中指出，翻译标准有不同的层次：（1）内容对等层次；（2）形式对等层次；（3）完全对等层次；（4）部分对等层次；（5）功能对等层次；（6）话语类型层次；（7）语言风格层次；（8）译文实用层次。（1）至（5）是翻译标准的几个基本层次；（6）至（8）是翻译标准实际运用时酌情考虑的层次，除这几个层次外，还可从历时与共时两个层次来考虑翻译标准。就是说，翻译标准的厘定有一定的时间局限性，特别是在语言风格方面，一个时期有一个时期的翻译标准。例如，文言文时期的翻译界提出的"雅"字，从共时角度看，这是合适的标准；但从历时角度看，再把原来意义上的"雅"搬到今天的标准里，就不合适了（谭载喜，2000：52—53）。

阴阳中复有阴阳，太和中复有太和。"太和"是以万物各自对待分殊为条件或因缘的，否则不能"太和"。"太和"是多样性的冲突融合而和合，诚如《中庸》所言："万物并育而不相害，道并行而不相悖。""太和"翻译标准不是一个单独的纯元素，它是一个系统，其系统是由不可分割的不同子系统组成的。各子系统有其特定的位置和功能。不同的功能反映了人类审美情趣的多样性以及作者、译者、读者的多层次。各子系统之间的和谐构成大系统的和谐，即局部之间的和谐构成整体的和谐。"太和"既可在整个系统表现，也可在子系统表现，层次各异，多姿多彩。这就像同一目的实现，可通过不同途径，采用不同形式，犹如《系辞下传》所言："天下同归而殊途，一致而百虑。"

（三）"太和"翻译标准的审美性

"太和"是一种最本真、最理想的状态。在人际关系中，"太和"体现为"仁"，即一种极为和谐的人际关系；在人与国家的关系上，"太和"是国泰民安；在国与国的关系上，"太和"是万国咸宁，万邦协和；在个人的德行修养方面，"太和"是"我善养吾浩然之气"（《孟子·公孙丑上》）；在天人关系中，人们追求的是"天人合一"；等等。这一切都折射出《周易》"太和"思想蕴含的审美性。

西汉董仲舒说："和者，天之正也，阴阳之平也，其气最良，物之所生也。""天地之道美于和"，"天地之美莫大于和"（董仲舒，2001：643）。天地自然处于"太和"状态是世间最美之事。这里"太和"的审美性受到崇尚。《论语·学而》说："礼之用，和为贵。先王之道，斯为美，小大由之。"从中我们可以看出，"太和"思想用于处理社会人际关系时，"和为贵"体现了社会伦理价值观，"斯为美"体现了人际关系的和谐审美观。

源自《周易》"太和"思想的"太和"翻译标准无疑打上了审美性的烙印。优秀的翻译作品就是美的结晶，美的作品，给人以美的享受。鲁迅在《汉文学史纲要》第一编"自文字至文章"中曾提出过文章有"三美"："诵习一字，当识形音义三：口诵耳听其音，目察其形，心通其义，三识并用，一字之功乃全。其在文章……遂具三美：意美以感心，一也；音美以感耳，二也；形美以感目，三也。"（转引自王秉钦、王颉，2009：198—199）许渊冲在此基础上提出"三美"翻译标准，即"意美、音美、形美"翻译标准。林语堂在《论翻译》中将鲁迅的"三美"说扩大为"五美"论，即要求译文尽可能传达原文的音、形、意、神、气之美，并提出翻译的标准是"忠实、通顺、美"。他认为，"翻译于用之外，还有美一方面须兼顾的，理想的翻译家应当将其工作做一种艺术。以爱艺术之心爱它，以对艺术谨慎不苟之心对它，使翻译成为美术之一种（translation as a fine art）。"（林语堂，2009：504）林语堂的翻译标准突出了其审美性。

艾青在《诗论》中说："一首诗的胜利，不仅是它所表现的思想的胜利，同时也是它的美学的胜利。"（转引自顾正阳，2006：2）同样，一部译作的胜利，不仅是它所表现的思想的胜利，同时也是它的美学的胜利。翻译是讲究美的艺术，审美是翻译成败的关键。"太和"翻译标准讲究的审美是全面的，多样的，包括语言审美、文化审美、情感审美等。语言审美方面包括语音、词汇、句法、修辞、文体、篇章等方面的内容；文化审美方面涉及思维方式、风俗习惯、宗教信仰、伦理道德、哲学观、价值观等；情感审美方面却与人们的精神需求、兴趣、爱好、欲望、愿望、动机、意图等相关。所以，译者既要对原文"凝神观照"，又要对读者"关怀备至"，以贴切的文辞表达原意，达至理想的审美再现，即所谓"致太和"。

（四）"太和"翻译标准的动态性

"刚柔相推而生变化。"（《系辞上传》）阴阳之间的互相推移、交相感应使宇宙万物得以生生不息，广大而和谐。《周易》所指的"太和"是阴与阳的完美统一，是一种变化之美，不是静态的、恒定不变的，"太和"始终是动态的。

《系辞上传》讲："《易》有太极，是生两仪，两仪生四象，四象生八卦。"由太极到八卦是一个动态发展的过程。而其中两仪即阴阳，阴阳统一于太极之中，在太极图中，即"阴阳鱼"中，阴中有阳，阳中有阴，"万物负阴而抱阳"（《道德经》第四十二章）。"阴阳鱼"中黑和白的流线型造型为阴阳运动不止的标志，它表示一切事物在动态发展中展示其美的意蕴。

《系辞下传》说："八卦成列，象在其中矣。因而重之，爻在其中矣。刚柔相推，变在其中矣。""爻也者，效天下之动者也。"八卦和六十四卦的卦象是固定的，但卦象中的爻象是在变化中呈现的。卦爻是效法天下事物的运动变化。易象"刚柔相推"、爻动变卦的特点，带来了易象审美的一大特性——动态性，即动中见美。

"太和"的动态性贯穿《周易》始终，如《系辞传》中"刚柔相摩，八卦相荡"，"日月运行，一寒一暑"，"刚柔相推而生变化"，"变动不居，周流六虚，上下无常，刚柔相易，不可为典要，唯变所适"，"日往则月来，月往则日来，日月相推而明生焉；寒往则暑来，暑往则寒来，寒暑相推而岁成焉"，等等，都说明阴阳两种势力在相摩相荡中造成无穷变化，从而展示宇宙人生生生不息的运动。

翻译伴随翻译生态环境而生，而翻译生态环境由包含多种因素的翻译生态和翻译环境构成。翻译生态和翻译环境，犹如阴阳两种力量，相摩相荡，相生相克，交感成和，生生不息。翻译生态环境的"太和"状态是动态的，它随宏观环境因素、支持环境因素、作者因素、译者因素、读者因素等的变化而变化。翻译标准不能脱离翻译生态环境，否则就会变成虚无。所以，"太和"翻译标准会随翻译生态环境的变化而呈现动态性，它不是始终不变的恒一刻度，它原来的"太和"状态会被打破，新的"太和"状态会适时而生。

法国翻译理论家安帕罗·于塔多·阿尔比（Amparo Hurtado Albir）

为说明翻译标准的动态性，他从翻译的过程分析中分离出忠实于意义的三大参照要素（原作者的"欲言"、目的语及译文的读者），形成一个三维结构（杨建华，2009：451）。这个三维结构靠其相互的张力发挥作用。根据不同类型的文本、不同的目的、不同的目的语等，这个三维结构本身也会起相应的变化。由此我们可以推知，"太和"翻译标准的动态性不容置疑。

三　"太和"翻译标准的实现途径

纵观中国翻译史，以前虽无人明确提出将"太和"作为翻译标准，但追求翻译达到"太和"境界者却不乏其人。例如，唐代著名佛经翻译家玄奘译经既求真又喻俗，其译文既重信，又重文体风格，达到了"和谐"理想的境界（王秉钦、王颉，2009：17—18）。梁启超在《翻译文学与佛典》中称赞说："若玄奘者，则意译直译，圆满调和，斯道之极轨也。"（梁启超，2009a：105）"道"在这里指的就是翻译，"极轨"犹言最高准则、完美境界。所谓"圆满调和"，也就是中国哲学上的"和合之境"（刘宓庆，2005b：48—50），即我们所倡导的"太和之境"。再如，罗新璋推崇"神似形似，浑然一致，是为胜境"（罗新璋，2009：12）；钱锺书追求"尽善尽美"式的"化境"（钱锺书，2009：774），即"质中有文，文中有质，浑然天成，绝无痕迹"（胡应麟，1979：22）的境界。罗新璋和钱锺书所追求的也是"太和之境"。

综上所述，"太和"翻译标准具有可操作性，可付诸实践。我们讨论"太和"翻译标准的实现，拟从翻译策略这个角度入手。翻译策略是指译者在将文本从一种语言译为另一种语言过程中遇到某一问题时所采取的对策。翻译策略可分为总体翻译策略和局部翻译策略：总体翻译策略为文化视角的翻译策略，局部翻译策略为文本视角的翻译策略。讨论时我们以十二消息卦作类比，推出阴化（yinization）、阳化（yangization）翻译策略。

所谓十二消息卦，也称十二辟卦、十二月卦，是西汉孟喜根据卦象，配合阴阳学说，将伏羲六十四卦中的十二卦配于十二个月，再以阴阳消息作为四时变换的解释。这十二卦顺序是：复、临、泰、大壮、夬、乾、姤、遁、否、观、剥、坤，如图4.1所示。

图 4.1　十二消息卦

　　十二卦与十二月相配，根据在于阴阳消息。所谓"消息"，在古代指消长、屈伸变化，"息"为增长，"消"为减少。如《庄子·秋水》说："消息盈虚，终则有始。"《剥·象传》说："君子尚消息盈虚，天行也。"《丰·象传》说："天地盈虚，与时消息。"孟喜将这一消长变化的思想，通过十二卦卦象形象地表现了出来。十二消息卦将四时阴阳消息之情状直呈人们眼前，让人感觉春夏秋冬，寒暑往来，春华秋实，宇宙运化，历历在目。

　　受揭示四时阴阳消长规律的十二消息卦的启发，我们可以推断出新的翻译策略：阴化和阳化。我们假设译语文化/读者为阴，原语文化/作者为阳，那么依顺译语文化/读者的翻译策略为阴化策略，依顺原语文化/作者的翻译策略为阳化策略。表面上，前者类似我们常说的"归化"，犹如施莱尔马赫（Friedrich Schleiermacher）所言的"尽可能地不打扰读者，让作者向读者靠拢"（转引自 Munday，2001：28）；后者类似我们常说的"异化"，犹如施莱尔马赫所言的"尽可能地不打扰作者，让读者向作者靠拢"（同上）。但阴化和阳化策略的解释与归化和异化策略的解释有异，现用图示说明。

完全异化　　　　　　　原点　　　　　　　完全归化

图 4.2　归化和异化策略

图 4.3　阴化和阳化策略

　　人们往往将归化和异化策略用一条中间为原点的向两边延伸的线段表示，如图 4.2 所示。图 4.2 中，归化和异化从原点开始分别向两边延伸，两个端点分别表示完全归化和完全异化。归化与异化两者方向相反，都具有排他性，是矛盾的对立。

　　阴化和阳化策略可用太极图，即阴阳鱼图示意，如图 4.3 所示。图 4.3 中，黑白鱼相抱，黑鱼和白鱼分别代表阴化和阳化，阴化从黑鱼尾向黑鱼头方向渐进，阳化从白鱼尾向白鱼头方向渐进。重要的是，黑鱼有一个白眼睛，白鱼有一个黑眼睛，前者是阴中有阳，后者是阳中有阴，阴阳结合在一起，谁也离不开谁。阴化和阳化的程度遵循十二消息卦中阴阳增减的规律。阴化和阳化两者有机结合，是矛盾双方的对立统一。《周易》告诉我们，万事万物，阴中有阳，阳中有阴；孤阴不生，孤阳不长；即使是由全六阳爻构成的乾卦，其中也阳中含阴，由全六阴爻构成的坤卦，其中也阴中含阳。阴阳之间具有互存互依的关系，正如图 4.3 中的黑白部分（黑白鱼）：你中有我，我中有你。所以，世上没有绝对阴化的译文，也没有绝对阳化的译文，阴化和阳化都是相对的。

　　阴化和阳化策略不像施莱尔马赫所说的两条翻译途径那样，是一种二元对立，水火不容①。阴化和阳化不是绝对对立的，在翻译的过程中两者共存并济，交织融合在一起。阴化和阳化所表达的只是一种"趋同"还是"趋异"的趋势，或者说是偏于"同"还是偏于"异"的倾向。实际上，翻译既是一个不可避免的阴化过程，也是一个不可避免的阳化过程。在通过翻译展开的跨文化交际中，绝对的"同"和绝对的"异"都是虚无的，不现实的。所以说，翻译只使用阴化策略或只使用阳化策略都是不可能的。从来没有，将来也不会有人真正能够做到只采取其一种策略就能够成功地完成跨文化交际的使命。

　　这里顺便说一下，人们谈到"归化"和"异化"时往往联系到"意译"和"直译"，但它们有区别："意译"和"直译"是以是否忠实于原文来划分的，"归化"和"异化"则是以是否接近作者或读者来划分的。前者仅涉及语言层面的问题，如语义、语法结构等问题，后者除此之外还涉及作者或读者的文化背景，如价值观念、宗教信仰、伦理道德、诗学传统等诸多方面的问题。"归化"和"异化"跳出了"意译"和"直译"的语言学解释框架，具有文化学上的意义（段峰，2008：96—99）。"阴化"和"阳化"与"归化"和"异化"似乎只是用词有别而含义相同，但实质上前者是从大易的独特视角来看待翻译策略，明显带有中国传统文化的智慧，比后者的解释更严密，更科学，更有说服力！

　　翻译过程中，翻译策略的使用具有动态性。当阴化策略适宜时，便采用阴化策略；当阳化策略适宜时，便采用阳化策略。两种策略可轮番使用，译者可灵活择取，不能拘于一端。梁启超在《论译书》中指出："译书有二弊，一曰徇华文而失西义，二曰徇西文而梗华读。"（梁启超，

---

　　①　施莱尔马赫在《论翻译的不同方法》（On the different methods of translating）一文中，就翻译的方法提出了独到的见解。他认为，翻译的方法只有两种，即"译者要么尽可能地不打扰作者，让读者向作者靠拢，要么尽可能地不打扰读者，让作者向读者靠拢。两者截然不同，必须各自严格遵守；混合两者，则会产生高度不可靠的结果。作者和读者不可能结合在一起"（Schleiermacher, 1992：43）。施莱尔马赫对翻译方法的二元对立的划分，成为后来劳伦斯·韦努蒂（Lawrence Venuti）所提出的"异化翻译"和"归化翻译"的雏形。

2009b：196）此二弊反映出翻译活动中矛盾的对立，译者应如何处理呢？庄子有关调和的主张能给我们一些启发。他在《齐物论》中雄辩地说：

> 即使我与若辩矣，若胜我，我不若胜，若果是也，我果非也邪？我胜若，若不吾胜，我果是也，而（若）果非也邪？其或是也，其或非也邪？其俱是也，其俱非也邪？我与若不能相知也，则人固受其黮闇。吾谁使正之？使同乎若者正之？既与若同矣，恶能正之。使同乎我者正之？既同乎我矣，恶能正之。使异乎我与若者正之？既异我与若矣，恶能正之。使同乎我与若者正之？既同乎我与若矣，恶能正之。然则我与若与人，俱不能相知也，而待彼也邪？①

庄子的意思是"是"与"非"永远不能一刀切地说定，二者只能"得以环中，以应无穷"（《齐物论》）。因此，我们可以这样看翻译：使用阴化策略好，还是使用阳化策略好，不能一边倒、一刀切，只能得之以环中，也就是像玄奘那样，圆满调和，直至"极轨"（刘宓庆，2005b：61—62）。

译者究竟采取何种翻译策略，那就要依翻译的目的和动机、读者的认知环境和认知能力等因素而定。此外，阴化或阳化的程度，如十二消息卦中阴阳消长因时不同一样，也因具体的翻译实情而有所不同。不过，阴化或阳化程度的确定，取决于优选，以最能达到翻译标准、实现翻译目的为准绳，不可随意不羁，这就犹如珠走玉盘，灵动而不越法度之外，也如孔子所言"从心所欲不逾矩"（《论语·为政》）。

《周易》是我国古代一部重要的文化元典，被称为"六经之首"、"三玄之冠"。它内涵极为丰富，举凡哲学、政治、伦理、宗教、文学、艺

---

① 此段话的白话译文如下，请作参考：

假使我和你辩论，你胜我，我未胜你，你就果然"是"，我就果然"非"吗？我胜你，你未胜我，我就果然"是"，你就果然"非"吗？还是有一人"是"，有一人"非"呢？还是两个人都"是"，两个人都"非"呢？我和你皆不能明，第三人亦不能明，因为他本已受自身是非的蒙蔽。我使谁判定呢？使同于你的人判定吗？既同于你，怎能判定？使同于我的人判定吗？既同于我，怎能判定？使不同于我和你的人判定吗？既不同于我和你，怎能判定？使同于我和你的人判定吗？既同于我和你，怎能判定？那么我和你和第三人皆不能明，还有待于第四人吗？（涂又光，2014：329—330）

术、经济、军事等等，靡不具备，成为中国文化的源头活水，浇灌了灿烂的中华文明之花。中国传统文化的每一个方面，都闪耀着《周易》的智慧光芒。知《易》明道，悟《易》启智，用《易》获益。我们研究翻译，可以"偷《周易》的火"，借《周易》的智慧光芒，照亮我们的研究道路。本章讨论的"太和"翻译标准，就是受《周易》和谐观念的启发而提出，利用易理和易图阐释的。"太和"翻译标准富含《周易》的智慧，具有整体性、多样性、审美性、动态性等特性，可通过阴化、阳化策略实现。笔者确信，"太和"翻译标准建立在可靠的哲学依据之上，具有强大的理论解释力和严密的科学性，对衡量译文质量和指导翻译实践都将发挥不可估量的重要作用。

第五章

翻译原则

　　前一章谈到的"太和"翻译标准为翻译要达到的目标树了一个杆，译路艰难，目标虽然难以达到，但译者总会孜孜不倦朝其方向努力。译者在向翻译目标前进的途中，如有个正确的原则指导，再利用适当的翻译方法，才能"译有所为"。

　　为人处世讲原则，翻译亦然。翻译原则"指翻译中带有普遍性的、最基本的、可以作为其他规律基础的规律，也即具有普遍意义的道理。例如，翻译中语际转换的一般规律、审美体验的一般规律，对翻译技巧的归纳和掌握具有指导意义"（方梦之，2011：17）。

　　翻译原则多种多样，谭载喜在《西方翻译简史》中列举了一些学者的看法：

　　雅克·阿米欧（Jacques Amyot）在翻译中所遵循的原则是：

　　（1）译者必须吃透原文，在内容的移译上狠下功夫；

　　（2）译笔必须纯朴自然，不事藻饰。

　　艾蒂安·多雷（Etienne Dolet）在 1540 年发表的《论如何出色地翻译》（La manière de bien traduire d'une langue en autre）一文中列出了五条翻译的基本原则：

　　（1）译者必须完全理解所译作品的内容；

　　（2）译者必须通晓所译语言和译文语言；

　　（3）译者必须避免逐词对译，因为逐词对译有损原意的传达和语言的美感；

　　（4）译者必须采用通俗的语言形式；

　　（5）译者必须通过选词和调整词序使译文产生色调适当的效果。

　　巴歇·德·梅齐利亚克（Bachet de Méziriac）1635 年 12 月在法兰西学士院发表了一篇题为《论翻译》的论文，提出译者必须遵循三项原则：

（1）不得给原著塞进私货；

（2）不得对原著进行删减；

（3）不得做有损原意的改动。

乔治·坎贝尔（George Campbell）在 1789 年出版的《四福音的翻译与评注》（*A Translation of the Four Gospels with Notes*）的导论中提出了翻译的三原则：

（1）准确地再现原作的意思；

（2）在符合译作语言特征的前提下，尽可能地移植原作的精神与风格；

（3）使译作像原作那样自然、流畅。

亚历山大·弗雷泽·泰特勒（Alexander Fraser Tytler）1790 年在《论翻译的原则》（*Essay on the Principles of Translation*）中提出了翻译必须遵守的三大原则：

（1）译作应完全复写出原作的思想；

（2）译作的风格和手法应和原作属于同一性质；

（3）译作应具备原作所具有的通顺。

这是三项总的原则，在每项总原则下又分若干细则（谭载喜，2004：69—129）。

以上翻译原则一般是就语言方面提出的，有其时代性，但有的至今仍具借鉴意义和指导作用。本章拟从较宏观的视角就两个方面探讨翻译原则。

一　求同存异

《同人·象传》曰："天与火，同人；君子以类族辨物。"意思是说，天、火相互亲和，象征"和同于人"；君子因此分析人类群体、辨别各种事物以审异求同。同人卦的卦象是离下乾上，离为火，乾为天。《象传》不说天下有火，也不说火在天下，而说天与火，是说天在上，火向上，两者在这一点上是相同的。这一卦正是取天与火在上向上之象而称作同人的。君子学了这一卦，观了同人之象，用以指导实践，便要"类族辨物"。

在先天八卦中，乾卦的方位在南；在后天八卦中，离卦的方位也在南。这就是说，"天"与"火"共同聚居于南方，所以这一"离"下

"乾"上的卦称为"同人"。天与火即"乾"与"离"之所以能居住在一个方位，是由于"乾"是阳性，"离"是阴性，阴阳相遇变成同类。不过这样的同类中毕竟有着阴性阳性的差异，所以君子应当认真体味同人卦的意蕴，分析事物的种类，辨别同类事物中个别事物之间的不同，既重视大同，又不放过小异。

观察同人卦的卦象，体味同人卦的意蕴，我们可以推出一条翻译原则：求同存异。

翻译中"求同"具有可能性，这是由文化的普同性决定的。文化的普同性，即文化的共性，是文化共同具有的性质。美国著名翻译理论家尤金·奈达（Eugene A. Nida）1995 年 11 月在深圳大学作的题为《语言与文化的关系》（*Relationship between Language and Culture*）的学术报告中说，"世界的语言和文化惊人地相似"（Languages and cultures all over the world are amazingly similar），并说明相似之处占 90%，不相似之处仅占 10%。不同民族虽分布世界各地，各自创造和发展自己的文化，其文化特质和模式有所差异，但不同民族的文化在很多方面都有着相同之处；究其原因主要在于：

（1）人类居住的星球上拥有许多相同的特质。无论是居住在草原、沙漠或海岛，还是山区、平原或高原，昼夜星辰、风雨雷电、日升日落、月盈月缺、生老病死等自然现象都同样存在。相同的自然现象对每个人的生理影响相差无几，人们对相同自然现象的体验基本相同。因此，人们对宇宙、自然的理解及其想象具有相似之处。

（2）作用于自然的主体和被作用的客体都有许多共同之处。"因为人类的体质和生物的驱动力相同，而文化不外是人作用于自然的产物，既然主体和客体都有许多共同之处，那么，主体作用于客体的产物就会有许多共同之处"（肖川，1990：89—90）。

（3）全人类的生活经验彼此极为相似。人都有吃饭、睡觉、穿衣、喝水、洗脸、洗澡、排泄、做梦、听、说、见、闻等行为，人都能做多种动作表情，如微笑、哭泣、皱眉、眨眼、摇头、耸肩、挥手、弯腰等，人都有头疼发烧、面红耳赤、手软脚麻、腰酸腿疼等经历，人都要学习、工作、旅行、与人交往……

（4）人类有着共同的劳动方式。各民族的人民都从事做工、务农、打猎、捕鱼、经商等劳动活动。

（5）人类社会生活大同小异。各民族有政府、有社团、有法律制度、有行为准则、有政治宣传、有文艺表演，等等。

（6）人类思维的基本形式及一般规律是相同的。人们无论处于何种文化之中，其思维的基本形式包括抽象思维、形象思维、直感思维，任何正常的思维活动都不可能违背其规律。此外，从思维按规律活动的逻辑方法（根据现实材料按逻辑思维的规律形成概念、作出判断和进行推理的方法）来说，不同文化的人也大体相同。比如，"因"与"果"可能由于文化的差异在表达上存在先后之分，但不可能有性质上的差别：中国人心目中的"因"不可能成为美国人心目中的"果"；汉文化中"他因中毒而死亡"，不可能在其他文化中就成了"他因死亡而中毒"。

（7）基本的人性都是一样的。人都有七情六欲，都有善恶之心与是非之心，都有爱憎、妒忌、怜悯之心，都表现喜怒哀乐，都有好恶，都图生而惧死，都有美好的愿望和理想，如要改善生活、结交朋友、发展科技、吸收知识、提高修养、向往文明，等等。所以说：人同此心，心同此理。

（8）人类能力在本质上都是相同的。不同种族所创造的文化在深层次意义上都反映着人类共同的能力。

（9）随着人类改造自然、征服自然能力的增强，特别是交通工具和通信工具的日益发达，文化的相互交流和影响不仅不可避免，而且不断扩大。卫星电视使世界变成了"地球村"，人类信息沟通的深度、广度、速度发生了根本性的变化，个人与整个人类共同分享信息的愿望成为现实。不同文化层次的人的心理距离日渐模糊，共同点日渐增多，人类文化的融通性大大增强（徐祝林，1997；陈东成，2012：15—16）。

文化的普同性为跨文化交际提供了便利，也为翻译提供了"求同"的可能性和实现基础。

文化既具有普同性，又具有差异性。文化的差异性即文化的个性，是某一文化在其特质和模式上所表现出的独特性。导致文化的差异性的原因是多方面的，笔者在《文化视野下的广告翻译研究》（中国社会科学出版社 2012 年版）一书中从十大方面进行了较详细的讨论①，这里不再赘述。

---

① 《文化视野下的广告翻译研究》中讨论导致文化差异性的十大原因为：生活环境差异、思维方式差异、风俗习惯差异、宗教信仰差异、伦理道德差异、哲学观差异、价值观差异、审美观差异、认知角度差异和历史典故差异。详见该书第三章"广告差异性的文化阐释"，第26—49页。

世界因文化的差异性而精彩，翻译因文化的差异性成为必要，文化差异性使翻译散发迷人的魅力，放射异彩光芒并延绵不绝，赓续不断。

如今，无论研究者还是译者，都已认识到"差异"对于翻译的重要性。诚如田建国所言：

> 各民族（国家）之间在文化和语言之间差异的存在正是产生翻译的根本原因所在。可以说，各民族文化之间的共性和可容性以及人类经验的普遍性和相似性为翻译提供了可能性，个性（差异）和不可容性为翻译提供了必要性，同时也带来了局限性。因此，我们说翻译具有双重使命——在译文中既要保留文化共性，可容性，又要尽量保存差异，促成差异本身的交流，使一个民族能够通过翻译了解、理解、欣赏、接受，甚至运用原为另一个民族所具有的独特文化，促进人类文化的进一步融合。（转引自许宏，2012：100）

法国哲学家、文学批评家莫里斯·布朗肖（Maurice Blanchot）在短文《翻译》（Traduire）中提出了"翻译是差异的游戏"：

> 事实上，人们根本就没打算让翻译来消弭这差异——恰恰相反，翻译是差异的游戏：翻译不断地暗示差异；翻译掩饰差异，却又偶尔显露差异，经常强调差异；翻译就是差异本身。（Blanchot，1997）

雅克·德里达（Jacques Derrida）也认为翻译是一种"差异的游戏"。在他看来，翻译转换的不是意义的整体，而是意义的碎片。原文中的异质因素应得到足够尊重，不应被译者抹杀或消弭。翻译应保留文化他者之异，保留"异"存在的可能性，保留他者文化的思想、思维方式等（许宏，2012：133）。

翻译是跨文化的交际活动，时刻面对文化他者，时刻面对"差异"。翻译时对原文中所展现出的差异采取何种态度，具体翻译时遵循什么原则呢？笔者的回答是：创造性地存异。

鲁迅是主张存异的先锋，甚至提倡"宁信而不顺"。他在《"题未定"草》中论及《死魂灵》翻译到底是应该采用归化还是"尽量保存洋气"时写道：

只求易懂，不如创作，或者改作，将事改为中国事，人也化为中国人。如果还是翻译，那么，首先的目的，就在博览外国的作品，不但移情，也要益智，至少是知道何地何时，有这等事，和旅行外国，是很相像的：它必须有异国情调，就是所谓洋气。其实世界上也不会有完全归化的译文，倘有，就是貌合神离，从严辨别起来，它算不得翻译。凡是翻译，必须兼顾着两面，一当然力求其易解，一则保存着原作的丰姿，但这保存，却又常常和易懂相矛盾：看不惯了。不过它原是洋鬼子，当然谁也看不惯，为比较的顺眼起见，只能改换他的衣裳，却不该削低他的鼻子，剜掉他的眼睛。我是不主张削鼻剜眼的，所以有些地方，仍然宁可译得不顺口。（鲁迅，2009a：373）

鲁迅在写给瞿秋白的有关翻译的信中说：

为什么不完全中国化，给读者省些力气呢？这样费解，怎样还可以成为翻译呢？我的答案是：这也是译本。这样的译本，不但在输入新的内容，也在输入新的表现法。……装进异样的句法去，古的，外省外府的，外国的，后来便可以据为己有。这并不是空想的事情。（鲁迅，2009c：346）

鲁迅所主张的"宁信而不顺"中的"不顺"，就是指在翻译时，"不但在输入新的内容，也在输入新的表现法"，"尽量保存洋气"，当然也就是让读者读到"新的内容"，领略"新的表现法"，体味异域"洋气"。这就是说，译者做翻译的首要目的，是尽量真实地向译语读者介绍异域文化、异国情调，让他们如实地认识世界，了解世界。所以，译者应把尽量保存原文的异国情调进而忠实地传达原文的内容视为翻译的首要目的。

安托瓦纳·贝尔曼（Antoine Berman）旗帜鲜明地提出"把异当作异来接受"（Berman，2000），迎接原文中的"异"，并强调直译（traduction littérale），紧紧跟随原文的文字，保存原文的新奇之处。不过，贝尔曼所讲的直译并不是说翻译要机械地字对字地进行（traduire mot à mot），而是说在合适的情况下翻译要尽量传达原文的节奏、精练程度等（许宏，2012：105）。

盖亚特里·斯皮瓦克（Gayatri Spivak）提出"以爱意为前提，贴服于原文文本进行直译"（斯皮瓦克，2001：279）。"贴服于原文"就是指译者"必须在文本中苦苦求索，穷其语言尽处，因为那修辞作用的一面会指向文本的静默，在那里语言不受限制地散佚开，而文本则是以其特有的方式去防止它的发生"（斯皮瓦克，2001：283）。译者必须跟从原文独特的修辞，留意语言的动态的用法，从操作上来说，"贴服于文本大多时候意味着忠于文本的字面"（斯皮瓦克，2001：292）。

斯皮瓦克所说的"直译"不是对某种传统翻译方法的简单回归，而是在文化的、政治的、伦理的、语言的等多个层面进行深入理论思考之后所作出的慎重选择。忠实于原文字面进行直译，这不仅体现出译者努力将原文中不断散佚的意义在最大程度上重新归拢——而且是尽量贴近作者本意的归拢，而且体现出了译者对"他者"的尊重（许宏，2012：138）。

劳伦斯·韦努蒂（Lawrence Venuti）也是极力主张存异的。他认为，"翻译在书写、阅读和评价的过程中应对语言和文化的差异给予更多的尊重"（Venuti，1998：6）。韦努蒂提出翻译要采取"抵抗"（resistant）手段，即所谓"异化翻译"（foreignizing translation），或曰"少数化翻译"（minoritizing translation），采用各种手段来凸显原文中的异质性因素。其目的在于"把译文读者和译者一起从通常控制其读写的文化限制中解放出来，这些文化限制同化了外文文本，抹杀了其中异的因素"（Venuti，2004：305）。译文"应当是另一文化现身的场所，是读者得以一窥异域文化的场所"，而异化翻译"能够最好地保留原文中的差异和他者性，提醒读者注意翻译过程中的得与失，也提醒读者注意到无可跨越的文化差异"（Venuti，2004：306）。

翻译中"存异"有利于译入国语言文化的丰富和发展，这点是显而易见的。两个世纪前的德国翻译理论家施莱尔马赫（Friedrich Schleiermacher）就明确指出：

　　正如我们的土壤由于移植了外国的植物而变得更加富饶和肥沃，正如我们的气候由于移植了外国的植物而变得更加宜人、温和，我们感到我们的语言由于与外国的各种接触只会焕发生机，并因而获得完美的表达力。……与此同时，我们的民族由于其对外国事物的尊重，由于其兼收并蓄的倾向而注定会在语言中包罗自身文化和外国文化中所有的艺术和学识，并将它们融合成一个历史的宏大的整体，在某种程度上保存在欧洲的中心和心脏地区，以便使所有的人都能够——甚至外国人也能够尽可能纯粹、完美地——欣赏这个最为丰富的时代所带给我们的一切。（转引自孙会军，2005：206）

现以我国文学翻译对白话文的发展所作的贡献为例略作说明。白话文借鉴吸收了文学翻译所引进的其他语言的表达方式，这主要表现在词汇、语法和标点符号三方面。（1）词汇方面，大量的外来词得到引进，动宾结构、动补结构、前缀后缀结构、成分抽用式的简缩结构等构词法也得到了发展；（2）语法方面，汉语句子中定语、状语等附加成分增多、延长了，同位语的使用大大多于古汉语，句子的语序也开始变得灵活；（3）标点符号方面，引进外国语言的标点符号，再配合汉语旧式句读符号形成新的标点符号系统。"汉语是一种极富包容力的语言，现代汉语发展到今天，早已将词汇、语法、标点符号方面的这些'异'逐渐同化成我们自己语言文字的有机组成部分。但历史地看，它们当初确实是'异'，是靠文学翻译引进的，这是不容置疑的。"（许宏，2012：146）

翻译不只是语言信息的传递，文化信息方面的存异更关乎翻译体现文化交易的本质。屠岸有一番论述切合本章对"求同存异"翻译原则的理解和解释，在文化方面尤为如此。他说，译者既是作者的朋友，又是读者的朋友，"对朋友，要讲忠诚，要讲友好"；"对读者朋友来说，'归化'过度，是对他们的蒙蔽，'洋化'过度，是对他们的放弃。以作者朋友来说，'归化'过度是对他们的唐突，'洋化'过度是对他们的谄媚"。那么如何把握好"归化"和"洋化"的分寸？屠岸说："我想，是否可以向译者提出两条要求：一、不要使读者产生民族传统文化错乱的感觉，二、不要使读者如堕五里雾中。"（屠岸、许钧，2010：57—58）这就是说，对于原文的文化色彩，翻译时应该"存异"，但"存异"是个变量，具有动态性，不能将其僵化，一味死守，译者必须考虑读者的认知环境和接受环境，利用变通的方法，灵活处理文化差异问题。

《周易·同人》卦辞曰："同人于野，亨，利涉大川，利君子贞。"意思是说，在广阔的原野和同于人，亨通，利于涉越大河巨流，利于君子守持正固。唐孔颖达《周易正义》曰："'同人'，谓和同于人。'于野，亨'者，野是广远之处，借其野名，喻其广远，言和同于人，必须宽广，无所不同。用心无私，处非近狭，远至于野，乃得亨通。"（孔颖达，2009：76）与人和同必须处于广阔无私、光明磊落的境界。《周易正义》又曰："与人同心，足以涉难，故曰'利涉大川'也；与人和同，易涉邪僻，故'利君子贞'也。"（同上）能广泛和同于人，可以涉越险难；但"同人"不得为邪，应当守正。翻译也可以说是"同人"的活动，是原语文化与译语文化的交流，是译者与作者的合作，要合作得愉快，合作成功，译者就要有宽广胸怀，重视大同，不计小异，与作者同心协力。但同心协力是向善的方向努力，这样虽说译事艰难，一路风尘仆仆，但终究可以走向理想的目的地。合作不可为恶，忌涉邪僻，要放弃错误私见，大公无私，诚如朱熹所言："善与人同，公天下之善而不为私也。"（朱熹，1983：239）所以译者要胸怀坦荡，以道义为基础，坚持正确方向，坚持走正道，这样才能译有所为，译事亨通。

　　翻译中"求同"与"存异"不是一种二元对立，两者犹如阴阳两种力量，互相附抱，互相依存，一方的存在以另一方的存在为条件和基础。异中求同，同中显异，和而不同，这是不同文化平等相待、互相包容的表现。所以，共处翻译中的"求同"和"存异"的理想状态是共生共长，和谐发展。这里附上许渊冲模仿《道德经》第一章所写的《译经》，想必读者能体会其趣，知晓其理：

译可译，非常译。	Translation is possible: it's not transliteration.
忘其形，得其意。	Forget the original form; get the original idea!
得意，理解之始；	Getting the idea, you understand the original;
忘形，表达之母。	Forgetting the form, you express the idea.
故应得意，以求其同；	Be true to the idea common to two languages;
故可忘形，以存其异。	Be free from the form peculiar to the original!
两者同出，异名同理。	Idea and form are two sides of one thing.
得意忘形，求同存异：	Get the common idea; forget the peculiar form:
翻译之道。	That's the way of literary translation.

（许渊冲，2006：27）

二　守经达权

《易纬·乾凿度》借孔子之口说："易者，易也，变易也，不易也。"（转引自刘蔚华，2007：27）孔颖达在《周易正义》中说："郑玄依此义，作《易赞》及《易论》云：'易一名而含三义：易简，一也；变易，二也；不易，三也。'"（孔颖达，2009：4）这就是所谓的"易之三义"：简易、变易、不易。"简易"即"简单容易"，无论宇宙间的事物怎么变化，我们都可以通过自己的智慧去了解其内在的原理，即使是最奥妙多奇的事物也会变得平凡淡然，简单容易；"变易"即"变化"，是说宇宙万事万物，都在运动变化着，没有哪个是不变的；"不易"则指阴阳变化的规律，也就是阴阳易理是永远不会改变的。《周易》所指的"简易"、"变易"是就其外在的、形式上的东西而言的，其深层的内容其实是寂静的、深沉的、恒定的，"简易"、"变易"是以"不易"为基础的。"不易"是体，"变易"是相，"简易"是用。"不易"是"常道"，人们称之为"经"；"变易"的精神表现在"通权达变"上，用现代人的说法叫"权"。两者结合就构成了中国人崇尚的"守经达权"的信念，也是我们所说的"权经之道"。中国人视"权经之道"为"修己安人之道"，"安人的目的"不变，"安人的条件"必须随时间、地点、人物的变化而改变。

《系辞下传》曰："《易》之为书也，不可远。为道也屡迁，变动不居，周流六虚，上下无常，刚柔相易，不可为典要，唯变所适。其出入以度，外内使知惧。又明于忧患与故，无有师保，如临父母。初率其辞，而揆其方，既有典常。"这段话中，"既有典常"与"不可为典要"，看似相互矛盾，实则揭示了"经"与"权"的辩证关系。有关"经"、"权"问题，柳宗元曾在《断刑论下》中作过精辟的论述：

> 经也者常也，权也者达经者也，皆仁智之事也，离之滋惑矣。经非权则泥，权非经则悖，是二者强名也曰当，斯尽之矣，当也者，大中之道也，离而为名者，大中之器用也。知经而不知权，不知经者也，知权而不知经，不知权者也。（转引自程静宇，2010：327—328）

章楚藩在《易经与辩证法杂说》中对"经"、"权"及其关系解释得鞭辟入里：

> "经"就是原则立场，"权"就是灵活权变。把原则性与灵活性辩证地结合起来的"经权"思想是易、儒的一大智慧。"守经"是对理想原则的担当和坚持；"权变"则是在不违反原则的前提下的灵活适变，如或进、或退、或守。所谓"朝闻道夕死可矣"，"杀身成仁"，"君子穷而不滥"，"达则兼济天下，穷则独善其身"，"君子务本"，均是"守经"；而所谓"四毋"："毋意、毋必、毋固、毋我"，即不墨守成规，不搞主观主义、教条主义，随时应变调适，就是"权变"。坚持原则是前提、是首位，权变是在不违反原则前提下的灵活应变。（章楚藩，2010：62）

"经"具有方针性，"权"具有灵活性。"经"与"权"的关系即方针性与灵活性的关系。有"经"没有"权"，"经"就是死板的教条，不易行得通；有"权"没有"经"，"权"则失去方向和目标，变成盲动。因此，"经"与"权"两者必须有机结合，达致《周易》推崇的中和之道。

易译相通。我们不妨将"守经达权"作为一条原则应用到翻译中。"译"要"变易"，即变换语言，但是在语言变换中也有"不变"，即"不易"的东西，这种不变的东西或指翻译规律，或指交流的主要内容，或指交际意图等。译者对原文信息的处理、语境假设的判断、翻译策略的选择、表达方式的调整等，不可随意妄为，都应遵循翻译规律，以实现原文的交际意图为宗旨，不应有所偏离，诚所谓译者，依也，不变也。但万事不能拘于一端，翻译中，译者应善于变通，适时而变，灵机应变，按翻译目的和要求，根据原文提供的信息以及自己对译文读者认知环境和认知能力的评估，充分发挥自己的主观能动性，自由选择适当的翻译策略和表达方式，创造出为人知之、乐之、好之的译文。

美国翻译工作者协会（American Translators Association，ATA）制定的"译文标准"中有这么一条：

> 一切译文（尤其是广告和其他宣传品）的主要标准都是毫不歪

曲地确切传达出原意，同时还要心中有读者，要考虑他们的文化背景和心理状态。要做到这一点，有时还要修改原文，以便按译语规范传达出最接近原文的信息。总之，各种翻译都是创造性的精神活动的过程。（转引自肖维青，2010：163）

从中我们可以看出，一方面，译文要"毫不歪曲地确切传达出原意"，这是译者应奉行的圭臬，即我们所说的"守经"；另一方面，译者"要心中有读者，要考虑他们的文化背景和心理状态"，"按译语规范传达出最接近原文的信息"，即我们所说的"达权"。"守经"和"达权"有机结合，才能创造性地完成翻译这项精神性活动。

本章探讨的翻译原则——求同存异、守经达权，主要以《周易》的哲学道理为依据，从新的视角切入研究，同时以中外权威译论家之说为佐证，想必有较强的科学性和说服力，希冀于译者和译论研究者有所裨益。

第六章

翻译方法

翻译方法指译者根据一定的翻译任务和要求，为达到特定目的而采取的途径、手法、技巧等。翻译方法主要包括两方面：（1）译者在翻译过程中对传达原作内容和形式的总的设想、途径以及美学态度，多与翻译理论和学派有关。一定的理论产生一定的方法，一定的方法又以一定的理论为依据。如克里斯蒂安·诺德（Christiane Nord）为实现目的原则而提出"纪实翻译"（documentary translation）和"工具翻译"（instrumental translation）两大翻译方法。"纪实翻译"和"工具翻译"自然成为目的论的组成部分。又如彼得·纽马克（Peter Newmark）的"语义翻译"（semantic translation）和"交际翻译"（communicative translation）也是与其翻译理论为依据和依归的。不同国家、不同学派对翻译方法的分类和命名并不相同，如苏联文艺学派对文艺作品的翻译方法就有自由主义、现实主义和形式主义之分。（2）有时翻译方法也指在翻译过程中解决具体问题的办法，亦称"翻译技巧"。这些具体方法如增词、减词、反译、合译、分译、引申、替代等（方梦之，2011：94—95）。本章从大易的视角出发，根据"求同存异"和"守经达权"的翻译原则，结合"阳化"和"阴化"翻译策略，提出"阳译"（yang translation）和"阴译"（yin translation）翻译方法。

一　阳译

阳译是指以原语为导向，以原语的审美信息特征和结构为模仿依据①，尽可能保留原文的语言形式、文体风格、文化特色等的一种翻译方

---

① 翻译是文本间的模仿性生产，这种生产具有创造性。

法，旨在为读者提供原汁原味的译品。但需要指出的是，阳译不是机械模仿式的逐词翻译或死译，译文要讲究创造性，要讲究达意传神，要考虑它的可接受性，即使有时不得已，译文可能生硬，但仍要是通顺的。译文必须是"新颖而达意而不是非我非外、为异而异、无助于我的表达"（孙迎春，2008：201）。

"阳译"相当于我们平时所说的"直译"，但理论依据不同，正如"纪实翻译"、"语义翻译"、"显性翻译"等各有其理论依据一样。由于阳译以原语为模仿原型，这种模仿常常是一种"意匠惨淡经营中"的努力（刘宓庆，2005a：313）。恰当地模仿原语结构、风格等，翻译可以形成优秀的译作，产生独特的效果。例如：

> （1）枯藤老树昏鸦，
> 　　　小桥流水人家，
> 　　　古道西风瘦马。
> 　　　夕阳西下，
> 　　　断肠人在天涯。
>
> 　　　　　　　　　　　　（马致远《天净沙·秋思》）

> **Autumn Thoughts**
> Withered vines, olden trees, evening crows;
> Tiny bridges, flowing brook, hamlet homes;
> Ancient road, wind from west, bony horse;
> The sun is setting,
> Broken man, far from home, roams and roams.
>
> 　　　　　　　　（赵甄陶译，转引自蒋骁华，2003：115）

原文是一篇我国古代写"秋思"的名曲，其最大的艺术特色就是空白手法的运用。写"秋思"，作者没有直接抒怀，而主要是描写撩起人们绵绵秋思的特色景物，并将其巧妙组合，以景托情，创造感人意境。前三句每句三个名词，共九个名词，描写九个意象；后两句分别为四个字和六个字组成的完整句，每句描写一个意象。全曲描写十一个意象，意象间留下的空白极易触发读者的想象，使读者在脑海中组成一幅幅意蕴丰富、触人心扉的秋景图。"可以说，并置的每一个意象都与作品主题'秋思'紧密相关，都具有独立的审美个性，都能触发读者的想象。因此，将这些意象按原貌直译出来，保留意象间的空白，外国读者同样能在空白处展开想象，体味出丰富的意蕴和无穷的秋思。"（顾正阳，2006：392）所选译文除行文简练，节奏分明，音韵和谐外，语言选择和语言组织形式基本与原文一致。可以说，译文是按照"照搬意象，结构不变"的方法阳译，保留了间隔空白，把原作带给读者的意境美和想象空间完美地呈现给了译语读者。

    （2）不论平地与山尖，
           无限风光尽被占。
           采得百花成蜜后，
           为谁辛苦为谁甜？

（罗隐《蜂》）

Bees

Down in the plain, and up on the mountain top,

All nature's boundless glory is their prey.

But when they have sipped from a hundred flowers and made honey,

For whom is this toil, for whom this nectar?

（文殊译，转引自顾正阳，2006：361—362）

    原文是唐代诗人罗隐写的一首咏物诗，既赞美了那些不畏艰苦、辛勤劳动、为社会创造财富的人，又讽刺了那些不耕而食、不织而衣、不劳而获的人。这首诗有几个艺术表现方面的特点：欲夺故予，反跌有力；叙述反诘，唱叹有情；寓意遥深，可以两解。鉴于中、英文读者对蜜蜂都比较熟悉，对其有共同的生活体验，所以采取阳译的手法，直接译出蜜蜂的形象，译语读者便可从中领会原文寓意。译者将"平地与山尖"译为"down in the plain, and up on the mountain top"（平野和山顶），"无限风光"译为"all nature's boundless glory"（大自然无限风光），"尽被占"译为"all...is their prey"（尽成它们的领地），"百花"译为"a hundred flowers"（百花），"成蜜"译为"have...made honey"（酿成蜜），"为谁辛苦为谁甜？"译为"For whom is this toil, for whom this nectar?"（为谁辛苦？为谁甜？）。译文依傍原文，都用寻常的词语，甚至口语，意思显而易见。同时，译文也采取夹叙夹议的方式，其顺序也为一三叙，二四议，最后一句也可为两个问句。译文读者能从所言的"蜜蜂故事"中看出相应的寓意，欣赏到辞格的技巧、语言的朴素美。他们也会对蜜蜂产生怜悯之情，对其无偿劳动感叹不已（顾正阳，2006：362）。

    （3）汴水流，泗水流，流到瓜州古渡头。吴山点点愁。
        思悠悠，恨悠悠，恨到归时方始休。月明人倚楼。

（白居易《长相思》）

Long Longing
Waters of the Bian flow,
Waters of the Si flow,
Flow to the old ferry of Guachow.
The hills in Wu bow in sorrow.

My longings grow and grow,
My grievings grow and grow,
Grow until comes back my yokefellow.
We lean on the rail in moonglow.

（Zhao, 2014）

    这是一首怀人念远的抒情小词。一位女子在朦胧的月色下独倚高楼，映入她眼帘的山容水态都充满了哀愁。上阕三个"流"字，写出了水的蜿蜒曲折，也营造了低徊缠绵的情韵。下阕两个"悠悠"，更增添了愁思的绵长。全词以"恨"写"爱"，用浅易流畅的语言、和谐的音律，表现人物的复杂感情。特别是那流泻的月光，更烘托出哀怨忧伤的气氛，增强了艺术感染力，显示出这首小词语约意丰、词浅味深的特点。译文以原文为依傍进行模仿，语体、语序、措辞、韵式等都尽量贴近原文。值得注意的是，译文不仅韵式与原文相同，一韵到底，而且所押的韵也与原文一样，押/ou/韵。美国作家埃德加·爱伦·坡（Edgar Allen Poe）认为，人类语言中最能表达悲伤的音是/ou/（Zhao，2014）。这里/ou/韵运用之妙，很好地帮助了译文传达主人公的哀伤情感。

（4）俗话说："到什么山上唱什么歌。"又说："看菜吃饭，量体裁衣。"我们无论做什么事都要看情形办理，文章和演说也是这样。（毛泽东，1969：791）

There is a proverb, "Sing different songs on different mountains"; another runs, "Fit the appetite to the dishes and the dress to the figure." Whatever we do must be done according to actual circumstances, and it is the same with writing articles and making speeches. （Mao, 1975：57）

原文出自 1942 年 2 月 8 日毛泽东在延安干部会上所作的题为《反对党八股》的讲演，其中两个民间俗语"到什么山上唱什么歌"和"看菜吃饭，量体裁衣"既通俗易懂，又富含哲理，它启发人们要注重分析矛盾的特殊性，并根据矛盾的特殊性来确定解决矛盾的正确方法。毛泽东将其活用到讲演中，增添了讲演的生动性和辞趣。译文对两个民间俗语的处理可谓"亦步亦趋"，尽量阳化，既保留了原文形象，生动活泼，不失辞趣，又简练明了，含义凸显，感人至深。

（5）"你难道没听见人家说'嫁鸡随鸡，嫁狗随狗'，哪里个个都像你大姐姐做娘娘呢。"（曹雪芹、高鹗《红楼梦》第八十一回）

"Surely you know the saying, 'Marry a cock and follow the cock, marry a dog and follow the dog.' How can every girl be like your eldest sister, chosen as an Imperial Consort?"（杨宪益、戴乃迭译，转引自陈东成，2000：196）

原文出自曹雪芹、高鹗《红楼梦》第八十一回，其中习语"嫁鸡随鸡，嫁狗随狗"结构简练，通俗易懂。原文两句只用了"鸡"、"狗"、"嫁"、"随"四个字，每个字重复一次，且搭配错落有致，朗朗上口。原文字面意义很简单：嫁给鸡就得跟鸡过，嫁给狗就得跟狗过。可内涵意义为：女子婚后，不管遇到一个什么样的丈夫，都要跟他过一辈子，没有选择的余地。杨宪益、戴乃迭选用阳译法较成功地翻译了这一习语。译文也是两句，简练有力，且只用"cock"、"dog"、"marry"、"follow"四个实词，搭配与原文珠联璧合。原文两句韵脚平仄相对，音韵铿锵。译文以半谐音（assonance）作韵脚，艺术地再现了原文的音韵美。译文无论从形象、内涵还是从语言形式上都紧贴原文，较好地保留了原文的民族色彩和语言特色。

（6）激情盛会　和谐亚洲

Thrilling Games　Harmonious Asia

这是 2010 年广州亚运会主题口号。"激情盛会"，一是指广州人民将用最大的热情来迎接全亚洲的运动健儿；二是指广州亚运会将是一场充满激情与活力的盛会，能充分体现动感亚洲这一意义。"和谐亚洲"，则道出了广州人民、中国人民对亚洲的期待，希望前来参加亚运会的各国、各地区人民，不分社会制度、不分肤色、不分语言，以相互之间的友谊，共同营造一个和谐的亚洲。"激情盛会、和谐亚洲"既把握了时代的主题，又体现了亚运会的宗旨，表达了亚洲各国人民的共同愿望。译文依傍原文，采取阳译手段，忠实地保留了原文的内容和形式，效果不亚于原文。

（7）Till a' the seas gang dry, my dear,
　　And the rocks melt wi' the sun!
　　And I will luve thee still, my dear,
　　While the sands o'life shall run.

　　　　　　　（Robert Burns, *My Luve Is Like a Red Red Rose*）

　　一直到四海枯竭，亲爱的，
　　到太阳把岩石烧裂；
　　我要爱你下去，亲爱的，
　　只要生命之流不绝。

　　　　　　　　　　　　　（袁可嘉，1981：192）

原文出自英国著名诗人彭斯的经典之作《一朵红红的玫瑰》，译文出自袁可嘉之手。本例原文中的隐喻可用汉语中现成的表达语"海枯石烂"代替，但译者却按原文的语言特色径直翻译，想必是考虑到原文选词新鲜奇特而富有表现力，而"海枯石烂"是死喻，不能表现原文的新鲜感与新奇感，不能较好地存原文之异。

（8）You'll enjoy relaxed sunny days. Warm, crystal clear lagoons. Cool, green foliage. Waterfalls. Flowers. Exotic scents. Bright blue skies. Secluded beaches. Graceful palms. Breathtaking sunsets. Soft evening breeze. And food that's simply outstanding.

您会享受阳光明媚的轻松时日。温暖、清澈的礁湖。清凉、碧绿的树叶。瀑布。花丛。异样的馨香。明亮的蓝天。幽静的海滩。优美的棕榈。壮丽的日落。轻柔的晚风。还有那食物简直绝妙无比。

这是一则海滨旅馆的广告。广告原文由 12 个情景构成 12 个意象，描绘了海滨旅馆的绝妙风景，令人遐思，叫人神往。此广告的语境效果主要由其特殊的句法结构来体现：除第一个情景由一个完整句构成外，其余11 个情景皆由名词性无动词小句构成，且大多数小句中的名词都由形容词来修饰。译文保留了原文所有的"交际线索"：按原文句法结构依次行文，甚至标点符号都极少改动，但它显得真切自然，读起来像原文一样简洁明快，生动形象，情景活现，能使接受者获得最佳关联，取得预期的交际效果。

（9）Who says love is blind?

谁说爱情是盲目的？

这是优丝（Finesse）洗发精的广告词，原文引用了谚语"Love is blind"（爱情是盲目的）。谚语的本意是指看不见对方的缺点，即所谓的"情人眼里出西施"。这里将谚语嵌入问句中，使整句话的意思与谚语相反：用了优丝洗发精，秀发柔顺如丝，亮丽无比，情人的目光因此紧追不舍，情人的判断定会是："爱情不是盲目的。"原语广告无疑是一则具有创意的广告。译文可谓亦步亦趋，除了将英文换成对应的中文外，其句子结构、词序、标点符号等悉数照搬，所有交际线索得以保留。这样的译文再现了原文的本真意义，能产生与原文对等的语境效果，从而实现广告主的意图。

二 阴译

各种语言在用词风格、表达习惯、修辞手法、文体规范等方面都互有区别，翻译不能始终字当句对，因此阳译往往行不通。这时我们必须灵活变通，借助于另一种翻译方法——阴译。阴译是指以译语为导向，以译语的语言结构特征、表现法传统、社会接受倾向等为依据，主要注重原文认知效果，保留原文基本意义，对原文的表现形式作必要变易的一种翻译方法。这种翻译方法需要调整原语审美信息结构，展现译语的表现力，也就是发挥译语语言优势。阴译的关键之点在于译者对原文作者的真正意图作正确的判断，因为意图不等于字面意义。交际要成功，必须让信息发出者的意图为接受者所认识。翻译要达到预期的目的，必须让作者的意图为接受者所明了。在翻译中，语言文化差异不可避免，阳译无济于事时，译者就要付出更多的努力，利用阴译方法，对原文加以必要变易，"为读者把晦暗照亮，把曲折拉直"（汪榕培、王宏，2009：236）。例如：

(1) 浮云游子意，
  落日故人情。

（李白《送友人》）

With floating cloud you'll float away;
Like parting day I'll part from you.

（许渊冲，2006：25）

原文是李白《送友人》中的名句。对这一名句，许渊冲在《自成一派的文学翻译理论》一文中谈到"艺术论"时作了如下评论：

诗中词语富有情韵义：如《古诗十九首》中的"浮云蔽白日，游子不顾返"，"前日风雪中，故人从此去"，王维的"长河落日圆"，李白自己的"请君试问东流水，别意与之谁短长"，刘禹锡的"道是无晴却有晴"，等等，这些诗句中的离情别意都附加到《送友人》中去了，所以情韵义非常丰富。（许渊冲，2006：25）

要传达诗句中所富含的"情韵义"，利用阳译手段无法达到。译文采取了变通手段，说"你随着浮云飘然而去；我像落日一样黯然魂销"。虽然字面上没有"情"、"意"二字，但传情达意。这犹如冯友兰所谓的"不言美而美自见"（转引自许渊冲，2006：25），译文不言情意而情意自见。

（2）为头一人，头戴武巾，身穿团花战袍，白净面皮，三绺髭须，真有龙凤之表。（吴敬梓，1984：13）

The leader of the band wore a military cap and flowered silk costume. He had a clear complexion, his beard was fine, and he looked every inch a king. (Yang and Gladys, 1957：11)

原文中的"龙凤"由"龙"和"凤"构成，在中国文化中象征着帝王。"龙"和"凤"相对应的英语是"dragon"和"phoenix"，分别代表英国神话中吐火喷烟、张牙舞爪的怪物和象征永存的不死鸟。若将"有龙凤之表"译为"look every inch a dragon and phoenix"，译文的所指与原文的所指必大相径庭，相差十万八千里。

（3）老茶树，好人生。

Aged tea tree, fine life tree.

老茶树给人以怀旧、浪漫、悠然的感觉，用它来比喻好人生很贴切，原文可称得上是一条有创意的广告。译文的形式和节奏紧贴原文，前部分依傍原文阳译，但后部分用寓意深刻的"fine life tree"来传达原文的意旨，比逐词翻译要高明得多。此译传神，足以让人遐思，心生向往之情。

(4) So long as men can breathe, or eyes can see,

So long lives this, and this gives life to thee.

(William Shakespeare, *Sonnet XVIII*)

天地间能有人鉴赏文采，

这诗就流传就教你永在。

(戴镏龄译，转引自冯建文，2001：181)

原文出自莎士比亚十四行诗第十八首，是全诗宗旨及境界所在。译者深入文字底层，探赜索隐，洞悉内涵，"用中国'文章不朽，与时同长'的境界对比神似，圆满地传达了原诗境界，真可谓将一国不朽之诗篇镌诸另一国不朽之文字"（冯建文，2001：181）。

(5) For expert men can execute, and perhaps judge of particulars, one by one; but the general counsels, and the plots and marshalling of affairs, come best from those that are learned. (Francis Bacon, *Of Studies*)

练达之士虽能分别处理细事或一一判断枝节，然纵观统筹、全局策划，则舍好学深思者莫属。（王佐良译，转引自黎昌抱，2009：178）

原文出自英国著名哲学家、作家弗兰西斯·培根的《谈读书》，"文字紧凑，又有一点古奥"（王佐良，1989：69）。译文出自我国著名翻译家王佐良之手，其用词和句式基本紧贴原文，但不亦步亦趋，译文风格具有浅近文言文特色。"one by one"的翻译可以说是此例的亮点。原文以插入语的形式将其与主句隔开，分别修饰前面的两个动词，译文没有照搬原文语序，而是将其还原至状语的通常位置，并用"分别"和"一一"两个词拆开翻译。另外，译文后一句对作者的表达意图拿捏精准，措辞贴切，兼顾了译语的表达习惯。

（6）To the ends of the earth and to the top of the world.
Only two of us have made it.

只有我们俩一起走过天涯海角。
唯有我们俩共同登上世界屋脊。

　　这是劳力士（Rolex）手表的广告标题。标题中，"the top of the world"指珠穆朗玛峰，"two of us"指讲话者和劳力士手表，该手表给拟人化了。为吸人眼球，增强感染效果，原文把两个状语并列起来，用句点将其与主谓部分隔开。这种语言现象被称为"分离句法"（disjunctive syntax）。分离句法符合英语广告文体规范，在英语广告中俯拾即是。但如不加变通地照搬原文句式，广告效果肯定不好。译者利用汉语优势，通过使用排比句式、重复主谓部分、巧妙处理辞格等，使该标题重点突出，意境鲜明，易记易诵。

（7）Good to the last drop.

滴滴香浓，意犹未尽。

　　这是麦氏（Maxwell）咖啡的广告语。原文仅由一个短语构成，言简意赅而生动传神，堪称佳作。译文取汉语四字格及其意合之长，向读者描绘了麦氏咖啡清香四溢、爽心可口，令人啧啧称赞、回味无穷的情形。原文的信息和神韵在优美的文字中活现，读者品味后，应似有香气扑鼻、心旷神怡之感。

（8）Blessed by year round good weather, Spain is a magnet for sun-worshippers and holidaymakers.

　　西班牙蒙上帝保佑，一年四季，天气很好，宛如一块磁铁，吸引着酷爱阳光、爱好度假的人们。

原文按英语形合优势和事理顺序编排，符合英语广告文体规范，英语读者乐于接受。但如果不加变通地生搬硬套，译文肯定索然寡味。译者以译语为导向，通过利用汉语松散句、调换主语位置、变换修辞手法（变隐喻为明喻）等方式，使译文行文自然流畅，意义准确。

(9) When you have the occasion, we have the coffee.

偷得浮生半日闲，享受雀巢好时光。

这是雀巢咖啡（Nescafé）的广告语。原文由一个分句和一个主句构成，语言直白朴实，尽显商家热情周到、真诚服务的态度，英文读者一看便知广告主的交际意图。为迎合中文读者的审美心理，增强广告效果，译文内容中巧妙融入了汉文化因子，形式上特意采用了对偶结构。文中仿唐朝李涉《登山》中"又得浮生半日闲"的诗句，尤其能抓住一般中国人忙里偷闲的心态，营造了接受者需要的语境效果。译文句式工整，音律和谐，节奏感强，读起来朗朗上口，金声玉振，给人以怡悦之感，仿佛"咖啡未沾唇，已觉满口香"，具有强烈的吸引力。

(10)　　　　　　Savings Protection Plus

Now you can look to the future with confidence! Introducing Savings Protection Plus, the savings plan that protects you and your family from life's uncertainties.

Now, with regular savings, you can look forward to a brighter tomorrow. Savings Protection Plus has built-in life insurance to ensure that you and your loved ones are financially secure. Should the unexpected arise and something happen to you, you or your family will receive the Sum Insured plus the Cash Value accumulated in the plan.

储全保

面对未知将来，仍可安心自在。汇丰银行诚意献上全新的储全保，助您未雨绸缪，令生活无忧。

储全保是一个兼具寿险保障的灵活储蓄计划，通过定期的储蓄投资，即使不幸遇上意外，身伴的挚爱亲人亦可获取投保额全数及所得的现金价值，令经济无忧。

以上是香港汇丰银行英汉双语广告。仔细比较分析，不难看出，译文是译者"采取额外的措施，付出额外的努力"后得来的。先看服务项目名称的处理。"储全保"不是原文的直接照搬，而是综合全文主旨而创造出来的，突出了该项服务的内容、功能，令广告受众一目了然。正文部分也作了很大的调整。原文第一段第一句置英文广告中惯用的"you-attitude"于首位，突出消费者的地位，并使用感叹号加强呼唤功能。而汉文语句按其行文习惯，使用了比较华丽的辞藻以及工整的四字格，如"安心自在"、"未雨绸缪"，读起来明快上口，颇具韵味。第二段英、汉语篇都是要说明"储全保令经济无忧"这一中心意思。英语语篇体现的是"一般—具体"这一宏观结构模式，首先以概括段落大意的语句开端，然后用细节加以详尽叙述或论证。但汉语语篇中体现的是典型的"原因—结果"模式，阐述储全保怎样令经济无忧。这完全符合汉语广告文案的主体框架和文体规约，也符合接受者的心理期待，有助于实现译文的最佳关联，实现理想的语用效果（陈东成，2012：177—178）。

《周易》认为阴阳相推、刚柔相济，在一定条件下两者形成和谐统一的形态。例如：

> 内阳而外阴，内健而外顺。（《泰·彖传》）
> 柔丽乎中正，故亨。（《离·彖传》）
> 刚上而柔下，雷风相与，巽而动，刚柔皆应。（《恒·彖传》）
> 刚中而柔外，说以利贞。（《兑·彖传》）

世界在阴阳两种势力的相互作用下，不断运动、变化、更新、化生。翻译也由于阴阳刚柔的相摩、相荡、相融而交通成和，形成优秀的译文。阳译和阴译是总体上的分类法，各类之下有不同的具体方法。翻译中，阳译和阴译互存互依，不可截然分割，理想的状态是"阴阳合德"、"阴阳和合"、"协调互补"。具体操作时，译者需通权达变，"不可为典要，唯变所适"（《系辞下传》），根据译文的预期功能或目的调整翻译策略，灵活运用翻译方法和技巧对原文进行处理。有句英语谚语说："The end jus-tifies the means."（只要目的正当，可以不择手段。）正如邓小平所说："不管黑猫白猫，捉到老鼠就是好猫。"① 能阳译的就阳译，保留原文的"洋气"或异国情调，传达原文的形象、比喻和民族特色等；不宜阳译的就不拘泥于原文的形式，把握整体，进行适当的调整和变通，采取阴译（包括增译、减译、转译、仿译、改写等）。只要译文能为读者知之、乐之、好之，并最终达预期的目的，那么所选方法就是趋于"至善"的方法。所以，翻译可不必拘泥于某一译法，可穷琳琅译技之大观，择其宜者而用之。

---

① 1962 年 7 月 7 日，邓小平接见出席共青团三届七中全会全体同志时，谈到了农业生产管理政策的调整问题，他引用刘伯承经常说起的四川俗语"不管黄猫黑猫，只要捉住老鼠就是好猫"来表述他对恢复农业生产和包产到户的看法。他说："生产关系究竟以什么形式为最好，恐怕要采取这样一种态度，就是哪种形式在哪个地方能够比较容易比较快地恢复和发展农业生产，就采取哪种形式；群众愿意采取哪种形式，就应该采取哪种形式，不合法的使它合法起来……'黄猫、黑猫，只要捉住老鼠就是好猫'。"（见《怎样恢复农业生产》，《邓小平选集》第 1 卷）这是邓小平最早在正式场合阐述"白猫黑猫"论这一重要观点，并第一次公之于众。后来讹传为："不管黑猫白猫，捉到老鼠就是好猫。"

第七章

翻译审美

审美是人（审美主体）调动自己的感知系统和认知系统对审美对象（审美客体）进行美的审视、欣赏或品评（判断）。审美是一种实践性心理活动，包括感知、判断、赏析和表现美等一系列的心理过程。翻译审美是一种跨语言文化的认知活动，指译者以原语文本为主要的、基本的翻译审美客体，在审美理论指导下所进行的一系列审美心理活动（刘宓庆、章艳，2011：123—124）。

中外翻译理论都注重翻译审美。例如，中国十大传统翻译学说——文质说、信达雅说、信顺说、翻译创作论、翻译美学论、翻译艺术论、意境论、神似说、化境说和整体论（王秉钦、王颉，2009：1），都蕴含审美思想。在西方译论中，西塞罗（Marcus Tullius Cicero）的"辞章之美"、贺拉斯（Horace/Quintus Horatius Flaccus）的"淡泊之美"、杰罗姆（St. Jerome）的"自然之美"、泰特勒（Alexander Fraser Tytler）的"忠实之美"、德莱顿（John Dryden）的"艺术之美"、阿诺德（Matthew Arnold）的"质朴之美"等，各家主张都是审美的智慧结晶。翻译审美贯穿于翻译活动的始终，是翻译理论研究的重大问题。本章拟按照大易所揭示的道理，从新的视角来研究相关的翻译审美问题。

作为民族文化的元典，《周易》对民族审美文化产生了深刻的影响。当代著名美学家宗白华曾在《美学散步》中说："《易经》是儒家经典，包含了丰富的美学思想。"（宗白华，1981：43）刘纲纪在《〈周易〉美学》中写道："《周易》有关'大和'、'天文'、'人文'、'象'的理论为中国美学阐明各门艺术的发生及其美的本质提供了直接的理论依据。……《周易》有关阴阳、刚柔、进退、开合、方圆、变化、神等的论述，为中国美学探求各门艺术的创造规律提供了直接的理论依据。"（刘纲纪，2006：12）席升阳在《〈周易〉中的真善美思想》中指出："易道的完备精微，使它的美学思想深邃浩瀚。作为占筮之学，六十四卦、三百八十四爻的符号系统存在着阴阳协调之美、结构对称之美、圜道循环之美；作为天人之学，其卦辞、爻辞中存在着刚柔相济之美、自强不息之美、动静有常之美；作为自然哲学，其象数中存在着星辰流转之美、奇偶合图之美、土木水火的相生相克之美，如此等等。"（席升阳，2000）的确，《周易》揭示了很多审美规律，在中国美学发展史上具有特殊的地位与作用。

一　审美本原：生命即美

《周易》是一部"生命之书"，它不仅将生命作为天地间最为可贵的本体来大加赞颂，还最早触及"生"这一永恒的美学主题。正如苏渊雷《易学会通》所言：

> 纵观古今中外之思想家，究心于宇宙本体之探讨、万有原理之发见者多矣。有言"有无"者；有言"始终"者；有言"一多"者；有言"同异"者；有言"心物"者；各以己见，钩玄阐秘，顾未有言"生"者，有之，自《周易》始。
>
> 故言"有无"、"始终"、"一多"、"同异"、"心物"，而不言"生"，则不明不备；言"生"，则上述诸义足以兼赅。易不骋思于抽象之域、呈理论之游戏，独揭"生"为天地之大德，万有之本原，实已摆脱一切文字名相之网罗，而直探宇宙之本体矣。（转引自王振复，2006：143—144）

"一阴一阳之谓道。"（《系辞上传》）宇宙自然、人类社会的根本规律就在这阴阳的相对、相交、相和的关系中，而这种相对、相交、相和的最大意义在于"生"。《周易》说：

> 大哉乾元！万物资始，乃统天。云行雨施，品物流形。……首出庶物，万国咸宁。（《乾·象传》）
> 至哉坤元！万物资生，乃顺承天。坤厚载物，德合无疆；含弘光大，品物咸丰。（《坤·象传》）

天地养万物。(《颐·彖传》)

天地交而万物通也。(《泰·彖传》)

天地感而万物化生。(《咸·彖传》)

天施地生,其益无方。(《益·彖传》)

天地相遇,品物咸章也。(《姤·彖传》)

乾知大始,坤作成物。(《系辞上传》)

天地之大德曰生。(《系辞下传》)

天地绷缊,万物化醇;男女构精,万物化生。(《系辞下传》)

有天地然后万物生焉,盈天地之间者唯万物。(《序卦传》)

有天地然后有万物,有万物然后有男女。(《序卦传》)

就这样,整个《周易》就建立在阴阳相交、生命大化的基础上。可以说,《周易》的哲学是生命的哲学(陈望衡,2007a:148),《周易》的美学是生命的美学。在《周易》文化与美学审视中,只有一个大写的"生"字,"生"是易理的根本,从宇宙自然到人类社会是一个生生不息的大系统。所以《系辞上传》明确提出:"生生之谓易。""生生"我们至少可以作两方面的理解:一是化生、创生万物,即历时态的宇宙万物生成,前面的"生"是动词,后面的"生"是名词;二是万物相生、共生,即共时态宇宙存在的相生共存,前面的"生"是名词,后面的"生"是动词。《周易》的生生之道成为贯通宇宙自然、人伦社会的普遍原则和伦理精神(罗炽、萧汉明,2004:108)。"易"的实质在于"生生","易"的哲学思考与审美观照始终以"生生"为核心展开。

易为体,译为用,体用一源,易译相通。圣人先贤研易,以天道明人事。我们研究翻译,不妨以易道推演译事,探寻译道。根据《周易》有关"生"与"生生"的哲学,我们可以断定:生命是翻译的本原。而翻译与翻译之美的关系犹如数学中全集与子集的关系,进而推知:生命是翻译之美的本原,翻译之美美在生命。翻译建立在阴阳相交、生命大化的基础上。翻译的根基在于生命,翻译之大美寄于生命。生命之于翻译之美,犹如源泉之于河流,树根之于枝叶,地基之于高楼,血脉之于躯体,大脑之于思想。

作为一种跨文化交际活动,翻译促成不同文化族群的人们相互了解、沟通和合作,传播先进思想和文化,有力地促进了人类文明的进步。作为一种艺术创作活动，翻译产生了无数的优美作品，读者能从中领略异域风采、美的律动，得到心灵的享受和思想的启迪，译者立心立命，立功立业，其精神生命能从自然向心理、艺术、道德、哲学，乃至宗教步步上跻，层层超升。可以说，翻译成物成人，成个人之美，成人类之美，而这些从本质上来讲是生命运动的结果。原始反终，究本溯源，一切复归于生命。

翻译之美的魅力，实际上也就是一种向上动势对生命的感召力。翻译审美，实际上也就是对生命向上的感召力的解读和领悟。翻译之美之所以具有美的魅力，就在于它具有一种向上的生命活力。这就是翻译之美的"化感之本原"及其所以动人的决定性的根由（刘业超，2012：673）。翻译是一种生命运动，其根本价值在于孕育、培养和成就生命。那昂扬向上、生生不息的生命动势是翻译之道的本质，也是翻译之美的本质。生命是翻译之美的发轫，翻译之美是生命的存在形态和方式，是生命现象的说明和认同标志。翻译之美不能脱离生命的存在而独立存活和发展，翻译之美存在于生命之中，生命是翻译之美存在的前提和基础。

二 审美表现：立象尽意

《系辞下传》说："是故《易》者，象也；象也者，像也。"［所以《周易》一书，就是象征；象征，就是模像外物（以喻意）。］作为易理核心的"象"主要指圣人察天观地而创造成功的卦象爻象，有时"象"也含有自然兆象和想象模仿的意思。"象"这个元范畴，一开始就不限于对眼前事物形象的模仿，而偏重以意象显示事理的象征方面。"以《易传》为代表的巫学解释学实际开启了中国文学解释学重象、重意、重味、重整体直觉感悟的独特传统，引发中国美学与艺术对'尽意之象'的不懈追求。"（成立，1997）

"象"构成了中国美学的逻辑起点。象之大美，在于摄"象"以尽"意"，即"立象尽意"，显示着《周易》的基本美学表现特征。《系辞上传》说：

> 子曰："书不尽言，言不尽意。"然则圣人之意其不可见乎？子曰："圣人立象以尽意，设卦以尽情伪，系辞焉以尽言，变而通之以尽利，鼓之舞之以尽神。"［孔子说："书面文字不能完全表达人的语

言，语言不能完全表达人的思想。"那么，圣人的思想难道无法体现了吗？孔子又说："圣人创立象征来尽行表达他的思想，设制六十四卦来尽行反映万物的真情和虚伪，在卦下撰系文辞来尽行表达他的语言，又变化会通（三百八十四爻）来尽行施利于万物，于是就能鼓励推动天下来尽行发挥《周易》的神奇道理。"]

这里所说的"言"，是指用来进行逻辑思维的概念符号系统。所谓"言不尽意"，是指这种抽象的概念符号系统在传情达意中的局限作用，即是说用概念、判断、推理的逻辑思维的语言有其局限性，它不可能充分表达思想感情。老子说："道可道，非常道；名可名，非常名。"（《道德经》第一章）扬雄说："言不能达其心，书不能达其言，难矣哉。"（《法言·问神》）庄子说："语有贵也，语之所贵者意也。意有所随，意之所随者，不可以言传也。"（《庄子·天道》）"可以言论者，物之粗也；可以意致者，物之精也。言之所不能论，意之所不能察致者，不期精粗焉。"（《庄子·秋水》）庄子还用轮扁斫轮的寓言来申述他的观点：

> 桓公读书于堂上。轮扁斫轮于堂下，释椎凿而上，问桓公曰："敢问，公之所读者何言邪？"
> 公曰："圣人之言也。"
> 曰："圣人在乎？"
> 公曰："已死矣。"
> 曰："然则君之所读者，古人之糟粕已夫！"
> 桓公曰："寡人读书，轮人安得议乎！有说则可，无说则死。"
> 轮扁曰："臣也以臣之事观之。斫轮，徐则甘而不固，疾则苦而不入。不徐不疾，得之于手而应于心，口不能言，有数存焉于其间。臣不能以喻臣之子，臣之子亦不能受之于臣，是以行年七十而老斫轮。古之人与其不可传也死矣，然则君之所读者，古人之糟粕已夫！"（《庄子·天道》）

轮扁斫轮的技艺达到了炉火纯青的程度，可他不能用语言表述，将其传给儿子。这并非是轮扁语言能力低下，而是语言难以表达这种精妙的技艺。的确，人的意识中某些精微的深层次的东西是很难用语言表述的。语言无法完全承载思想的精深之幽和玄妙之趣，也无法完全传达情绪之婉转悱恻和意旨之含蓄悠远。诚如朱光潜所言："因为言是固定的，有迹象的；意是瞬息万变的，是缥缈无踪。言是散碎的，意是混整的；言是有限的，意是无限的。以言达意，好像用持续的虚线画实物，只能得其近似。"（转引自李照国，2012：90）

现代语言学将语言功能区分为"所指"、"能指"两个层面。"所指"与"能指"并不完全重合。西方语言学家雅克·拉康（Jacques Lacan）将人的语言结构与意识结构的对应关系总结成如下模式：

$$\frac{能指}{所指} = \frac{表层}{深层} = \frac{显梦}{隐梦} = \frac{意识}{无意识} = \frac{超我}{本我}$$

按拉康的观点，人类深层次的属于隐梦的无意识领域是语言很难表述的，语言所能表述的只是人的心理活动的表层。其实，就是人的心理活动的表层，语言所能表述的也只是一部分，特别是人的情感领域（陈望衡，2007b：454）。德国哲学家汉斯—格奥尔格·伽达默尔（Hans-Georg Gada-mer）对语言的这种局限性作过明确概括："没有一种人类的语词能够以完善的方式表达我们的精神。"（转引自王占斌，2008）

《周易》提出"立象以尽意"，把象看成表意的工具和桥梁，对语言所无法表达的某种深邃隐秘的情思进行潜移默化的显示，以弥补"言不尽意"的遗憾。象能承担此功能，是因为它不仅能够以物象、拟象和想象的统一来尽意，来传达主体的情怀和理想，而且具有"其称名也小，其取类也大"（《系辞下传》）的特点。语言具有概括性和抽象性，而象本身则具有整体性、形象性、多义性，其中包孕着无限丰富的情趣和意蕴，能够弥补语言相关方面的不足，能够以小喻大、以少总多、以有限喻无限，从中体现了象征的意义，使其既具体又概括，既感性又抽象，使形而下之象能够表达形而上之道（朱志荣，2009：528）。所以说，具体的形象可以表现无限深远幽隐而丰富复杂的意念。人们可以通过形象把思想感情表达得清楚而充分，即"立象以尽意"。譬如，要描述一个人的愉快心情，仅用概念化的语言，如"高兴"、"欢欣"、"喜悦"、"欣慰"等词语，是难以表达清楚的，不如塑造一个面带笑容的人物形象，人们观看这塑像，自然能领会其愉悦心情，加上各人的想象，简直是千姿百态。还可以以语言文字为媒介来塑造形象，如美好的情景要靠艰苦奋斗得来，这道理说不清楚，就用形象来表达："梅花香自苦寒来。"让人想象梅花玉肌清容、暗香浮动，是其傲霜斗雪、战胜苦寒的结果（章楚藩，2010：120—121）。

王弼将《周易·系辞上传》中的"言意之辩"（"言不尽意"、"立象以尽意"）的观点加以发挥，在《周易略例·明象》中说：

> 夫象者，出意者也。言者，明象者也。尽意莫若象，尽象莫若言。言生于象，故可寻言以观象；象生于意，故可寻象以观意。意以象尽，象以言著。故言者所以明象，得象而忘言；象者所以存意，得意而忘象。犹蹄者所以在兔，得兔而忘蹄；筌者所以在鱼，得鱼而忘筌也。……然则，忘象者乃得意者也，忘言者乃得象者也。得意在忘象，得象在忘言。故立象以尽意，而象可忘也；重画以尽情，而画可忘也。（王弼，2011：414—415）

王弼将"言"、"象"、"意"排了一个序。认为"言"生于"象"，"象"生于"意"。所以，寻言是为了观象，观象是为了得意。言—象—意，这是一个系列，前者均是后者的工具，后者均是前者的目的。目的是重要的，工具只是为目的而存在，目的达到了，工具就不必要了。正是因为如此，得象可以忘言，而得意又可以忘象。意是最终目的，是最重要的（陈望衡，2007b：272—273）。言—象—意三者的关系，是工具—现象—本质之间的关系。语言工具可以用来表述现象，但语言工具并不等于现象；现象可以用来表现本质，但现象并不等于本质。认识的目的是为了把握本质，语言和现象只是达到本质的中间环节而已。因此，人类的认识绝不能停留在语言的初级阶段，也不能停留在现象的中级阶段，而必须升华到本质的高级阶段。所谓"得兔忘蹄，得鱼忘筌"，就是对认识的高级阶段的追求（刘业超，2012：1059）。

《周易》提出的"立象以尽意"的命题，在美学史上的重要意义在于：它一方面把"象"与"言"区别开来，强调了"象"表现"意"的特殊功能；另一方面又把"象"和"意"联系起来，以区别抽象的逻辑概念，从而启发了后世美学家对"意象"这一美学范畴的提出（陈志椿、侯富儒，2009：47—48）。

《周易》关于"言、象、意"的观点，同样适用于翻译审美。翻译理解阶段，译者在阅读原文的过程中，总是最先接触到"言"的层面，而后在脑海中构成"象"的图式，最终才会获得蕴含在原文中的生命体验（"意"）。而在翻译表达阶段，译者必然是反其途而行之，也就是说，译者总是先有了生命的体验（"意"），然后将这种认识扩展到"象"的层面，最终才落实于文字和各种实在的符号。这犹如刘勰在《文心雕龙·神思》中所讲的"窥意象而运斤"，译者依"意象"而创作。

翻译涉及语言的运用，必须进行语言操作，虽说言不尽意，但必须言说，必须"译有所为"。这就要求译者以言造象，以象传意。这里的"象"，我们可以将其扩展为"意象"、"意境"之类。意象是客观物象经过创作主体独特的审美活动而创造出来的物化或固化后的一种艺术形象，是主体与客体、心与物、意与象的有机融合统一，是思想情感与具体物象的完美结合（陈碧，2009：20）。意境指文学艺术作品通过形象描写表现出来的境界和情调，是审美主体的"意"和审美客体的"境"两者结合的美学境界。译者要追求"句中有余味，篇中有余意，美之善者也"（姜夔《诗说》）的境界，力图以恰当的语言造原文之象，托原文之境，最大可能地全面准确传达原文的意义。

三　审美态度：贵时通变

《周易》认为，世界上任何存在状态都不是永恒的，伴随着宇宙的时间运动和空间运动，万事万物都处于运动变化中。一切皆变，万物常新。《系辞下传》说："《易》之为书也，不可远。为道也屡迁，变动不居，周流六虚，上下无常，刚柔相易，不可为典要，唯变所适。"《周易正义》说："易含万象，事义非一，随时曲变，不可为典要故也。"（孔颖达，2009：20）因此，面对运动不止、变化不息的世界，人们应贵时通变。

"贵时"的思想在《周易》中多处体现。例如：

"蒙，亨"，以亨行时中也。（《蒙·彖传》）

观乎天文，以察时变。（《贲·彖传》）

日中则昃，月盈则食，天地盈虚，与时消息，而况于人乎？况于

鬼神乎？（《丰·象传》）

其德刚健而文明，应乎天而时行，是以元亨。（《大有·象传》）

随，大亨，贞无咎，而天下随时。随时之义大矣哉！（《随·象传》）

王公设险以守其国，险之时用大矣哉。（《坎·象传》）

刚当位而应，与时行也。（《遁·象传》）

损益盈虚，与时偕行。（《损·象传》）

柔以时升，巽而顺，刚中而应，是以大亨。（《升·象传》）

天地革而四时成；汤武革命，顺乎天而应乎人：革之时大矣哉！（《革·象传》）

时止则止，时行则行；动静不失其时，其道光明。（《艮·象传》）

过以利贞，与时行也。（《小过·象传》）

六爻相杂，唯其时物也。（《系辞下传》）

君子藏器于身，待时而动，何不利之有？（《系辞下传》）

刚柔者，立本者也；变通者，趣时者也。（《系辞下传》）

夫"大人"者，与天地合其德，与日月合其明，与四时合其序，与鬼神合其吉凶。先天而天弗违，后天而奉天时。天且弗违，而况于人乎？况于鬼神乎？（《乾·文言传》）

上述各句都蕴含一个"时"字。从中我们可以看出，《周易》教导人们察时、明时、贵时，从而顺时而动，依时而行。

美的创造需要"通变"／"变通"。《周易》对此有明确的论述：

生生之谓易……通变之谓事，阴阳不测之谓神。（《系辞上传》）

广大配天地，变通配四时。（《系辞上传》）

参伍以变，错综其数：通其变，遂成天下之文；极其数，遂定天下之象。（《系辞上传》）

圣人有以见天下之动，而观其会通，以行其典礼。（《系辞上传》）

一阖一辟谓之变，往来不穷谓之通。（《系辞上传》）

法象莫大乎天地；变通莫大乎四时。（《系辞上传》）

　　子曰："圣人立象以尽意，设卦以尽情伪，系辞焉以尽其言，变而通之以尽利，鼓之舞之以尽神。"（《系辞上传》）

　　化而裁之谓之变，推而行之谓之通，举而错之天下之民谓之事业。（《系辞上传》）

　　刚柔者，立本者也；变通者，趣时者也。（《系辞下传》）

　　通其变，使民不倦。神而化之，使民宜之。（《系辞下传》）

　　穷则变，变则通，通则久。（《系辞下传》）

　　《周易》还提出了一个变革模式：穷—变—通—久—利/文。事物因穷而变，因变而通，因通而久，因久而得利/成文。在这个变革模式中，"变"与"通"是两个关键之处。

　　《周易》"贵时"、"通变"的思想对后世中国美学、艺术学等产生了深远的影响。例如，南朝梁著名文艺学家刘勰在《文心雕龙·时序》中就提出了"文变染乎世情，兴废系于时序"的著名理论。这"文变染乎世情"可以说是《周易·系辞上传》"法象莫大乎天地"的具体演化，而"兴废系于时序"则是"变通莫大乎四时"的灵活运用。

　　刘勰在《文心雕龙·通变》中说：

　　文律运周，日新其业。变则甚久，通则不乏。趋时必果，乘机无怯。望今制奇，参古定法。（文章的创作规律是运转不停的，每天要创新它的成就。善于变化才能够持久，善于会通才不会贫乏。适应时代需要一定要果断，趁着机会不要怯懦。看准当前的趋势来创作突出的作品，参酌古代的杰作来确定创作的法则。）

　　这里提到的"变"与"通"，与《周易·系辞传》中所讲的"变"与"通"有明显的继承关系（陈望衡，2007b：254）。"变"是对常的改变，"通"是对塞的改变。由于"通"的核心内涵就是与常则的一致性，所以"通"与"变"的关系实质上就是"常"与"变"的关系。"通变"就是奉常适变，即在遵循常则的基础上开拓创新，在开拓创新的目标下遵循常则。因此，文学创作必须遵守一条基本的准则："趋时必果，乘机无怯。"只有这样，才能在事物运动变化中把握其本质和规律，以达到"日新其业"和"通则不乏"的双重目的。

刘勰把《易传》的"通变"方法应用到文学上，在《文心雕龙·通变》中提出了通变方法论的系列主张：

> 夫设文之体有常，变文之数无方，何以明其然耶？凡诗赋书记，名理相因，此有常之体也；文辞气力，通变则久，此无方之数也。名理有常，体必资于故实；通变无方，数必酌于新声：故能骋无穷之路，饮不竭之源。然绠短者衔渴，足疲者辍途，非文理之数尽，乃通变之术疏耳。故论文之方，譬诸草木，根干丽土而同性，臭味晞阳而异品矣。

用白话文表达，即是说：文章的体裁是一定的，写作方法的变化却没有定规，怎么知道它是这样的呢？大凡诗、赋、书、记等等，它们的名称和写作原理是有所因袭的，这说明体裁是一定的；文辞的气势和力量，要有变通才能长久传下去，这说明写作的方法没有定规。文章名称和它们的写作原理有定规，所以讲体裁一定要借鉴过去的作品；文章写作方法要变通，没有定规，所以写作方法一定要有新的创造；这样才能够在没有穷尽的创作道路上奔驰，汲取永不枯竭的创作源泉。如果水桶的绳子短，就会因打不到水而口渴，如果脚力不够，就要在半路上停下来，这不是因为创作方法有限制，是不善于变化罢了。因此，讲到创作的方法，就好比草木，根和干都附着在土地上，这点是它们共同的本性，但是同类的草木由于阳光照射的差异会长成不一样的品种。刘勰认为，"变"属于革新的范畴，"通"属于常则的范畴，二者互为前提，共相为济。就"设文之体"来说，它是"有常"的，有一定的规律，相对来说比较稳定，所以要"资于故实"。但"变文之数"是"无方"的，没有一定的规定，变化多端，所以要"酌于新声"。刘勰认为"时运交移，质文代变"、"歌谣文理，与世推移"（《文心雕龙·时序》）是文学运动的必然规律，主张"通变则久"，"通变无方"。所谓"通变则久"，是指只有通变，文学创作才能与时俱进，达到"骋无穷之路，饮不竭之源"的理想境界。所谓"通变无方"，是指文学创作只有大法、活法，没有成法、死法，也就是《周易·系辞下传》所说的"不可为典要，唯变所适"，即不可拘泥于固定的程式，而必须从时代的新质中汲取方法论的营养。只有这样，"通"与"变"两个不同的范畴，才能在"奉常适变"的大前提下巧妙地融为一个统一的逻辑整体（刘业超，2012：145—146）。

道者，"与时迁移，应物变化"（司马谈《论六家要旨》）。翻译具有历史性，一方面的原因是读者期待视野的变化，另一方面的原因是文本的潜在意义不可能挖掘穷尽，须在不断延伸的接受链中由读者展开。文本是一个未完成的召唤结构，有着被"无限解释的可能性"，其美学价值永远是一个"非稳态系统"，它的生命力来自读者的认同（陈东成，2007）。随着时间的推移，文本被赋予新的意义，其翻译也要变通趋时，与时偕行。

四 审美境界：精义入神

《系辞下传》说："精义入神，以致用也；利用安身，以崇德也。"（精研道义、深入神理，是为了进献才用；利于施用、安处其身，是为了增崇美德。）所谓精义，包含有审美主体对审美客体理性鉴赏和专精观照之义；所谓入神，主要是超越理性观照，直接进入神化之境，达到最高的审美境界。入神作为最高的审美境界，其基本特征是审美主体与审美客体融通为一，审美主体全身心地投入审美客体中，此时已无所谓主客之分，亦无内外之别（张立文、莫艮，2005：172）。这犹如庄子的"万物与我为一"（《庄子·齐物论》），也如刘勰的"神与物游"（《文心雕龙·神思》）；"既随物以宛转"，"亦与心而徘徊"（《文心雕龙·物色》）。

《周易》中"神"的观念深深地渗透在后世的历代美学中，完全转变为一个个美学范畴。西汉刘安《淮南子·原道训》中说，人之所以能审视美是"气为之充，而神为之使也"。东晋顾恺之在《论画》中明确提出"以神写形"、"传神写照"的观点。南朝宋刘义庆在《世说新语·排调》中说"不恒相似，时似尔；恒似是形，时似是神"，他非常赞同顾恺之的"传神写照，正在阿堵中"之说（刘宓庆，2005a：73）。南宋严羽在《沧浪诗话·诗辩》中写道："诗之极致有一，曰入神。诗而入神，至矣尽矣，蔑以加矣。"元代刘将孙始用"神似"一词。他在《肖达可文序》中写道："学古人如传神，有得其形者，有得其神者，即神似，虽形不酷似，犹似也。"清人王士禛推崇唐代司空图的"不着一字，尽得风流"八字，提出"神韵说"（王秉钦、王颉，2009：262）……如此等等，都可归结为对"神"的观念的阐发。

"神"的观念不仅在美术界、文学界，而且在翻译界也备受推崇。东晋后秦高僧鸠摩罗什力倡翻译必须"领悟标出"，摒弃受驭于形的"格义"，所以僧肇赞扬鸠摩罗什的翻译"其文约而诣（欣畅），其旨婉而彰，微远之言，于兹显然"（《维摩诘经序》）。鸠摩罗什可以说是中国佛经翻译史上第一个在神似上下足了功夫的翻译大师。他把"天见人，人见天"改为"人天交接，两得相见"就是一个很好的例证（刘宓庆，2005a：73）。

在中国译论中首先论及"神"者，当推马建忠。他在1894年提出的"善译"论中说：

> 夫如是，则一书到手，经营反复，确知其意旨之所在，而又摹写其神情，仿佛其语气，然后心悟神解，振笔而书，译成之文，适如其所译而止，而曾无毫发出入于其间，夫而后能使阅者所得之益与观原文无异，是则为善译也已。（马建忠，2009：192）

所谓"摹写其神情"、"心悟神解"，也都着眼于一个"神"字。得原文之神情，又能摆脱原文字栉句比的束缚，而达到"心悟神解"，才谈得上"善译"。可见，在马建忠的心中，翻译离不开"神"的运作（刘宓庆，2005a：69）。

中国译论体系中的"神似"论，最早是茅盾1921年在《新文学研究者的责任与努力》一文中提出的，并在同年发表的《译文学书方法的讨论》一文中进行了详尽论述；1929年，陈西滢在《论翻译》中提出"三似"（形似、意似、神似）论；1933年，林语堂在《论翻译》中详尽阐明了他提出的"达意传神"说；1944年，朱生豪在《莎士比亚戏剧全集·译者自序》中说，其译书之宗旨"在求于最大可能之范围，保存原作之神韵"……

将"神"与"形"、"神似"与"形似"化为一对相依相济的矛盾，引入译学并加以阐发的第一人则是傅雷。1951年，他在《高老头》重译本序言中鲜明地写下了这种"格言"式的名句："以效果而论，翻译应当像临画一样，所求的不在形似而在神似。"1963年初，他又在给翻译家兼译论家罗新璋的信中明确提出"重神似不重形似"。他本人的译著，大体无愧"形似"兼"神似"之旨，得力处可谓"以神驭形"（刘宓庆，2005a：70）。

翻译如能进入一种精义入神的状态，一种林以亮在《翻译的理论与实践》中所描述的翻译审美境界就会出现："译者和原作者达到了一种心灵上的契合，这种契合超越了空间和时间上的限制，打破了种族上和文化上的樊篱，在译者而言，得到的是一种创造上的满足；在读者而言，得到的则是一种新奇的美感经验。"（林以亮，1984：228）这样，译者对原文的感知便可以说是"体物入微，无我无隙"，形神兼得。

"神似"论的基本思想，由画论而诗文论，由诗文论而译论，源远流长，影响深远，但追溯其源，终归于《周易》，闪耀着《周易》的智慧光芒。

五　审美理想：止于太和

余敦康在《中国智慧在〈周易〉〈周易〉智慧在和谐》一文中说："我们要想懂得中华民族的精神，懂得中华民族五千年文明史的核心价值观，离开了《周易》是不行的。而且，懂了《周易》才可以懂得儒家，才可以懂得道家，才可以懂得中国传统文化的精髓。而《周易》，其智慧，其核心价值观，就是和谐，就是阳刚阴柔的辩证统一，就是自强不息，厚德载物。"（余敦康，2006）《周易》有着丰富的和谐理念，是中华民族和谐精神、和谐理念的重要渊薮。

《周易》中"和"字多处可见，就其要义言，表现了崇尚和谐的思想。例如：

> 乾道变化，各正性命，保合太和，乃利贞。（《乾·象传》）
>
> 利者，义之和也。（《乾·文言传》）
>
> 利物足以和义。（《乾·文言传》）
>
> 天地感而万物化生，圣人感人心而天下和平。（《咸·象传》）
>
> 健而说，决而和。（《夬·象传》）
>
> "和兑之吉"，行未疑也。（《兑·象传》）
>
> 《履》，和而至。（《系辞下传》）
>
> 《履》以和行。（《系辞下传》）
>
> 和顺于道德而理于义，穷理尽性以至于命。（《说卦传》）

　　所谓"和"，就是中和、和谐的意思。"和"是一种最顺畅、最理想的存在和发展状态。难怪《礼记·乐记》指出："和，故百物不失"；"和，故百物皆化"；和，则"天地䜣合，阴阳相得，煦妪覆育万物，然后草木茂，区萌达，羽翼奋，角觡生，蛰虫昭苏。羽者妪伏，毛者孕鬻，胎生者不殰，而卵生者不殈"（转引自刘纲纪，2006：73）。

　　《坤·文言传》说："君子黄中通理，正位居体，美在其中，而畅于四支，发于事业：美之至也！"认为将内在的中和之性表现于形体，发扬为事业，是最美不过的。"和"成为人们追求的一种审美理想。因此，《乾·象传》提出："乾道变化，各正性命，保合太和，乃利贞。"意思是说，天道变化，万物各自禀受其性，得天赋之命，而太和元气得以保全、融合，这样就使得物性和谐，各有其利，万物都能正固持久地成长。"太和"，朱熹在《周易本义》中解释为："阴阳会合冲和之气也"（朱熹，2004：178），也就是阴阳和谐之气。现代学者汤一介（1998）认为，"太和"可以理解为"普遍和谐"，包括自然的和谐、人与自然的和谐、人与人的和谐（即社会生活的和谐）以及自我身心内外的和谐四个方面。"太和"的意思是"至和、最和谐"，即最高的和谐，包括汤一介所说的四方面的和谐，是自然自在的和谐与人类自为的和谐的统一，是至上至美的和谐。

　　翻译是人类活动的重要组成部分，与社会其他活动紧密联系，在人们的生活中起重要作用。翻译与其他人类活动一样，其和谐发展会推动人类社会的和谐发展。翻译工作者所孜孜追求的正是翻译的"太和"状态。翻译进入"太和"状态，著（原作）、（翻）译、经（营）、管（理）、（出版）商，各色人等，各尽其才，各显神通；社会、政治、经济、文化，诸方力量，和衷共济，参赞辅相，翻译世界因此和谐有序，繁荣昌盛。

　　《周易》蕴藏着无穷的智慧，拥有丰富的美学思想。我们可以利用其中的相关美学思想来研究翻译审美问题。通过以上分析，我们可以看出：翻译审美的本原是生命；翻译审美可通过立象尽意的方法表现；翻译审美应采取贵时通变的态度；翻译审美的最佳境界是精义入神；翻译审美最终追求的是"太和"状态。

　　德国诗人席勒在其名著《美育书简》中断言："从感觉的受动状态到

思维和意志的能动状态的转变，只有通过审美自由的中间状态才能完成。……要使感性的人成为理性的人，除了首先使他成为审美的人，没有其他途径。"（刘宓庆、章艳，2011：xvii）所谓"审美的人"，就是具有审美意识、审美能力，能够进行审美活动的人。译者在翻译的过程中，只有成为一个"翻译审美的人"，才能胜任翻译工作，顺利完成翻译任务，从而获得翻译的愉悦和成就感。如何成为一个"翻译审美的人"，本章讨论的《周易》的有关内容为我们提供了有益指南。《周易》是一部取之不竭、用之不尽的智慧宝典，蕴藏着无穷的美学智慧，"包含了丰富的美学思想"（宗白华，1981：43）。随着人们对《周易》美学智慧的发掘，翻译审美研究必将得到新的启迪并取得丰硕成果。

第八章

翻译伦理

翻译是一项极其复杂的人类跨文化交际活动，涉及翻译生态环境的诸多因素，如语言、文化、社会、政治、经济、作者、译者、读者、委托者等，而各因素之间关系错综复杂。自古以来，译者一直面临着处理错综复杂的关系时如何做恰当抉择的问题。要解决这一问题必然关涉翻译的本质属性之———翻译伦理。翻译伦理因之成为翻译研究的必然话题。但长期以来，人们对翻译伦理的研究显得不足。直到 21 世纪伊始，翻译伦理研究才得到理论界较大的重视。2001 年，世界翻译界权威杂志《译者》（*The Translator*）推出特刊《回归伦理》（*The Return to Ethics*），特邀主编安东尼·皮姆（Anthony Pym）宣布"翻译研究已经回归到伦理问题"（Pym，2001：129），翻译研究开始伦理转向。如今，世界大批学者加入到研究翻译伦理问题的行列，从不同的视角展开讨论，翻译伦理已成为翻译界的热门话题。

"伦理"一词源远流长。"伦理"是"伦"和"理"的合用。《尚书·舜典》曰："八音克谐，无相夺伦，神人以和。"（八类乐器的声音能够调和，不许它们乱了次序，那么神和人都会因此而和谐了。）《诗经》、《论语》、《中庸》、《孟子》、《荀子》里分别有"有伦有脊"、"言中伦"、"行同伦"、"察于人伦"、"尽人伦者也"的提法。古人一开始把"伦"等同于和谐，内含着一定的秩序、位次，后来人们将这种思想运用到人群交往中，"伦"便有了人与人之间的交往、关系的含义。从词源上考察，古人对"伦"的含义基本上有三种解释：（1）"伦，辈也。从人，仑声。""类"、"比"、"序"、"等"，皆由"辈"字之义引申而来，人群类而相比，等而相序。（2）"伦者，轮也。"军队发车百两（"两"通"辆"）为一辈，一车两轮，故称两。两犹耦，所以协耦万民。亦指人群之交往。（3）"伦者，纶也。"经纶，天下之大经也，含有绳线连贯之意，引申为人群之联属。以上三种说法，大意是相通的，都将"伦"解释为人与人之间的交往与关系（陈宝庭、刘金华，2001：9—10）。

"理"在东汉文字学家许慎的《说文解字》中解释为："理，治玉也。从玉，里声。"其意思是按照玉的天然纹理对玉进行加工。《战国策》中记述郑国人称"玉之未理者为璞，剖而治之，乃得其鳃理"。引申之，理有分析精微之意，所以又叫分理。在中国古代思想史上，人们从这一原初含义出发，对"理"做了相当精微的探讨和研究，使它成为仅次于"道"的重要观念。孟子以"心之所同然者"为理，朱熹以"主宰心者"谓之理，这是以心言理。庄子认为："果蓏有理，人伦虽难，所以相齿"，"天地有大美而不言，四时有明法而不议，万物有成理而不说"（《庄子·知北游》）。宋代理学家邵雍说："穷理尽性以至于命，所以谓之理者，物之理也。"明代哲学家罗钦顺说："气聚而生，形而为有，有此物即有此理；气散而死，终归于无，无此物即无此理。"这是以物言理。明清之际的思想家王夫之力图把两说联系起来，认为万事万物之理，无非吾心所固有，物理通于人心，天理寓于人心之中，明心即可见理。清代汉学家惠栋征引先秦两汉文献言理，认为理的本意为"分也，犹节也"。"礼者，谓有理也。理也者，明分以喻义之意也。"（《周易述》卷二十四）把理纳入与日用伦常相关的礼的范围，突出其分、节的特点。我国现代哲学家唐君毅就中国思想史上的"理"概括为六义，即"物理"、"事理"、"道理"、"文理"、"情理"、"义理"，贯穿在这六义中的则是当然之则或所以然之势（陈宝庭、刘金华，2001：10）。

秦汉之际的古籍《礼记·乐记》把"伦"、"理"连用，曰："凡音者，生于人心者也。乐者，通伦理者也。"（陈成国，1997：50）意思是说，一切音乐都产生于人的内心。音乐的作用可以使社会和人际关系规范化和合理化。这里的"伦理"已经指人应该遵循的道理和规范。现在，"伦理"一般指处理人们之间不同的关系以及应当遵循的各种道理或规则。这就是说，"伦理"一词的特定含义是指关于人伦关系的道理（倪愫襄，2002：7）。黄建中在《比较伦理学》一书中这样写道："宇宙内人群相待相倚之生活关系曰伦；人群生活关系中范定行为之道德则曰伦理；察其事象，求其法则，衡其价值，穷究理想上至善之鹄，而示以达之之方，曰伦理学。"（黄建中，1998：18）

在西方，关于伦理问题的讨论也由来已久。英语中的 ethics（伦理）

一词源于古希腊文 êthos，êthos 含有风俗、风尚、习俗、习惯、性格、思维方式、道理等意思。亚里士多德（Aristotle）认为，"伦理"一词是"风俗沿袭而来的，因此把'习惯'（êthos）一词的拼写略加改动，就有了'伦理'（ethike）这个名称，继而引申为由人类构建起来的规则和规范"（亚里士多德，1992：27）。根据《新牛津英语词典》（*The New Oxford Dictionary of English*）（上海教育出版社 2001 年版），ethics 有二解：（1）［usu. treated as pl.］moral principles that govern a person's behavior or the conducting of an activity；（2）［usu. treated as sing.］the branch of knowledge that deals with moral principles。ethics 作复数使用多指控制某人行为举止的道德准则，作单数使用则指研究道德准则的学问，"伦理"和"伦理学"在英文中是同一个词。

总之，伦理就是指在处理人与人、人与社会相互关系时应遵循的道理和准则。它不仅包含着对人与人、人与社会和人与自然之间关系处理中的行为规范，而且也深刻地蕴含着依照一定原则来规范行为的深刻道理，是指做人的道理，包括人的情感、意志、人生观和价值观等方面，是指人际之间符合某种道德标准的行为准则。

关于"翻译伦理"，目前翻译界说法不一，但内容大致相同。王大智在其所著的《翻译与翻译伦理——基于中国传统翻译伦理思想的思考》一书中说："翻译伦理就是翻译行为事实如何的规律以及翻译行为应该如何的规范。"（王大智，2012：10）程平在《"善"译的伦理阐释》一文中将翻译伦理概括为"翻译中的道德维度，包括翻译道德规约性（主体道德及主体间道德）、翻译价值及其体现形式、翻译程序正义及翻译产品评价的道德诉求等。如同科技伦理、法律伦理、经济伦理、工程伦理一样，翻译伦理应属于应用伦理"（程平，2012）。陈凯军、赵迎春在《哲学视域下论翻译伦理》一文中指出："翻译伦理作为普遍意义存在下的一种特殊的伦理，首先应界定在伦理的大框架下，其次可以理解为处理翻译行为产生过程中而引发的各种人际或文本关系所遵循的道德、价值规范准则和秩序。由于翻译行为引发的关系是多维度的，那么在翻译领域中的伦理所指的内容也是广泛的，它涉及翻译跨文化交际中具有不同文化取向、价值判断的群体间的关系、各翻译主体间的关系、译者作为一种职业从业者所面对的各种潜在的人际关系等等。"（陈凯军、赵迎春，2012）

本章拟从大易的视角阐释相关的翻译伦理问题，以期为翻译伦理的研究开辟一个新的途径。《周易》蕴藏着无穷的智慧，拥有丰富的伦理思想。下面择其五大伦理观对相关翻译伦理进行阐释。

一　修辞立诚

"修辞立诚"，语出《乾·文言传》："子曰：'君子进德修业。忠信，所以进德也；修辞立其诚，所以居业也。'"（孔子说："君子要增进美德，营修功业。忠实有信，就可以增进美德；修饰言辞出于真诚的感情，就可以积蓄功业。"）所谓修辞，就是修饰言辞，使文辞优美、文章华美。所谓立诚，就是树立真诚，充分表达内心的真情实感，通畅完整地展现自身的胸襟心灵和精神风采。

《大戴礼记》说："诚在其中，志见于外。"人的内心真诚，自然会有善的情态，也就会有善的言辞。《系辞下传》说："将叛者其辞惭，中心疑者其辞枝，吉人之辞寡，躁人之辞多，诬善之人其辞游，失其守者其辞屈。"（将要违叛的人其言辞必然显其惭愧不安，内心疑惑的人其言辞必然散乱无章，贤美吉善的人其言辞必然少而精粹，焦躁竞进的人其言辞必然多而繁杂，诬陷善良的人其言辞必然虚漫浮游，疏失职守的人其言辞必然亏屈不展。）《孟子·公孙丑上》也说："诐辞知其所蔽，淫辞知其所陷，邪辞知其所离，遁辞知其所穷。"（偏颇的言辞，我知道它片面的地方；浮夸的言辞，我知道它失实的地方；邪异的言辞，我知道它偏离正道的地方；搪塞的言辞，我知道它理屈词穷的地方。）这就叫"情见乎辞"，诚如南朝梁刘勰在《文心雕龙·体性》中所言："夫情动而言形，理发而文见，盖沿隐以至显，因内而符外者也。"情动于中而形于言。语言是"情"的外在体现，人的内心活动定会在言辞中得到反映，即言为心声，声与心符；辞为心使，"辞共心密"（《文心雕龙·论说》）。

如同"圣人之情见乎辞"的轴心是一个"情"字，"修辞立其诚"的关键在一个"诚"字。修辞明显含有使文辞优美之义，但其最终指向的是主体的至性真情，是要人透过表层的形式之美、文辞之美，体味深层次的内在的个体真情之美。换言之，要使自我的至情、真情之美通过华美的篇章予以呈现和确立。因此，与其说美在于文辞，毋宁说美在于真情，美贵在真情（张立文、莫艮，2005：178）。

《庄子·渔父》中讲："真者，精诚之至也。不精不诚，不能动人。"

本真乃是精诚之至极，不真诚就不能感动人、打动人。《孟子·离娄上》中说："诚者天之道也，思诚者人之道也。"《中庸》中也说："诚者，天之道也，诚之者，人之道也。"儒家和道家都看重"诚"，推崇"诚"。

文以载道，诗以言志。语言的美大抵是借着情感的闪光才得以使两者相映成辉。刘勰《文心雕龙·情采》明言："情者文之经，辞者理之纬，经正而后纬成，理定而后辞畅：此立文之本源也。"（情理是文章的经线，文辞是情理的纬线；经线正了纬线才能织上去，情理确定了文辞才能畅达：这是写作的根本。）这与《乾·文言传》中提出的"修辞立其诚"一脉相承，体现了中国艺术的审美伦理观。

在文学创作和文学批评中，"立诚"是"知言"的前提，又是"立言"的根本。"修辞立其诚"的伦理学意义至少有两点：第一，对作者与作品的关系，强调了作者的思想道德修养对其文辞的影响，在古代文学批评史上形成了人品与文品相统一、立德与立言相一致的理论传统；第二，在衡文的标准上，"修辞立其诚"已蕴含了"文学的真实性"这一文学理论范畴的胚胎。"诚"，从作者主观上言，就是要忠于现实；从作品客观效果上说，就是要真实地反映现实（陈志椿、侯富儒，2009：52—53）。

翻译是一项跨文化的交流活动，不仅具有客观性、创造性，还具有伦理性，只有三者有机结合，才能使交际活动获得理想的效果。"修辞立诚"在翻译活动中首先考虑的不是译什么和怎样译的问题，而是译者与作者、读者、委托人、赞助人等之间的"诚信"伦理关系问题。诚如克里斯蒂安娜·诺德（Christiane Nord）所指出的：

"忠诚"（loyalty）不是过去的"忠实"（faithfulness 或 fidelity）换上了新装，"忠实"是作为语言实体（linguistic entity）的原文本和目的文本之间的关系。"忠诚"指的是人与人之间的社会关系，可以定义为译者在翻译互动（translational interaction）中对合作伙伴（partners）的责任。（转引自彭萍，2013：177—178）

"修辞立诚"是一切翻译活动得以进行的伦理预设，是确保翻译顺利进行的必要条件。"修辞立诚"这一伦理规范要求译者"诚于译事"，把翻译的客观性、创造性、伦理性统一在其对立言、立业、立德的理想的人生追求上。这一理想的实现需要我们建立一种新的翻译伦理：以译者之诚，倾听作者之言，恭听赞助人之意，敬听读者之需，发中和之声，成事修德立业。换言之，译者既要"修辞"，又要"立诚"，在"修辞"中"立诚"，在"立诚"中"修辞"，"修辞"与"立诚"同存共依，相辅相成（吴志杰，2009：60；吴志杰、王育平，2008）。

二　利以合义

《周易》重利，"利"字在其中频频出现，据笔者统计，"利"字在其中共出现了215次，例如：

> 飞龙在天，利见大人。(《乾·九五》)
> 直方大，不习，无不利。(《坤·六二》)
> 击蒙，不利为寇，利御寇。(蒙·上九)
> 无妄，行有眚，无攸利。(《无妄·上九》)
> 牝马地类，行地无疆，柔顺利贞。(《坤·彖传》)
> 是故君子居则观其象而玩其辞，动则观其变而玩其占，是以"自天祐之，吉无不利"。(《系辞上传》)
> 二人同心，其利断金。同心之言，其臭如兰。(《系辞上传》)
> 见乃谓之象，形乃谓之器，制而用之谓之法，利用出入，民咸用之谓之神。(《系辞上传》)
> 备物致用，立成器以为天下利，莫大乎圣人。(《系辞上传》)
> 刳木为舟，剡木为楫，舟楫之利以济不通，致远以利天下，盖取诸《涣》。(《系辞下传》)
> 往者屈也，来者信也，屈信相感而利生焉。(《系辞下传》)
> 精义入神，以致用也；利用安身，以崇德也。(《系辞下传》)
> 是故爱恶相攻而吉凶生，远近相取而悔吝生，情伪相感而利害生。(《系辞下传》)
> 乾始能以美利利天下，不言所利，大矣哉！(《乾·文言传》)
> 元者，善之长；亨者，嘉之会也；利者，义之和也；贞者，事之干也。君子体仁足以长人，嘉会足以合礼，利物足以和义，贞固足以干事。君子行此四德者，故曰："乾：元，亨，利，贞。"(《乾·文言传》)

　　《周易》强调合乎自然、社会和人生的大利益，因此它就特别强调，正确的利益观是利天下、利他人。当然，它也不否定个人、家庭、团体的利益。只要物各得宜，和谐不乱，不相乖戾，什么样的利益都可以追求。

　　《周易》既重"利"又重"义"，"义"字在其中也经常出现。例如：

　　知至至之，可与言几也；知终终之，可与存义也。(《乾·文言传》)
　　"直"其正也，"方"其义也。君子敬以直内，义以方外，敬义立而德不孤。"直方大，不习无不利"，则不疑其所行也。(《坤·文言传》)
　　成性存存，道义之门。(《系辞上传》)
　　子曰："小人不耻不仁，不畏不义，不见利不劝，不威不惩。"(《系辞下传》)
　　和顺于道德而理于义，穷理尽性以至于命。(《说卦传》)
　　是以立天之道曰阴与阳，立地之道曰柔与刚，立人之道曰仁与义。(《说卦传》)
　　"需"，须也；险在前也，刚健而不陷，其义不困穷矣。(《需·彖传》)
　　"乘其墉"，义弗克也；其"吉"，则困而反则也。(《同人·象传》)
　　"频复之厉"，义无咎也。(《复·象传》)
　　"舍车而徒"，义弗乘也。(《贲·象传》)
　　"君子于行"，义不食也。(明夷·象传)
　　刚柔之际，义无咎也。(《解·象传》)
　　"小子之厉"，义无咎也。(《渐·象传》)
　　归妹，天地之大义也。(《归妹·象传》)
　　以旅与下，其义丧也。(《旅·象传》
　　"曳其轮"，义无咎也。(《既济·象传》)

　　《周易》创作的目的是"明于天之道而察于民之故"，所以其"义"是以"顺乎天而应乎人"为标准的。它的适宜与否，主要表现在是否顺应、合乎自然及社会的规律。合乎之，则"利"就是"义"；不合乎之，则"义"就是"私利"。合乎之，则"直而方"；不合乎之，则"曲而圆（圆滑）"。

　　《周易》讲"义"往往离不开"利"。综观《周易》，其所言义利关系可归纳为三类：（1）义利并重；（2）利以合义；（3）利在义中。根据与本节话题的关联度，这里只讨论第二类。

《系辞下传》曰："何以聚人？曰财。理财正辞、禁民为非曰义。"治理财物、用之有方，端正言辞、发之以理，禁约百姓为非僻之事，勿使行恶，这就是"合义"。这是说，致富谋利须用义的规范来制约。不过，这种制约只是"禁民为非"，把老百姓对利益的追求引向对社会产生良好影响的正道，而不是根本否定他们对利益的追求。这种"禁民为非"的做法，把小人的私利和社会的公利结合起来，归根结底是"小人之福"，因而也就是义。君子与小人不同，他们始终以社会的公利作为自己的追求目标，即"吉凶与民同患"（《系辞上传》），这种行为当然是符合正义的。利以合义，是《周易》义利观的一大特点。这一观点以天地之道为根本，把义利问题纳入到合规律的、合目的的生命活动之中，化解了两者的矛盾，使之达到合一，其理论意义胜过被称为"儒家第一要义"的"义利之辩"（杨庆中，2010：96—107）。

翻译意味着"为特定目的和的语环境中的特定受众生产的语背景中的文本"（Vermeer，1987）。"每一文本都为特定的目的而生产并应服务于这一目的。"（Vermeer，转引自 Nord，2001：29）因此，翻译不仅是一种人类的行为活动，而且是一种有目的的行为活动，"一种为实现特定目的的复杂活动（Holz-Mänttäri and Vermeer，转引自 Nord，2001：13）。翻译的目的大致可分为三种：译者的目的（如赚钱）、译文的交际目的（如启迪读者）以及特定翻译策略或手段所要达到的目的（如直译以显示原语的结构特点）（Nord，2001：27—28）。不管何种目的，翻译是为"利"而始，为"利"而行，也为"利"而终。这里的利，有利人、利己或两者兼有之利。利又有大小，其利小可惠及个人，大可惠及民族、国家、全人类。但翻译之利，可能有时利己不利人，甚至利己损人。这就涉及翻译伦理的问题了。根据《周易》的伦理观，翻译既要讲翻译之"利"，又要讲翻译之"义"，应遵循"利以合义"的伦理标准。译者可以追求利益，可以使自己的利益最大化，但前提是以义取利，不能以利害义，即必须守翻译之"义"，不能以翻译之"利"害翻译之"义"，这样则物各得宜，和谐不乱，不相乖戾。同时，译者应追求合乎自然、社会和人生的大利益，使自己的行为最大可能地利他人、利天下。

当今社会，市场经济发达，商业气息特别浓厚。翻译随市场经济越来越商业化，翻译产业作为一个巨大服务产业逐渐形成，无数翻译行为成为一种实在的经济行为。经济行为以逐利为目的，相关的翻译服务便变成市场交易行为，与金钱利益直接挂钩。这样，利义关系不可避免，翻译伦理成为翻译主体直接面临的问题。处理好相关的翻译伦理问题，需要各翻译主体协调好义利关系，趋利避害，必要时牺牲个体利益，舍小利保大利，求得整体利益的最大化。

三　交通成和

《周易》认为，阴阳是化育生命的本原。"生之本，本于阴阳。"（《黄帝内经·生气通天论》）世上万物都是从阴阳两种力量交通和合中创化出来的。"一阴一阳之谓道。"（一阴一阳的矛盾变化就叫"道"。）（《系辞上传》）孤阴不生，独阳不长。阴阳和合才能刚柔有体，生生不息，周而复始。《系辞下传》说："天地细缊，万物化醇；男女构精，万物化生。"意思是说，天地二气缠绵交密，万物化育醇厚；男女阴阳交合其精，万物化育孕生。王充在《论衡·自然》中也讲："天地合气，万物自生，犹夫妇合气，子自生矣。"（转引自张立文，2003）天阳地阴，夫阳妇阴，阴阳和合，即天地、夫妇和合，而生万物和子女。

在《周易》看来，天地之间和人类社会有时会出现一种不多见的交通和畅的最佳状态。这种状态就是泰。《周易》中泰卦的卦象是乾下坤上，乾为天，坤为地，地气往下降，天气往上升，中间没有阻碍，交流畅通成和。天地阴阳交合，万物的生养之道畅通。《泰·象传》曰："则是天地交而万物通也，上下交而其志同也。"天地交合、交流、交通，万事万物就能通达、通顺、通畅。上下（这里的"上"指天，"下"指地）相交，志向也相同、相应了。当今社会强调和谐，最基本的方法就是利用泰卦沟通的精神（张其成，2009：155—157）。

《周易》的泰卦是一个阴阳交融的卦。《象传》所言"天地交而万物通也，上下交而其志同也"，表面上是说天说地，实质上是说人。人与人之间能够沟通、交融，就能志向趋同，就像茅茹相连，飞鸟同翻，并肩达成和谐。如果我们以地天泰为榜样，每个人都以平和、温暖、交融的心去积极营造人际的和谐、自然的和谐，乃至中国的和谐，通泰、美好的明天会更加灿烂（张绍金、易枫，2009：63）。

翻译是译者将一种语言传达的信息用另一种语言传达出来的有目的的跨文化交际活动。翻译与其说是语言的转换不如说是文化的易位，是一种跨文化的交际、合作或交融，是原语文化与译语文化的相遇、相摩、相荡、相融。翻译的本质是文化交易。通过《周易》阴阳交感的思想，我们可以推知：只有文化交感，人类交流才有可能，翻译才能成为现实。而翻译成为现实脱离不了翻译主体间的关系——翻译伦理涉及的必然因素。

安东尼·皮姆（Anthony Pym）在《论译者的伦理》（*Pour une éthique du traducteur*）中指出，翻译是"一项交际行为，是为某一客户提供的、针对既定接受者的一项专业性服务"（Pym，1997：10）。既然翻译是一项交际行为，是为某一客户提供的、针对既定接受者的一项专业性服务，那么在翻译中，译者不仅要关注原语及其文化、读者情感等因素，还要关注译语及其文化、读者情感等因素。"译者处于两种文化的交界处，他并不仅仅属于其中的任何一个文化社群。"（Pym，1997：14）译者的身份具有跨文化性，即"文化间性"。所以，译者承担的责任是双重的，他不仅要对原语文化负责，也要对译语文化负责。

"翻译既是一种跨伦理的语言交往活动，也是一种跨文化的伦理交往活动。一方面，它要实现不同伦理观念的相互理解，使在某一社会文化伦理规范下创造的文本在另一个社会文化伦理规范中得以理解；而另一方面，它还要为不同文化间建立起平等的沟通平台，尊重原文本和原语文化以实现不同民族和文化之间的和谐共处。"（陈志杰，2012）只有译者充分发挥其作为中介的主体作用，协调好各方关系，翻译才能促使两种文化有机结合，交通成和，顺畅发展。

四 以同而异

"以同而异"乃是"求同存异"之义。世间万事万物千殊万别。事物总是同中有异，异中有同，同异紧密联系。《周易》主张以同而异或说求同存异。

《同人·象传》曰："柔得位得中而应乎乾，曰同人。"（柔顺者处得正位、守持中道又能上应刚健者，所以能够和同于人。）"文明以健，中正而应，君子正也。唯君子为能通天下之志。"（秉性文明而又强健，行为中正而又相互应和，这是君子和同于人的纯正美德。只有君子才能会通统一天下民众的意志。）君子身体力行于正，才能沟通天下万民之心意而求大同。孔子赞成求同："子曰：'同声相应，同气相求；水流湿，火就燥；云从龙，风从虎；圣人作而万物睹；本乎天者亲上，本乎地者亲下，则各从其类也。'"（《乾·文言传》）（孔子说："同类的声音互相感应，同样的气息互相求合；水向湿处流，火向干处烧；景云随着龙吟而出，谷风随着虎啸而生；圣人奋起治世而万物显明可见；依存于天的亲近于上，依存于地的亲近于下，各以类相从而发挥作用。"）同的功能在此得到大力赞扬。《系辞上传》曰："二人同心，其利断金。同心之言，其臭如兰。"唯有同心，才能同德；同心同德，才能遵循大道，共同行动，最后实现"保合太和"、"万国咸宁"的理想世界。

《同人·象传》曰："天与火，同人。君子以类族辨物。"《周易本义》中解释说："天在上而火炎上，其性同也。类族辨物，所以审异而致同也。"（朱熹，2011：65）意思是说，天、火相互亲和，象征和同于人。君子因此区分人类群体、辨别各种事物以审异求同。需要指出的是，同人卦的同不是完全同一的同、绝对的同，而是和同的同、有差异的同。所以孔子认为君子观同人之象应该类族辨物。

《周易》中，除《同人·象传》明确强调求同存异之道外，《睽·象传》也提出了类似的看法："上火下泽，睽。君子以同而异。"睽卦的卦象是上离下兑，离为火，兑为泽，火往上炎，泽往下润，两不相谋，中间不能沟通，造成的局势就是相互分离、背离。君子因此谋求大同而存小异。睽卦揭示的道理是事物睽而合，有睽必有合。也就是说，事物的同是以异为前提的。没有睽的合，没有异的同，是不足取的。所以告诫说：以同而异。君子处于世上，要同中求异，保持自己的个性和特色（金景芳、吕绍纲，2005：305—306）。"以同而异"与《论语》"和而不同"的说法一致：志向要同，也即"同志"，志同道合，同心同德；情状、做法、表现形式等可以不同。只要能通过沟通，与之交和，达到和合，个性不同、观点不同无关紧要（张其成，2009：304）。

法国当代著名文学翻译家、翻译理论家安托瓦纳·贝尔曼（Antoine Berman）认为，"翻译的本质就是开放、对话、杂交繁育、非中心化，翻译就是促进各种关系的发生，或者说翻译本身是'无'"（Berman，1984：16）；翻译的任务是要产生"协同增效作用"（Berman，1984：283），使语言得到丰富，使错综复杂的文化空间得以拓展；既然翻译的作用在于其具有"生成"之特性，那么翻译伦理就在于在译入的语言和文化中"把'他者'当作'他者'来承认和接受"（Berman，1984：88），"就在于如何在理论层面提出、肯定以及捍卫翻译的纯粹目标——伦理目标"（Berman，1984：17），"就在于如何定义忠实"（同上）。贝尔曼的"忠实"不是"忠实与叛逆"二元对立之一元的"忠实"，而是忠于"翻译的伦理目标"的忠实，是超越了"原文"与"译文"二元对立观念的新的"忠实"，也就是"尊重原作、尊重原作中语言和文化的他异性"（王大智，2012：22—26）。如果翻译不采取开放性对话形式而是采取侵占形式，即一种文化占用另一种文化，那是不合伦理的翻译。符合伦理的翻译应是保存原文的新奇之处，将之创造性带入译语中，使译语得到新的营养，变得更加充实、丰富。

劳伦斯·韦努蒂（Lawrence Venuti）明确指出，"我赞同贝尔曼的观点……好的翻译就是实施非中心化，就是用译入语来表现异域文本中的异域性"（Venuti，1998：11）。他将这一翻译伦理命名为"存异伦理"（ethics of difference）。存异伦理要求译者向作者靠拢，采取相应于作者所用的原语表达方式来传达原文的内容。翻译的目的不是在翻译中消除语言和文化的差异，而是要在翻译中体现这种语言和文化的差异。显然，"存异伦理"与贝尔曼"尊重他异性"的翻译伦理异曲同工（王大智，2012：31）。

"己所不欲，勿施于人。"（《论语·卫灵公》）这是世界普适性的伦理，翻译伦理涵括于其内。尊重多元，平等对待，取长补短，共同进步，是值得倡导的翻译伦理。早在1877年，理雅各（James Legge）就在写给上海传教会的论文中告诫在华传教士"避免驾驶着自己的马车粗暴无理地驶过孔子的陵墓"（转引自熊谊华、王丽耘，2015）。他还说："我们不要奢望从孔子的经书中发现关于自然和物理科学的真理，我也从不假定从我们自己的《旧约》或《新约》中能够发现。让我们不做任何假定吧，我把我们的启示信仰与中国经文放在同一的位置上。"（同上）钱纪芳在《和合翻译思想初探》一文中指出："我们爱护自己的语言与文化，同样也需要尊重别国的语言与文化。虽然不同语言及承载的文化所起的社会作用可能因依附的民族强弱、地域大小等因素而不同，但在本质上却是与人一样尊贵。语言之间的关系犹如手足同胞，存相与式能不同，但血脉相连，都是对客观世界的描述。它们在尊严上是平等的，在跨文化交际中，是一个营养彼此，拓展视野的过程。"（钱纪芳，2010）如果译者心地狭隘，不以平等对话为原则，不正确对待文化的差异性，翻译界就会出现文化霸权主义、文化民族中心主义、文化民族虚无主义等现象。这些现象有违我们倡导的翻译伦理，无疑会破坏翻译生态环境的和谐状态，从而阻碍翻译事业的繁荣发展。所以，在翻译过程中，译者应怀有一种开放的精神和宽容的心态，遵循"以同而异"原则，顺应文化交流的本质，让不同文化各美其美，使它们在相互交流中彼此从对方获取营养，共同生长、发展和繁荣。

五　进德修业

《周易》特别重视"进德修业"，有关论述多处可见。例如：

子曰："君子进德修业。忠信，所以进德也；修辞立其诚，所以居业也。知至至之，可与言几也；知终终之，可与存义也。是故居上位而不骄，在下位而不忧，故乾乾因其时而惕，虽危无咎矣。"（《乾·文言传》）

子曰："上下无常，非为邪也。进退无恒，非离群也。君子进德修业，欲及时也，故'无咎'。"（《乾·文言传》）

庸言之信，庸行之谨；闲邪存其诚，善世而不伐，德博而化。（《乾·文言传》）

君子以成德为行，日可见之行也。（《乾·文言传》）

君子学以聚之，问以辩之，宽以居之，仁以行之。《易》曰"见龙在田，利见大人"，君德也。（《乾·文言传》）

地势坤；君子以厚德载物。（《坤·象传》）

坤厚载物，德合无疆；含弘光大，品物咸丰。（《坤·象传》）

山下出泉，蒙；君子以果行育德。（《蒙·象传》）

风行天上，小畜；君子以懿文德。（《小畜·象传》）

天在山中，大畜；君子以多识前言往行，以畜其德。（《大畜·象传》）

水洊至，习坎；君子以常德行，习教事。（《坎·象传》）

不恒其德，或承之羞，贞吝。（《恒·九三》）

地中生木，升；君子以顺德，积小以高大。(《升·象传》)

洊雷，震；君子以恐惧修省。(《震·象传》)

山上有木，渐；君子以居贤德善俗。(《渐·象传》)

子曰："《易》其至矣乎！夫《易》，圣人所以崇德而广业也。"
(《系辞上传》)

默而成之，不言而信，存乎德行。(《系辞上传》)

精义入神，以致用也。利用安身，以崇德也。过此以往，未之或
知也。穷神知化，德之盛也。(《系辞下传》)

　　《周易》重"德"重"业"，如能两者兼顾，齐头并进，最为理想。
《坤·文言传》说："君子黄中通理，正位居体，美在其中，而畅于四支，
发于事业，美之至也。""德"、"业"有机结合，和谐统一，是君子美的
最高标准，是人格美的极致境界。但是"德"和"业"难免脱节，两者
有时会发生矛盾。当"德"和"业"发生矛盾时，人们应坚守的是
"德"而不是"业"，"业"应让位于"德"。在人生的道路上，"业"固
然重要，但"德"是根本，"业"必须建立在有"德"的基础上。"德"
才是衡量和判断人生价值的最终准则（张立文、莫员，2005：101—
102）。

　　翻译是人类活动中一项伟大崇高的事业，为人们提供了大有作为的广
阔天地。无数译者怀着建功立业的梦想，在翻译的道路上追寻和实现自己
的人生价值。但翻译是一项社会性极强的活动，必然涉及伦理问题，所以
翻译活动与译者的品行德操密不可分。"德"是译者事业成功的基础和前
提。在美国，法界佛教总会（Dharma Realm Buddhist Association）佛教翻
译委员会（Buddhist Text Translation Society）为培养译经工作者崇高的道
德涵养特地制定了八条译经基本守则：

　　一、从事翻译工作者不得抱有个人的名利。

　　二、从事翻译工作者不得贡高我慢，必须以虔诚恭敬的态度来
工作。

　　三、从事翻译工作者不得自赞毁他。

　　四、从事翻译工作者不得自以为是，对他人作品吹毛求疵。

　　五、从事翻译工作者必须以佛心为己心。

六、从事翻译工作者必须运用择法眼来辨别正确的道理。

七、从事翻译工作者必须恳请大德长老来印证其翻译。

八、从事翻译工作者之作品在获得印证之后，必须努力弘扬流通经、律、论，以及佛书，以光大佛教。[①]

从这八项基本守则，我们可以了解到，每一个翻译工作者，都必须心胸宽广、品德高尚，才能承担起翻译这个神圣的工作。

其实，早在隋代，彦琮就在其《辩正论》中提出了著名的"八备"，即一个优秀的或合格的佛经翻译者应当符合的八条要求或具备的八项条件：

> 诚心爱法，志愿益人，不惮久时，其备一也；将践觉场，先劳戒足，不染讥恶，其备二也；筌晓三藏，义贯两乘，不苦暗滞，其备三也；旁涉坟史，工缀典词，不过鲁拙，其备四也；襟抱平恕，器量虚融，不好专执，其备五也；耽于道术，澹于名利，不欲高衒，其备六也；要识梵言，乃闲正译，不坠彼学，其备七也；薄阅苍雅，粗谙篆隶，不昧此文，其备八也。[②]

---

① 参见美国法界佛教总会之佛教翻译委员会网（http://www.drbachinese.org/publish/index.asp.html）。

② 参见范文澜《中国通史》中"八备"的白话文："一、诚心爱佛法，立志帮助别人，不怕费时长久。二、品行端正，忠实可信，不惹旁人讥疑。三、博览经典，通达义旨，不存在暗昧疑难的问题。四、涉猎中国经史，兼擅文学，不要过于疏拙。五、度量宽和，虚心求益，不可武断固执。六、深爱道术，淡于名利，不想出风头。七、精通梵文，熟悉正确的翻译方法，不失梵本所载的义理。八、兼通中国训诂之学，不使译本文字欠准确。"（转引自王秉钦、王颉，2009：15）

请对照王宏印相应的译文：

虔诚地热爱佛法，立志于助人济世，不怕辛苦费时；

忠诚地实践教义，严格地遵守戒律，不致招致非议；

精研三藏经典，通晓大乘小乘，消除暧昧不明之处；

旁涉三坟五典，工于诗词曲赋，不使译笔生硬呆滞；

保持心态平和，态度宽容虚心，下笔不可专执武断；

埋头钻研译术，耐得清贫寂寞，不尚名利炫耀自己；

务必精通梵语，坚持翻译正途，无损害于原著义理；

掌握中文规律，了解训诂之法，成就自如自然译笔。

（王宏印，2003：34）

上述八备中的第一、二、五、六备是对译者品德操守也就是译德、译风的要求；第三、四、七、八备是对译者学识能力的要求。也就是要求译者具有良好的人格修养和学识修养，做到德艺双馨。这八备对当今译者伦理道德培养具有重要的参考价值。

在当代，傅雷是大力宣扬译者进德修业的代表人物之一。他提倡做一个德艺兼备、人格卓越的艺术家。他说："先为人，次为艺术家"，"弄学问也好，弄艺术也好，顶要紧的是 human，要把一个'人'尽量发展，没成为家以前，先要学做人；否则那种家无论如何高明也不会对人类有多大贡献"。他还说："人是生活在太阳底下的，人接受了太阳的光和热，就应当把它传给别人。"（转引自王秉钦、王颉，2009：256）傅雷一贯主张以艺术修养为根本，提高译者的综合素质。重视译者的艺术修养是贯穿傅雷翻译理论的一条主线，是他一生翻译实践的基本原则，也应是所有译者所恪守的恒常原则。

切斯特曼（Andrew Chesterman）在其拟写的《圣哲罗姆誓约之倡议》（Proposal for a Hieronymic Oath）中提议：

（1）本约所立，吾愿竭心尽力，誓死捍卫。

（2）事译事以诚，重译史之实，译事心得，愿尽与同仁分享，或有译事新人，愿倾情授之。不义之财不可求，凡事竭尽所能，力求卓越。

（3）愿倾毕生所学，逾语言藩篱，以求交流之通畅，误解之不存。

（4）凡我所译，务求委本求信，不背原文。

（5）译文视任务而异，务求易懂，以飨读者。

（6）译事以顾客为本，严守行业机密，不滥用顾客资料谋利，所接译项，务须守时高效，遵客户意旨完成。

（7）译力有高下，有不足而坦言之，不事无力之托。

（8）译事有难易，难而不克，告之宜先，译事有争议，当请他人仲裁，欣然受之。

（9）译力下而力善之，恐辞令之不达，译笔之不利，知识见闻之不及。

（Chesterman，2001：153；祝朝伟，2010）

切斯特曼的伦理模式虽然并非尽善尽美，但他从职业承诺（Commit-ment，句1）、职业忠诚（Loyalty to the Profession，句2）、职业指向（Understanding，句3）、职业理想（Truth，句4）、语言要求（Clarity，句5）、职业信赖（Trustworthiness，句6）、译事态度（Truthfulness，句7）、公正要求（Justice，句8）和追求卓越（Striving for Excellence，句9）九个方面对译者的翻译行为从伦理上进行了要求，可以看作是对普适性翻译伦理构建的有益尝试。这九条誓言综合成一套明确的行动纲领，从各个侧面规范着译者的行为。译者如能履行这些誓言，"进德修业"自然而成。

翻译作为一项协调人与人之间关系的人类活动，必然受到翻译伦理的影响和制约。翻译伦理是一个庞大复杂的体系，内容丰富，形式多样，可进行多视角、多维度、多层次研究。本章以易理为哲学依据，利用《周易》的语言阐释了相关的翻译伦理：修辞立诚、利以合义、交通成和、以同而异和进德修业，这些内容大致涉及再现伦理、服务伦理、交际伦理、存异伦理和译者伦理。它们共存并依，彼此相互联系，构成一个有机的整体，不能彼此割裂，单独看待。

《周易》是大道之源，弥纶天地之道，蕴含丰富的伦理思想，翻译伦理研究能寻道乎其中并能弘其道。我们可以进一步发掘《周易》这一蕴藏无穷智慧的宝库，充分利用《周易》的智慧扩大和深化相关研究，在翻译研究领域作出精彩演绎。

第九章

翻译风格

翻译风格随翻译实践形成和发展。有史以来，我国有文字记载的最早的翻译可上溯到周代，而支谦的《法句经序》被认为是我国翻译理论的发轫之作，其中"其所传言，或得胡语，或以义出音，近于质直"（支谦，2009：22），谈到的就是竺将炎的翻译风格。对于翻译风格，国内外都有不少研究，但历来学者都是从语言学、文学、美学、文化学等方面切入，无人从大易（包括《周易》）的视角进行详细研究。笔者拟在有关方面作些尝试，以期提供一个研究翻译风格的新途径。

一 风格的可译性

汉语"风格"一词，在英语中称为"style"，一词多义。《现代汉语词典》将其解释为：① 气度；作风：~高｜发扬助人为乐的高尚~。② 一个时代、一个民族、一个流派或一个人的文艺作品表现的主要的思想特点和艺术特点：艺术~｜民族~（中国社会科学院语言研究所词典编辑室，2002：375）。《美国传统词典》中，style 作为名词有 16 条定义，其中前两条是：① The way in which something is said, done, expressed, or performed：*a style of speech and writing.* ② The combination of distinctive features of literary or artistic expression, execution, or performance characterizing a particular person, group, school, or era. （① 说话、做事、表达或表演的方式：演讲和写作风格。② 文学或艺术表达、演奏或表演的主要特点，体现了某个人、某个团体、某个学派或某个时代的特色。）[①] 在西方，"风格"（style）一词源于拉丁语"stilus"，

[①] 参见 *The American Heritage Dictionary（Second College Edition）*. Boston：Houghton Mifflin Company, 1982, p. 1210.

原指记笔记用的铁笔,后引申出比喻义,表示"组成文字的一种特定方法"或"以文字装饰思想的一种特定方式"(威克纳格,1982:17)。现在,在文学艺术领域,"风格"一般指作家、艺术家在创作中所表现出来的艺术特色和创作个性,体现在文艺作品内容和形式的各个要素中。风格包括题材的选择、主题的提炼、人物的塑造、情节与结构的安排,以及体裁、语言、艺术手法等的综合因素。风格是一般中的个别,共性中的个性,普遍性中的特殊性。所谓作家的风格,就是作家的个性,是这一作家区别于另一作家的特色,法国博物学家布丰(Georges-Louis Leclerc de Buffon)提出的"风格即人",就是这个意思(方梦之,2011:158)。

独创是风格的第一凭借,是风格的生命之源。黑格尔(Friedrich Hegel)认为:"风格一般指的是个别艺术家在表现方式和笔调曲折等方面完全见出他的人格的一些特征。"(转引自刘业超,2012:1272)威克纳格(Williams Wiegnad)说:"我们说到风格,总是意味着通过特有标志,在外部表现中显示自身的内在特性。"(威克纳格,1982:17)波斯彼洛夫(Г. Н. Поспелов)说:"风格是艺术作品的富有表现力的形象形式的特点,但它是这种形象形式在它的具体内容的结构细节和语言细节的直接美感的具体统一中表现出来的特点。"(波斯彼洛夫,1985:403)别林斯基(В. Г. Белинский)精辟指出:"风格就是把思想和形式密切融汇起来,而在这一切上面按下自己的个性和精神的独创性的印记。"(别林斯基,1958:227)例如,我国魏晋南北朝时,曹操的作品有如"幽燕老将,气韵沉雄",曹植的作品有如"三河少年,风流自赏",孔融的作品体气高妙,阮籍的作品曲折渊放,嵇康的作品峻切挺拔,陆机的作品绮丽雅致,孙绰的作品神超形越,陶渊明的作品高洁旷远,王羲之的《兰亭序》平易清隽,左思的作品雄迈勃郁有如涧底之松,谢灵运的作品清新秀丽有如池塘春草,鲍照的作品雄肆恢弘有如"疾风冲塞",谢朓的作品清丽悠远有如"霞散成绮",凡此种种,都极具个性,互不雷同(刘业超,2012:104)。

除独创性之外,风格具有一贯性,即稳定性的特性。风格的稳定性是指作者所积累的成熟的艺术经验、技能技巧、艺术语言等表现在作品中的风味和情致的联贯性与定型性。风格随作者的世界观、艺术观的形成而形成并随其成熟而成熟,而世界观、艺术观一旦形成、成熟,没有一定的条件不会轻易改变,它会贯穿在作者的一系列作品中,使其不同作品显现大致相同的风采、情调、韵味、气势和氛围，构成稳定的美学特征（刘业超，2012：1124）。风格的稳定性是风格形成、成熟的必要的数量积累，是作者创作个性在实践中连续的、不断迭现的结果。刘业超在《文心雕龙通论》中对风格的稳定性有一段确切的论述：

> 如果独创性给作家作品的美学风貌按上的是作家精神个性的印章，那么稳定性按上的则是更有分量的历史性印章。正是凭借这种稳定性的美学品格，分散于诸多作品中的艺术特色得以联贯成一个浑然的美学整体，从时间的角度显示出作家作品的整体性的美学风貌，赋予作家作品的美学风貌以历史与美学的双重品格：由于对历史的凭借，作家的美学风格表现得更加鲜明；由于对美学的凭借，作家风格的历史脉络显得更加充分。也正是由于二者的结合，文学的风格才走出了臆想的朦胧，而真正成为在时间链条的链接下可以确切把握的学术事实。（刘业超，2012：1124）

风格还具有多样性特性。风格的种类纷繁多样。就中国古典诗文艺术风格而言，早在曹魏时，曹丕就提出雅、理、实、丽四体（《典论·论文》："夫文本同而末异。盖奏议宜雅，书论宜理，铭诔尚实，诗赋欲丽。此四科不同，故能之者偏也。唯通才能备其体。"）（"体"指体貌、体致，即风格）；南朝梁刘勰分为典雅、远奥、精约、显附、繁缛、壮丽、新奇、轻靡八体（《文心雕龙·体性》："若总其归涂，则数穷八体：一曰典雅，二曰远奥，三曰精约，四曰显附，五曰繁缛，六曰壮丽，七曰新奇，八曰轻靡。"）；唐代李峤分为形似、质气、情理、直置、雕藻、影带、婉转、飞动、清切、精华十体（《评诗格》："诗有十体：一曰形似，二曰质气，三曰情理，四曰直置，五曰雕藻，六曰影带，七曰婉转，八曰飞动，九曰清切，十曰精华。"）；宋代严羽归为高、古、深、远、长、雄浑、飘逸、悲壮、凄婉九体，优游不迫、沉着痛快两大类（《沧浪诗话·诗辨》："诗之品有九：曰高、曰古、曰深、曰远、曰长、曰雄浑、曰飘逸、曰悲壮、曰凄婉。""其大概有二：曰优游不迫、曰沉着痛快。"）；清代姚鼐则明确归为阳刚、阴柔对立之两大类。姚鼐本《周易》"一阴一阳之谓道"之说，用一系列形象比喻说明两类艺术风格的特色："其得于阳与刚之美者，则其文如霆，如电，如长风之出谷，如崇山峻崖，如决大川，如奔骐骥；其光也，如杲日，如火，如金镠铁；其于人也，如凭高视远，如君而朝万众，如鼓万勇士而战之。其得于阴与柔之美者，则其文如升初日，如清风，如云，如霞，如烟，如幽林曲涧，如沦，如漾，如珠玉之辉，如鸿鹄之鸣而入寥廓；其于人也，漻乎其如叹，邈乎其如有思，暖乎其如喜，愀乎其如悲。"（《复鲁絜非书》）他并作补充说，阴阳二者糅合之后，若一方稍有偏胜则可，而若"偏胜之极"，至于"一有一绝无"，甚且"刚者至于偾强而拂戾，柔者至于颓废而暗幽，则必无与于文者矣"（《海愚诗钞序》）。这种风格论，能大处着眼，言之有据，颇见精辟（章楚藩，2010：175—176）。

关于风格的可译性问题，历来学者看法不一，但主流的观点是：风格可译，不仅可译，还得非译出不可。例如，德西德利乌·伊拉斯谟（Desiderius Erasmus）认为，风格是翻译的重要组成部分，"他要表现出希腊语的修辞手段，以诗译诗，以单词译单词，以朴素语言译朴素语言，以高雅风格译高雅风格"（谭载喜，2004：63）。乔治·坎贝尔（George Campbell）在 1789 年出版的《四福音的翻译与评注》（*A Translation of the Four Gospels with Notes*）的导论中就提出："在符合译作语言特征的前提下，尽可能地移植原作的精神与风格。"（转引自谭载喜，2004：128）亚历山大·弗雷泽·泰特勒（Alexander Fraser Tytler）1790 年在《论翻译的原则》（*Essay on the Principles of Translation*）中提出了翻译必须遵守的三大原则，其中第二条是："译作的风格和手法应和原作属于同一性质。"（转引自谭载喜，2004：129）西奥多·萨瓦里（Theodore Savory）在其所著《翻译的艺术》（*The Art of Translation*）中指出，翻译规则不外乎十二项，而其中的第五项是："译文应该反映原作的风格。"（转引自刘重德，2003：51）尤金·奈达（Eugene A. Nida）和查尔斯·泰伯（Charles R. Taber）在其合著的《翻译理论与实践》（*The Theory and Practice of Translation*）中给翻译下定义时说："翻译就是在接受语中复制出与原语信息最切近的自然对等体，首先是就意义而言，其次是就风格而言。"（Nida and Taber，1969：12）……如此列举，不计其数。笔者认为，风格可译，并拟从大易的视角进行相关说明。

《周易》有个鲜明的观点：效天法地，模仿自然。这点在其《系辞传》中多处可见，例如：

　　成象之谓乾，效法之谓坤。

　　知崇礼卑，崇效天，卑法地。

　　见乃谓之象，形乃谓之器，制而用之谓之法。

　　法象莫大乎天地。

　　天地变化，圣人效之。

　　爻也者，效此者也；象也者，像此者也。

　　古者包牺氏之王天下也，仰则观象于天，俯则观法于地，观鸟兽之文与地之宜，近取诸身，远取诸物，于是始作八卦，以通神明之德，以类万物之情。

　　爻也者，效天下之动者也。

　　《系辞传》还列举了一系列成功模仿的例子，如"作结绳而为网罟，以佃以渔"，"斫木为耜，揉木为耒"，"刳木为舟，剡木为楫"，"服牛乘马，引重致远"，"断木为杵，掘地为臼"，"弦木为弧，剡木为矢"，等等，都是取法自然和有关卦的象征。

　　《周易》的模仿说可用之于翻译风格研究。模仿，即照着某种现成的样子学着做。自然可以被模仿。正是人们模仿自然，艺术才得以产生。在古代艺术中，雕塑直接模仿人体，音乐模仿自然的声音，舞蹈模仿生产劳动，戏剧模仿实践中的人。翻译是译者将一种语言传达的信息用另一种语言传达出来的有目的的跨文化交际活动，是文本间的创造性模仿。人类的翻译实践证明，文本间的模仿不仅可能而且可行。文本间模仿的成功，证明了语言的可译性。文本的意义可以从一种语言转换到另一种语言。风格依附于语言，借语言得以表现。风格和语言融于一体，风格的模仿通过语言的模仿得以实现。从整体上来说，文本的意义包括风格意义。当文本的意义完整传达时，风格即出。这就是爱尔兰剧作家乔治·萧伯纳（George Bernard Shaw）所说的"意之所到，风格随之"（转引自黎昌抱，2010）。因此，"语言内容的可译性与语言风格的可译性从来都只能是一致的，语言内容的可译性一般决定着语言风格的可译性"（高健，1994：112）。用数学语言来说，如果文本的意义是全集，那么风格意义就是其子集。全集可译，子集当然可译。翻译中所讲的"对等"包括"风格对等"。捷克翻译理论家安东·波波维奇（Anton Popovic）在《文学翻译分析词典》（*Dictionary for the Analysis of Literary Translation*）中区分的四种翻译对等就包括风格对等（Bassnett, 2004：32）。翻译不仅要准确地再现原文的思想内容，还要再现原文的语言风格、艺术特色。所以，在传达原文意义时翻译应尽量传达原文的风格。不能传达原文风格的译文算不上优秀的译文。

值得注意的是，模仿毕竟是模仿，模仿物不可能与原事物完全一样，分毫不差。正如模仿人走路和说话一样，免不了一些差距。罗新璋（1991）曾说："翻译，是原著的复制。即使用现代高精密复制仪，尚且有色浓色淡之殊，不可能完全一样，更不要说借手于人工，失真，走样，不吻合，欠妥贴，在所难免。"像语言一样，风格可译，但有一定的限度。模仿的风格不可能是百分之百的原文的风格，这主要是语言、文化差异使然。多位学者对此有过论述，这里不谈。

二　翻译风格与译者个性

翻译风格，又称"译文风格"、"译作风格"，是指译者在翻译实践中所表现出来的创作个性和艺术特色，具体体现为译者选择题材的口味、所遵循的翻译标准和原则、采用的翻译策略和方法以及译文语言的表现手法等特点。翻译风格是一种综合风格，双重风格，是原作风格与译者风格的融合。优秀译作的翻译风格，应该基本上是原作的真实风格，但译者风格在其译作中也明显可见。原作风格是翻译风格的客观来源，翻译风格是原作风格的客观映像。原作风格通过译文得以再现，但这种再现渗透着译者风格。所以，从实质上来说，翻译风格是原作风格与译者风格的结合，是相关社会观、审美观与创作观的具体映现，人们称之为"心灵的音乐"（但汉源，1996）。

《系辞上传》指出："一阴一阳之谓道。继之者善也，成之者性也。仁者见之谓之仁，知者见之谓之知，百姓日用而不知，故君子之道鲜矣。"［一阴一阳的矛盾变化就叫作"道"。传继此道（发扬光大以开创万物）的就是"善"，蔚成此道（柔顺贞守以孕育万物）的就是"性"。仁者发现"道"有"仁"的蕴存就称之为"仁"，智者发现"道"有"智"的蕴存就称之为"智"，百姓日常应用此"道"却茫然不知，所以君子所谓"道"的全面意义就很少人懂得了。］我们现在所说的"见仁见智"这一成语便是源于此。"见仁见智"是说对同一个问题，不同的人从不同的立场或角度有不同的看法。而导致这种不同看法的根本原因是，人具有主体性。翻译风格千差万别，其根本原因在于译者的主体性。译者的主体性，是指译者在翻译活动中表现出来的本质特性，即译者能动地操纵原文、转换原文，使其本质力量在翻译行为中外化的特性。任何翻译实践均会打上译者的烙印，即呈现出译者的个体差异。而译者的个体差异性即译者个性。译者个性包括其前结构、翻译目的、翻译思想、翻译能力、性格、气质等。翻译风格是译作的主要特征与精华所在，是译者创作个性的产物。

刘勰《文心雕龙·体性》中有如下一段话：

> 然才有庸俊，气有刚柔，学有浅深，习有雅郑，并性情所铄，陶染所凝，是以笔区云谲，文苑波诡者矣。故辞理庸俊，莫能翻其才；风趣刚柔，宁或改其气；事义浅深，未闻乖其学；体式雅郑，鲜有反其习：各师成心，其异如面。（刘勰，2012：383）

刘勰认为，作品的风格是作家个性的反映，个性不同，风格也因之有别。才能有平庸和杰出，气质有刚健和柔顺，学问有浅薄和精深，习染有雅正和鄙陋。这些都由人的性情所造成，并受环境的陶冶和感染，因而在创作领域中便产生了千差万别的风格，如流云之变幻无穷，似波涛之翻滚不定。所以，作品中文辞情理的平庸与出众，无不受作者才能的制约；作品美学趣味的刚健与柔顺，也不能脱离作者的气质；论述事物道理的浅薄与精深，更没有听说过能与作者学识的多寡相违背；艺术形式的典雅和鄙陋，也很少与作者的美学习染相反。各人按各人的心性来写作，作品便产生各种不同的风格，这和各人的面貌彼此不同是一样的道理。对于这种"自然之恒姿"，刘勰举出了贾谊、司马相如、扬雄、刘向等例证：

> 是以贾生俊发，故文洁而体清；长卿傲诞，故理侈而辞溢；子云沉寂，故志隐而味深；子政简易，故趣昭而事博；孟坚雅懿，故裁密而思靡；平子淹通，故虑周而藻密；仲宣躁锐，故颖出而才果；公幹气褊，故言壮而情骇；嗣宗俶傥，故响逸而调远；叔夜俊侠，故兴高而采烈；安仁轻敏，故锋发而韵流；士衡矜重，故情繁而辞隐。触类以推，表里必符，岂非自然之恒资，才气之大略哉！（刘勰，2012：383—384）

是故"吐纳英华，莫非性情"（刘勰，2012：383）。风格流露作者的本相，成于心而形于外。风格如人，其异如面。如是之说，写作如此，翻译亦然。译者的才能、气质、学识、习染等所陶染而成的个性，必然盈溢于翻译风格。翻译风格是译者个性的反映，各个译者的个性不同，便产生了不同的翻译风格。

《道德经》第四十二章说："道生一，一生二，二生三，三生万物。"《周易·系辞上传》说："《易》有太极，是生两仪，两仪生四象，四象生八卦。"八卦演化成六十四卦，六十四卦演化成对万事万物的普遍性概括。万事万物处于普遍联系之中，在对立统一中发展。宇宙是一个系统，人类社会是一个系统，文化是一个系统，翻译风格也是一个系统，它们分别实现自己的太极建构。就翻译风格而言，其自身的建构是多元的、多层面的，其间各组成部分共依共存，相互联系。我们可以设想，类似"乾"、"坤"、"震"、"巽"、"坎"、"离"、"艮"、"兑"构成八卦，"（典）雅"、"（新）奇"、"显（附）"、"（远）奥"、"（精）约"、"繁（缛）"、"壮（丽）"、"轻（靡）"八体构成既互相对立又互相交错的翻译风格，各体向心于"成心"（人的个性化心理结构），如图 9.1 所示。

图 9.1   翻译风格

　　从图中可以看出，八体构成翻译风格世界的基本类型。它们所具有的基础意义，就在于它们的组合意义。八体远不是翻译风格世界所有类型的总和，但是以此作为基点所建立的各方的联系却是无穷无尽的，足以概括整个翻译风格世界的运动态势。八体犹如八种单色，单色是有限的，但是由它们所构成的色调组合却是无穷的，这也如八卦演生六十四卦，六十四卦演生万事万物一样。这种组合的无穷性，是人的"成心"的个异性的反映。成心犹如圆心，圆上所有的射线都由它所原发并向它集中，由此构成了一个"各师成心，其异如面"的多样性统一的翻译风格世界的整体。唯其如此，才能够收到"八体虽殊，会通合数"，"文辞根叶，苑囿其中"的"以少总多"的概括效果（刘业超，2012：1236—1237）。也可以说，像八卦一样，八体包乎万变。

　　我国翻译史上，翻译大家无不具有自成一体的翻译风格。例如，鸠摩罗什"善披文意，妙显经心，会达言方，风骨流便"（道宣，转引自王秉钦、王颉，2009：13），其译文辞旨婉约，自然流畅，声韵俱佳，有"天然语趣"；玄奘译经既求真又喻俗，"直译意译，圆满调和，斯道之极轨也"（梁启超，2009a：105）；梁启超的译文文笔恣肆，情感汪洋，其译述方式有"豪杰译"的美称（王秉钦、王颉，2009：48）；郭沫若的译文"字句、意义、气韵"三者"不走转"，被称之为"风韵译"（王秉钦、王颉，2009：168）；"鲁迅的译作凝重洗练、言之凿凿；朱生豪的译笔浑厚畅达、大势磅礴；傅雷的译品圆熟流畅、文采照人；钱锺书的译文酣畅顺达、笔下生辉；巴金的翻译明白晓畅、文气自然。"（方梦之，2011：91）同一部《哈姆雷特》（Hamlet）原著，梁实秋、卞之琳、朱生豪翻译出不同的风格：梁氏风格骈散互用，相映生辉；卞氏风格诗情浓郁，金声玉振；朱氏风格行文流畅，文辞华赡（王秉钦、王颉，2009：223）。在《论语》译本中，译者的不同个性使其呈现百花齐放的态势。"理雅各严谨的学者气质，辜鸿铭的博学而古怪的个性，林语堂的作家气质，庞德的诗人气质，以及安乐哲与罗思文的哲学家气质都使各自的译本风格互不相同。"（倪蓓锋，2010）

　　英国语言学家和翻译理论家西奥多·萨瓦里认为，文学翻译中的"风格"就是一篇作品的主要特征与精华所在，是作者创作时的个性与情绪的产物（Savory，1957：54）。翻译风格反映译者个性，研究翻译风格，绕不过译者个性。捷克斯洛伐克著名翻译理论家依瑞·列维（Jiří Levý）

认为，译者和原文作者一样也是创作者，同样具有创作个性。"可以把译作看成译者个性的反映，也可以分析完整的译作中译者的个人风格和他的创造性阐释成分，因为译者是自己时代和民族的作家，可以从两个民族在文学发展中的差异和两个时代的诗学差异这一角度来研究译者的诗学。最终，还可以把作品背后的译者的翻译方法看成是在翻译发展中某个特定的翻译规范、特定阶段的反映。"（转引自郑敏宇，2013）

三　译者风格与原作风格的统一

处理翻译中的风格问题涉及译者风格与原作风格如何统一的问题。犹如阴阳两种势力，译者风格与原作风格是翻译中风格运动的矛盾双方。妥善处理这一对矛盾，就是让双方达致和谐统一、"阴阳合德"的状态。矛盾的对立和统一，具有严格的"度"的规定性。正是这种度的规定性，将矛盾的两个对立面维系在最优化的范围内，使矛盾中的各种因素的积极作用都能得到充分的发挥，带来最优化的实践效果。这种度的最佳位置，我们的先哲称作"中和"。《尚书·大禹谟》说："允执厥中。"《道德经》第四十二章说："万物负阴而抱阳，冲气以为和。"《论语·雍也》说："中庸之为德也大矣哉！"《荀子·解蔽》说："无欲，无恶，无始，无终，无近，无远，无博，无浅，无古，无今，兼陈万物而中县衡焉。是故众异不得相蔽以乱其伦也。"《周易·系辞下传》说："阴阳合德而刚柔有体。"如此等等，都是对这一境界的哲学阐释和理论标举。"和"，就是各个矛盾方面的兼容，"中"，就是各个矛盾方面的适度。兼容与适度，是中华哲学的最高追求，表现在美学领域中，就是一种和谐的美。翻译风格应追求这种和谐美。如何达致这种和谐美呢？笔者认为以下三方面值得重点考虑。

（一）材料选择：各从其类

《乾·文言传》道：

九五曰"飞龙在天，利见大人"，何谓也？子曰："同声相应，同气相求；水流湿，火就燥；云从龙，风从虎；圣人作而万物睹；本乎天者亲上，本乎地者亲下，则各从其类也。"（九五爻辞说"巨龙高飞上天，利于出现大人"，讲什么意思呢？孔子指出："这是譬如同类的声音互相感应，同样的气息互相求合；水向湿处流，火向干处烧；景云随着龙吟而出，谷风随着虎啸而生；圣人奋起治世而万物显明可见；依存于天的亲近于上，依存于地的亲近于下，各以类相从而发挥作用。"）

"同声相应，同气相求"，告诉我们一种思维方法。这种思维方法就是"各从其类"的方法，也就是"取象比类"的方法。为什么说飞龙、天、大人是同一类的事物呢？因为他们是"同声同气"，是同"象"，"象"从某种意义上讲就是"类"。同类即功能属性相同。功能属性相同、相近的事物可归于一类，可以放在一起。"水流湿，火就燥；云从龙，风从虎"，水与湿，火与燥，龙与云，风与虎，这都是同类，这是方法学的解释。所以"圣人作而万物睹；本乎天者亲上，本乎地者亲下，则各从其类也。"飞禽、云、雾之类"本乎天者"肯定亲上；植物一类"本乎地者"离不开大地（张其成，2009：95）。

"取象比类"的方法也可应用于翻译风格研究。在选择翻译材料时，译者宜于"各从其类"。所选作品的风格与自己的风格越接近越好，以能达到"同声相应，同气相求"的效果为最佳。郭沫若能译出《雪莱诗选》这样的佳作，是因为他与雪莱"同声同气"，产生了"共鸣"。他说：

> 男女结婚是要先有恋爱，先有共鸣，先有心声的交感。我爱雪莱，我能感听得他的心声，我能和他共鸣，我和他结婚了。——我和他合二为一了。他的诗便如像我自己的诗。我译他的诗，便如像我自己在创作的一样。（郭沫若，2009：405）

译者能与原作者产生情感的沟通，达到心灵的共鸣，翻译时两者的风格便易于融合，原作的"气韵"也易于传达。那"神品"也往往"于最不经意时得来"（王秉钦、王颉，2009：170）。

我国传统译论向来就有译者所选翻译作品的风格应与其自身风格相一致的提法。王佐良说："就译者来说，个人的条件决定了适应于译何种性质的语言，不宜于译另外性质的。他应该选择与自己风格相近的作品来译，无所不译必然出现劣译。"（转引自方梦之，1998：87）杜承南也曾说："如果动笔前选择和自己风格吻合或近似的作家和诗人，如傅雷译巴尔扎克，汝龙译契诃夫，屠岸译莎士比亚，就可以译得文才横溢，相得益彰。"（杜承南，1994：291）傅雷认为，选择一部作品翻译，最好看作品与自己的气质是否相符："选择原文好比交朋友：有的人始终与我格格不入，那就不必勉强；有的人与我一见如故，甚至相见恨晚。"（傅雷，2009b：693）萧乾在选择作品时，特别强调"喜欢上了才译"："只是译的必须是我喜爱的，而我一向对讽刺文字有偏爱，觉得过瘾，有棱角，这只是我个人选择上的倾向。""由于业务关系，我做过一些并不喜欢的翻译——如搞对外宣传时。我认为好的翻译，译者必须喜欢——甚至爱上了原作，再动笔，才能出好成品。"（萧乾、文洁若、许钧，63—64）成仿吾在谈到译诗的选材时认为，译诗要选择自己有研究的、流派和风格与自己相近的、有深切人生体验的诗人和诗作。成仿吾早期译诗与他的创作一样偏重于浪漫主义流派，多取"幽婉"风格的作品，他以自己的人生体验深入感受原作的诗情，力求受到原作者灵感和悟性的熏染，引起共鸣。因此他译的魏尔伦的《月明》、《秋之夜》等作品传达出了原诗所期待的艺术境界，被传为"诗坛瑰宝"（王秉钦、王颉，2009：179—180）。

韩生民认为，缩小译者风格与原作风格之间的"天然差距"，实现两者"统一"的手段之一是：

> 译者要尽量选择同自己风格接近的作品来翻译。翻译家就像演员一样，有的适合演正面人物，有的适合演反面人物，有的擅长悲剧角色，有的擅长喜剧角色。如果不顾演员的个人特点，抓一个角色就演，演员就很难把剧中的人物形象刻画好。翻译亦如此，原作风格同译者风格愈是接近，彼此产生"共鸣"的机会就愈多，"共鸣"机会愈多，表达时就愈容易成功。难怪古往今来不少翻译家往往选取适合自己口味的作品来翻译。玄奘法师一生从事佛经的翻译，因为他要传扬佛教道义；严复翻译的作品全都是社会政治著作，因为他要鼓吹"西学救国"，宣扬维新思想；鲁迅则热衷于介绍俄罗斯和东方弱小民族的文学，因为他要做"盗取天火给人间"的"普罗米修斯"；果戈理的作品大多为满涛所译；契诃夫的作品则与汝龙结下了不解之缘。草婴专心从事经典小说的翻译，不译诗，不译剧本，据他本人

说，之所以不译诗，是因为不会作诗；之所以不译剧本，是因为讲不好普通话。雪莱诗之所以译得传神，也正如译者江枫自己所说："我译雪莱，是因为我爱雪莱。"这些都说明：一个严谨的译者往往不是信手拈来一本书就译，而是根据自己的志向、爱好、风格来精心选择原著的。（韩生民，1984）

如果译者能"根据自己的志向、爱好、风格来精心选择原著"，那么译者便会寻找与自己思想倾向、道德倾向、审美倾向等趋于一致的作者，继而产生"同声相应，同气相求"的效应。

（二）原文理解：心悟神解

"心悟神解"指领悟透彻，意若《周易》中所说的"精义入神"。《系辞下传》有言："精义入神，以致用也；利用安身，以崇德也。"（精研道义、深入神理，是为了进献才用；利于施用、安处其身，是为了增崇美德。）所谓"精义"，包含有审美主体对审美客体理性鉴赏和专精观照之义；所谓"入神"，主要是超越理性观照，直接进入神化之境，达到最高的审美境界。"入神"作为最高的审美境界，其基本特征是审美主体与审美客体融通为一，审美主体全身心地投入审美客体中，此时已无所谓主客之分，亦无内外之别（张立文、莫艮，2005：172）。这犹如庄子的"万物与我为一"（《庄子·齐物论》）和刘勰的"神与物游"（《文心雕龙·神思》）的境界。用现代美学的语言来说，就是"移情"。移情既是主体情感的外在化、客体化、物质化（由我及物），又是客体对象的拟人化、主体化、情景化（由物及我），两者相互渗透相互推进（刘宓庆，2005a：220）。翻译中，主体"我"是译者，客体"物"是原文的审美构成。客体受主体的情感投射即是"由我及物"，投射的反馈即是"由物及我"，投射和反馈是相互交织、不断进行的，以求实现"物我合一"。但翻译不止于此，还要达至"再现"。翻译中的再现即译文之出。而译文之出不是从原语到译语简单的、机械的形式转换，它应是翻译审美移情的结晶。而翻译中，审美移情的关键是译者对原文美的"凝神观照"，也可以说是"精义入神"，没有译者的"精义入神"，"情"就无法获得动势，也就无法做到"神与物游"。

要做到精义入神，译者必须全神贯注于所译作品，仿佛自己进入其中角色，这就像演戏一样，"译者必须置身于剧中，犹如亲临其境（present at the spot），亲历其事（involved in the very occurrence），亲睹其人（witnessing the very parties concerned），亲道其语（iterating the very utterance），亲尝其甘，亲领其苦（experiencing the very joy and annoyance），亲受其祸，亲享其福（sharing the very weal and woe），亲得其乐，亲感其悲（partaking of the glee and grief）"（Maryann，转引自汪榕培、王宏，2009：146—147）。翻译过程中，对原文的理解如能达到"精义入神"的程度，译者便能领会其意旨，把握其风格，创作出理想的译文。诚如马建忠在《拟设翻译书院议》中所说：

> 夫如是，则一书到手，经营反复，确知其意旨之所在，而又摹写其神情，仿佛其语气，然后心悟神解，振笔而书，译成之文，适如其所译而止，而曾无毫发出入于其间，夫而后能使阅者所得之益与观原文无异，是则为善译也已。（马建忠，2009：192）

所谓"摹写其神情"、"心悟神解"，也都着眼于一个"神"字。得原文之神情，又能摆脱原文字栉句比的束缚，而达到"心悟神解"，才谈得上"善译"。可见，在马建忠的心中，翻译离不开"神"的运作（刘宓庆，2005a：69）。掌握了原文的"神"，便领略了原文的审美韵味和个性风格。

翻译如能进入一种"心悟神解"的状态，一种林以亮在《翻译的理论与实践》中所描述的翻译审美境界就会出现："译者和原作者达到了一种心灵上的契合，这种契合超越了空间和时间上的限制，打破了种族上和文化上的樊篱，在译者而言，得到的是一种创造上的满足；在读者而言，得到的则是一种新奇的美感经验。"（林以亮，1984：228）这样的翻译审美境界，包含着对原作风格的领悟标出。

（三）译文表达：适中得当

"适中得当"，就是中和，恰到好处，无过无不及，就是以最佳的适度实现对立面的兼容与和谐。刘勰在《文心雕龙·序志》中说："擘肌分理，惟务折衷。"（刘勰，2012：619）他对"折衷"的标举，即发端于《周易》的中和思想。

要使译者风格与原作风格和谐统一，译文表达无疑要适中得当。我国著名翻译理论家刘重德（1991：24）提出了"信、达、切"三字翻译标准：信——信于内容；达——达如其分；切——切合风格。"切合风格"就是恰如其分地传达原作风格。他还认为，要想比较好地再现原作风格，译者必须具备两个观点：

> 首先是宏观的观点，即文学的观点。译者要时刻记得自己所译的乃是别人写的文学作品，因而应该力争用适当的或相应的文学语言使译文成为符合原作思想、感情和语言风格的另一件艺术品，同样感人，同样生动，读者能够得到同样的美的感受。光是译出原作意思，行文也相当通顺，而不去设法再现风格，就文学翻译而论，那是远远不够的。

> 其次是微观的观点，即语言学的观点。在翻译过程中，章章句句字字，都要推敲琢磨，选择最佳的表现法来满足再现原作思想、感情和风格的需要。风格，从语言学观点看，主要是通过章、句、字的巧妙配合而成的。因此，如果有个别字句译得不够理想，也影响不了整篇或整部作品的风格大局的。只要字句章所配合形成的总的情调或神韵再现出来了，也就可以说再现了原作的风格。

> 风格离不开语言，更具体一点说，也就是离不开章法、句法和字法（即词法），章字句等为风格依托的基础。

> 《文心雕龙》的著者刘勰早就阐明了章、句、字和整篇文章气势神韵的关系。他说："因字而生句，积句而成章，积章而成篇；篇之彪炳，章无疵也；章之明靡，句无玷也；句之菁英，字不妄也。"这历来是文章家追求的目标，而今天的翻译工作者也应全力以赴，既力求切合，至少接近，全部原作的神韵风格而达到神似，又力求译好字、句、章而达到形似。神形俱似，方臻上乘。（刘重德，1988）

宏观的观点与微观的观点结合，运用于翻译实践，风格的传达才能适中得当，从而达到"致中和"的目的。

吕叔湘先生说过：

> 有一个原则是贯穿于一切风格之中，也可以说是凌驾于一切风格之上，这个原则可以叫做"适度"，只有适度才能不让藻丽变成花

哨，平实变成呆板，明快变成草率，含蓄变成晦涩，繁丰变成冗杂，简洁变成干枯。这个原则又可以叫做"恰当"，那就是该藻丽的地方藻丽，该平实的地方平实，……不让一篇文章执着于一种风格。综合这两个方面用一个字眼来概括，就是"自然"，就是一切都恰到好处。（转引自王健，2000）

"自然"，即"适中得当"，文随其体，语随其人，这就是译者应追求的翻译风格。

郑海凌在《文学翻译学基本范畴新论》中对译文表达要做到适中得当的有关论述十分令人信服：

> 在翻译过程中，原作里的每一个词句，甚至每一个标点，在译者的把握里都具有可选择性。译者所选择的表达对原作来说可以是不忠实的，但在译作的具体语境里必须是"适中"与"得当"的。翻译家可能意识不到这一点，但他的潜意识里有一种敏锐的分寸感，他是凭着这种分寸感进行选择的。人们喜欢把成熟的艺术境界称为"从心所欲不逾矩"。这里的"矩"，就是中国哲学里所说的"度"。"'度'就是'掌握分寸，恰到好处。'"（郑海凌，2006：88）

> "和谐"以适中与得当为核心精神，形成一种普遍的和谐的关系体系。译者在翻译过程中从整体着眼从局部着手，按照既要适中、又要协调的准则行事，处处把握分寸，随时随地选择一种最为正确、与各方面的关系最为协调的表达方式。"和谐"包含译者的创新。翻译的艺术就是因难见巧，在不和谐中创造和谐。好的译文与原文"和"而不同，平庸的译文与原作同而不"和"。（郑海凌，2006：89）

译者风格发乎于译者个性，形之于译语文本。译文与原文分属于两个不同的语言文化体系，原文经过译者艺术性加工而形成译文，期间经历了一个创造性的异化过程，融入了译者的创造性劳动成果。这种创造性劳动成果包括译者风格与原作风格的结合。理想的译文中，译者风格与原作风格异而相通，并行不悖，和谐统一。

翻译风格体现在译作中，译作折射翻译风格。分析译作可以看出翻译风格。这里择取一些作品或作品片段作简要分析，以期对其所体现的翻译风格窥见一斑。

> （1）迫至隋，
> 　　一土宇。
> 　　不再传，
> 　　失统绪。

> （王应麟《三字经》）

> Suih, so grand,
> United the land.
> It did bloom
> Before its doom.

> （赵彦春，2014：304）

南宋王应麟所作《三字经》文笔自然流畅，朴实无华，深入浅出，情真意切，内容与形式浑然交融一体。《三字经》内容大都采用韵文，每三字一句，四句一组，像一首诗，背诵起来如唱儿歌，用来教育子女朗朗上口，十分有趣，又能启迪心智，所以历来备受赞誉，广为流传，经久不衰。所选原文的意思是说，杨坚重新统一了中国，建立了隋朝。他的儿子隋炀帝杨广即位后，荒淫无道，隋朝很快就灭亡了。既要传达原文语义又要展现原文风格之美，收到与原文类似的效果，对译者是很大的考验。天津外国语大学赵彦春教授尝试用"三词＋押韵"的模式翻译，译文非常成功。译文用英语三词对译汉语三字，以偶韵体 aabb 韵式类比原文 abcb 的汉语传统韵式，此外，还采用了头韵（Suih, so/bloom, before/did, doom）和尾韵（united, did）手法。在语义再现方面，译文腾越原文字面，以新的表征方式直取要旨，如"so grand"彰显隋代一统天下的气势；"bloom"和"doom"形成巨大反差，前者喻指隋代为期不长却达到一个历史高峰、造就一段历史辉煌的事实，后者暗含隋代"失统绪"的命运。此译结构简洁，用词奇妙，音韵和谐，与原文看似若即若离，却颇得其趣旨（赵彦春，2014：304—305）。

赵教授的译文在深层次上实现了与原文的契合，别具灵动之美，这归结于他的翻译风格。他长期致力于《诗经》等经史子集的研究与翻译，属于德国翻译理论家凯瑟琳娜·赖斯（Katharina Reiss）在《翻译批评——潜力与制约》（*Translation Criticism: The Potentials and Limitations*）中论及译者个性时所提到的美学型译者（Reiss, 2004: 110）。美学型译者对艺术或美学极具天赋，因此最适合翻译注重形式的文本，而这在赵教授所译《三字经》中得到充分体现，此例尤甚。

　　（2）无边落木萧萧下，

　　　　　不尽长江滚滚来。

（杜甫《登高》）

The boundless forest sheds its leaves shower by shower;
The endless river rolls its waves hour after hour.

（许渊冲，2006: 19）

　　原文对仗工整，节奏错落有致，形成"玲玲如振玉，累累如贯珠"般的优美旋律；景物描写生动，寓意深远，具有惊听回视、动心惊耳的效果。译文用"boundless"和"endless"分别传达"无边"和"不尽"的意思，非常贴切。传译"落木萧萧"时，译文重复"shower"（和"萧"谐音）并用了三个带 sh 的具有相同头韵的词创造三个带草字头的汉字所具有的音、形、意的效果。传译含有三个三点水的"长江滚滚"时，译文用了两个带 r 的相同头韵的词，"滚滚"的基本意思传达出来了，但形美和音美方面显得不足。于是译者便采取了"以创补失"的方法：加上"hour after hour"（时时刻刻）这个叠字片语。因为原诗"不尽"可以包括空间和时间两方面的含义，在空间方面是无穷无尽，在时间方面是时时刻刻。所以加上这个片语，创造了一个叠字片语来弥补形美方面的损失（许渊冲，2006: 19）。总的说来，译文对景物的形象描写和对寓意的隐含衬托使其语言与原文一样富于意象和隐喻，因此很好地传达了原诗的意境和语用意图，体现了许渊冲"以创补失"的翻译风格。

　　（3）是谁多事种芭蕉？早也潇潇，晚也潇潇；

　　　　　是君心绪太无聊；种了芭蕉，又怨芭蕉。

（蒋坦《秋灯琐忆》）

What busy body planted this sapling?

Morning tapping, evening tapping.

It's you who are lonesome, fretting;

Banana getting, banana regretting.

（林语堂译，转引自冯庆华，2002：310—311）

蒋坦的《秋灯琐忆》是一首典型的中文韵文律诗，全诗只用了一个 /ao/ 韵，且一韵到底。林语堂以其大师级的艺术天赋领悟原文，进行另辟蹊径的创译：以 /iŋ/ 为韵脚承接原文的 /ao/ 韵，加上拟声词"tapping"对应芭蕉被风吹动的潇潇声，巧妙地传达了原文的意趣。

（4）"嫂子不知道，如今除了我随手使的几个丫头老婆之外，我就怕和别人说话：她们必定把一句话拉长了，作两三截儿，咬文嚼字，拿着腔儿，哼哼唧唧的，急得我冒火。"（曹雪芹、高鹗《红楼梦》第二十七回）

"You have no idea, cousin", she said, turning to Li Wan again. "Apart from the one or two girls and one or two older women that I always keep about me, I just dread talking to servants nowadays. They take such an *interminable* time to tell you anything—*so* long-winded! And the airs and graces they give themselves! and the simpering! and the um-ing and ah-ing! If they only knew how it makes me *fume*!"（David Hawkes 译，转引自张学谦，2012）

原文是《红楼梦》第二十七回中王熙凤对李纨讲的一段话。其中的"咬文嚼字，拿着腔儿，哼哼唧唧"可用英文"mince"（装腔作势地说）、"drawl"（慢吞吞地说，拉长调子讲）、"stutter"（结结巴巴地说）等词连用来表达。但霍克斯创造性地使用拟声词"um"和"ah"加上"-ing"使之名词化，让读者仿佛听见丫鬟们说话时不时发出的"嗯"、"啊"的停顿声。此外，除了短语间的两个"and"，句中三个连接短句的"and"使整个句子读起来有种冗长难尽，让人不耐烦的感觉。这对原文讲话者描述的情状摹写得十分真切，从而较好地再现了原文的语气风格（张学谦，2012）。

（5）这人吹弹歌舞，刺枪使棒，相扑顽耍，亦胡乱学诗书词赋；若论仁义礼智，信行忠良，却是不会。（施耐庵《水浒传》第一回）

This man could blow a wind instrument, could play a stringed instrument, could dance, could shoot, could fence and move swiftly, could play about at anything. He had also learned to compose a little poetry and he could write characters and make such compositions as rhymes and songs. But in the five virtues, in patience, pity, purity, wisdom, reliability, perfection in accomplishing anything, in loyalty and righteousness, he had no ability whatsoever. (Pearl S. Buck 译，转引自张荣梅，2011)

原文取自我国古典名著《水浒传》第一回，译文出自美国诺贝尔文学奖得主赛珍珠之手。译文明显的特征是在字眼选择、词组搭配、节奏把握、句子结构（此处主要是并列句）方面展现出汉语的强烈意味，具有异化风味。这就是赛珍珠传递汉语特点的一种风格，其目的是达到她所追求的译文效果："将中文翻译为与在汉语中具有相同意义的英文，使得英语读者的感受与汉语读者相同。"（Bentley，转引自董琇，2010）

（6）Szabadság, Szerelem!
　　E kettő kell nekem.
　　Szerelmemért föláldozom
　　Az életet,
　　Szabadságért föláldozom
　　Szerelmemet.

（Petőfi Sandor, *Szabadság, Szerelem!*）

Liberty, Love! These two I need. For my love I will sacrifice life, for liberty I will sacrifice my love. (William Jones 译，转引自王秉钦、王颉，2009：374)

　　生命诚可贵，
　　爱情价更高；

若为自由故，

两者皆可抛。

（殷夫译，转引自王秉钦、王颉，2009：374）

这首题为《自由与爱情》的短诗出自匈牙利爱国诗人裴多菲·山陀尔之手。其创作背景是：1846 年诗人遇到美丽的尤利娅，两人互相倾慕而相爱，但是这段感情遭到尤利娅父亲的反对，诗人为此非常痛苦。时值奥地利人入侵匈牙利，民族危亡迫在眉睫，救亡图存义不容辞。诗人有感于此，于 1847 年写下了这首蕴含内心真情的诗，表达了自己对生命、爱情、自由这三者关系的认识与选择，也激励着当时的匈牙利人民为民族独立与自由而战。汉语译文是我国著名诗人殷夫（白莽）1929 年创作的。殷夫的译诗，考虑到中国律诗的特点，把每一句都译成五言，句式整齐，节奏明快，音韵和谐，读起来抑扬顿挫，朗朗上口，为人们所熟知。不过，这种译法对原诗的面貌作了较大的改动，译者将自己的风格融入译作中，而效果却"出原著头"。此译诗发表后，它曾鼓励过许多青年激昂奋起，为自由而奋斗。据传，红军长征时有人把它写在战士背上，相互朗诵着鼓舞士气。后来，这首诗被纳入中学语文教材，大凡有中学文化水平的中国人都会背诵，都知道这是匈牙利诗人裴多菲的名作，它成了中国读者最为熟悉的外国文学作品之一。

（7）Methinks I see in my mind a noble and puissant nation rousing herself like a strong man after sleep, as shaking her invincible locks. (John Milton, *Areopagitica*)

我觉得，我在自己的心中瞥见了一个崇高而勇武的国家，仿佛一个强有力者那样，正从其沉睡中振身而起，风鬟凛然。（高健译，转引自冯建文，2001：207）

原文取自约翰·弥尔顿 1644 年出版的《论出版自由》，其中比喻形象生动，蕴含苍劲有力的气势，反映着作者雄浑的写作风格。译文切中原文风格，妙笔生花，尤其尾句"振身而起，风鬟凛然"尽显译者语言运用之功，堪称鬼斧神工之作。

　　（8）Studies serve for delight, for ornament, and for ability. Their chief use for delight, is in privateness and retiring; for ornament, is in discourse; and for ability, is in the judgment and disposition of business. (Francis Bacon, *Of Studies*)

　　读书足以怡情，足以傅彩，足以长才。其怡情也，最见于独处幽居之时；其傅彩也，最见于高谈阔论之中；其长才也，最见于处世判事之际。（王佐良译，转引自黎昌抱，2009：176—177）

　　谈翻译风格，不少人谈及王佐良的翻译风格论及其代表作《谈读书》。原文出自英国著名散文家弗朗西斯·培根之手，其特点是：主题严肃，结构严谨，逻辑性强，文字洗练，风格凝重，哲理深邃。要译出这篇文章的语义和风格实非易事。王佐良以其深厚的学养及其对原文精义入神的理解，用极其相近的语言风格创造出了后人难以逾越的译文。所选原文的第一句中，"delight"、"ornament" 和 "ability" 分别代表了读书的三种功能，意义明确，一字千金。王佐良的译文也用了三个词"怡情"、"傅彩"和"长才"，恰好一一对应，几乎完美无缺，很难找到其他词来替代。若换之以较长的词语，如"给人乐趣"、"美化谈吐"和"增长才干"之类，意思虽然相似，但由词增长到短语，其效果就大不一样了。第二句重复第一句的三个 for 结构，对应三个 in 开头的短语，这样的排列不仅形成了均衡的结构，而且深化了意义。译文接着第一句连用三个"足以"后，第二句在"其"这一词后连用了三个"最见于"短语，非常贴切地传达了原文的风格（靳新，2009）。正如王晓军（2002）所评价的："王佐良先生略带古奥的、浅近的汉语文言文体，高度凝练而又极其准确的用词，流畅简约的行文遣句，浑然一体的风格，令人不仅得到思想的教益，而且得到美的艺术的享受。"

　　（9）So sweet a kiss the golden sun gives not
　　　　To those fresh morning drops upon the rose,
　　　　As thy eye-beams when their fresh rays have smote
　　　　The night of dew that on my cheeks down flows.

Nor shines the silver moon one half so bright

Through the transparent bosom of the deep,

As doth thy face through tears of mine give light:

Thou shin'st in every tear that I do weep;

No drop but as a coach doth carry thee:

So ridest thou triumphing in my woe.

Do but behold the tears that swell in me,

And they thy glory through my grief will show:

But do not love thyself; then thou wilt keep

My tears for glasses, and still make me weep.

O queen of queens! how far thou dost excel,

No thought can think, nor tongue of mortal tell.

(William Shakespeare, *Love's Labor's Lost*)

旭日不曾以如此温馨的蜜吻

给予蔷薇上晶莹的黎明清露，

有如你的慧眼以其灵辉耀映

那淋下在我颊上的深宵残雨；

皓月不曾以如此璀璨的光箭

穿过深海里透明澄澈的波心，

有如你的秀颜照射我的泪点，

一滴滴荡漾着你冰雪的精神。

每一颗泪珠是一辆小小的车，

载着你在我的悲哀之中驱驰；

那洋溢在我睫下的朵朵水花，

从忧愁里映现你胜利的荣姿；

但请不要以我的泪作你的镜子，

你顾影自怜，我将要永远流泪。

啊，倾国倾城的仙女，

你的颜容使得我搜索枯肠也感觉词穷。

(朱生豪，1978：589)

这是莎士比亚《爱的徒劳》第四幕中那瓦国王写的一首情辞并茂的情诗。原文铿锵有力，内涵丰赡，意趣圆足，恰似一段优美的华章娓娓道来，给人以无穷的审美情趣。译诗无论在语气、节奏，还是句子的抑扬顿挫、全诗的神韵上都与原文吻合，主人公饱含的激情通过朱生豪不朽的笔调倾诉出来，达到了极高的美学境界。整段译文风流蕴藉，音韵铿锵，诗情画意，美不胜收。"温馨的蜜吻"一语，尤其是神来之笔，译者赋予了太阳的光辉以极为丰富的情感（朱安博，2013）。此例译文从一个侧面证实朱生豪践行了自己提出的"求于最大可能之范围内，保持原作之神韵"（朱生豪，2009：539）的翻译主张。

泰山气势雄伟磅礴，风景壮丽，有"五岳之首"、"天下第一山"之称；黄山以奇松、怪石、云海、温泉、冬雪"五绝"著称于世，拥有"天下第一奇山"之名；华山山势峻峭，壁立千仞，群峰挺秀，以险峻称雄于世，有"华山天下险"、"奇险天下第一山"之说；峨眉地势陡峭，清幽毓秀，有"秀甲天下"之誉……山因自己的个性而呈现出千姿百态。雄也美，奇也美，峻也美，秀也美。万事万物因个性本真而美丽。优秀译作因独具风格而受人传诵欣赏。林语堂在《论翻译》一文中说：

> 一作家有一作家之风度文体，此风度文体乃其文之所以为贵。Iliad 之故事，自身不足以成文学，所以成文学的是荷默之风格（Homer's Manner）。《长恨歌》、《会真记》之故事，虽为动人，而终须元稹、白居易之文章，及洪昉思与王实甫之词句，乃能为世人所传诵欣赏。故文章之美，不在质而在体。体之问题即艺术之中心问题。所以我们对于我们所嗜好之作者之作品，无论其所言为何物，每每不忍释手，因为所爱是那位作者之风格个性而已。凡译艺术文的人，必先把其所译作者之风度神韵预先认出，于译时复极力发挥，才是尽译艺术文之义务。（林语堂，2009：505—506）

文学艺术中，风格是作家、艺术家在创作中表现出来的艺术特色和创作个性，具有独创性、稳定性、多样性等特性。风格与语言融为一体，翻译不仅要传达原文的基本含义，还要传达原文的风格。而传达原文风格要靠译者的创造性劳动。译者和原文作者一样也是创作者，同样具有创作个性，有自己的风格。翻译风格融合了译者风格和原作风格，具有二重性。为使两者完美融合而达到"中和"状态，笔者从大易的视角建议译者做到：（1）材料选择：各从其类；（2）原文理解：心悟神解；（3）译文表达：适中得当。这为翻译风格研究提供了一个新的视角和方法。

第十章

翻译距离

距离产生美。宇宙自然与人类社会皆然。不过，"距离"概念在不同的领域含义可能不同，甚至差异很大。而且"距离产生美"中的"距离"是指适当的距离，即无过无不及的距离，过与不及的距离难以产生美。怎样认识、把握和调整翻译距离，使其产生翻译之美呢？这是本章要重点回答的问题。

一 "翻译距离"概念溯源

《现代汉语词典》将"距离"解释为：① 在空间或时间上相隔：天津~北京约一百二十公里 | 现在~唐代已经有一千多年。② 相隔的长度：等~ | 拉开一定的~（中国社会科学院语言研究所词典编辑室，2002：685）。这是对"距离"的基本解释。在美学中，"距离"指的是一种心理距离，即介于我们自身和那些作为我们感受之根源或媒介的对象之间的距离。作为一个美学范畴，"距离"这一概念源于德国古典哲学创始人伊曼纽尔·康德（Immanuel Kant）的"审美无利害性"。康德在《判断力批判》中提出，一个关于美的判断，只要夹杂着极少的利害在里面，就会有偏爱而不是纯粹的审美判断。康德的这一命题为现代美学心理距离观念的提出提供了理论支撑（杨向荣，2010）。20世纪初，瑞士心理学家、美学家爱德华·布洛（Edward Bullough）在批判传统美学拘泥于美的客观性的基础上，专注于对艺术品的观赏而生的心理效应——审美意识或态度，赋予"距离"以新意："距离"不仅是空间或时间的相隔，也是审美活动的一种特殊心理状态，进而提出了"心理距离"理论。这一理论具体见诸于他的《作为艺术要素与审美原则的"心理距离"》中。他认为人有一种观照经验和生活的独特心理，即审美意识；审美意识的发生依赖于主体

对其所意识的客体持有一种特别的态度，即"心理距离"态度（杨玲，2003）。心理距离具有变易性，它既可根据个人保持距离的力量大小而变化，也可依据客体特性而变化。心理距离应保持一种恰到好处的程度，距离既不能太远，太远了就会使人无动于衷，也不能太近以至于消失，这样就会与实用目的分离不开（蒋孔阳、朱立元，2013：112）。布洛的"心理距离"理论在世界美学界引起了很大反响，后来得到广泛运用和推广。

在我国美学界，首先引入"距离"概念的当数朱光潜。他非常重视"距离"这一概念。在他的《悲剧心理学》中，几乎每一章都闪现"距离"的影子。他曾这样论述：人们称赞诗人说他"潇洒出尘"，说他"超然物表"，说他"脱尽人间烟火气"，这都是说他能把事物摆在一定"距离"以外去观照。反过来说，"形为物役"，"凝滞于物"，"名缰利锁"，都是说不能在心物间留出"距离"来。朱光潜对"距离"的分析是："就我说，距离是'超脱'；就物说，距离是'孤立'。"（朱光潜，2012：128）这是对布洛"心理距离"说的阐发。距离在审美主体而言，是"超脱"于为利害盘算所困扰的日常生活中的自我；在对象或客体而言，则是将其从与我们的功利性关系中"孤立"出来，审美活动由此距离化而发生（金慧敏，2007）。

在我国当代翻译史上，傅雷是较早注意距离问题的学者。他在《高老头·重译本序》中指出：

> 两国文字词类的不同，句法构造的不同，文法与习惯的不同，修辞格律的不同，俗语的不同，即反映民族思想方式的不同，感觉深浅的不同，观点角度的不同，风格传统信仰的不同，社会背景的不同，表现方法的不同。以甲国文字传达乙国文字所包涵的那些特点，必须像伯乐相马，要"得其精而忘其粗，在其内而忘其外"。而即使最优秀的译文，其韵味较之原文仍不免过或不及。翻译时只能尽量缩短这个距离，过则求其勿太过，不及则求其勿过于不及。（傅雷，2009a：623—624）

20世纪80年代开始，我国一些学者将"距离"概念应用于翻译研究，以期在翻译的方法论研究上有所新的突破。王忠亮（1986）在《距离等值翻译论》中提出，准确的译文应起到与原文相同的作用；形式上译文和原文之间存在着距离，但本质上译文与原文应该是等值的。他进而提出了距离等值翻译的方法：增减、替代、转换、烘托。郑海凌、许京（2002）在《文学翻译过程中的"距离"问题》中认为，文学翻译的"神似"需要"距离"。"距离"使文学翻译具有"选择性"与"陌生化"。翻译的艺术来自"距离"。"陌生化"的关键在于译者对"距离"的审美的把握。屠国元、李静（2007）在《文化距离与读者接受：翻译学视角》中探讨了翻译中的文化距离现象，指出文化距离是读者接受译作的关键。译者在着手翻译时要"选择"读者，"适应"读者，立体关照读者，提升与"苛求"读者的期待视野，跨越文化距离，争取更大的读者群，扩大译作的接受阈，延长译作的共时和历时寿命。孙艺风（2013）在《翻译的距离》一文中，从认知和实践的层面探讨了距离在翻译过程中是如何运作的。他认为，首先，距离是"时"与"空"的概念，翻译需要面对的是原文和译文之间的时空距离，随之而来的才是语言和文化的距离。其次，在基本意义上，距离意味着差距或差异。有时距离指的其实是差异，后者实质上是距离造成的，有时指的就是差距。距离和位移息息相关，作者与原作读者的距离、作者与译作读者的距离两者在性质上可能迥然不同。距离常由错位引致，故易产生疏离感，需要加以调整……以上学者从不同视角研究翻译距离，各有其理。

二　翻译距离的成因

"翻译距离"主要指译作与原作之间存在的差异，是一种难以全方位弥合的距离。造成这种距离的原因是多方面的，下面作一些分析。

《系辞上传》道："子曰：'书不尽言，言不尽意。'然则圣人之意其不可见乎？子曰：'圣人立象以尽意，设卦以尽情伪，系辞焉以尽言，变而通之以尽利，鼓之舞之以尽神。'"这里所说的"言"，是指用来进行逻辑思维的概念符号系统。所谓"言不尽意"，是指这种抽象的概念符号系统在传情达意中的局限作用，即是说用概念、判断、推理进行逻辑思维的语言有其局限性，它不可能充分表达思想感情。《周易》提出"立象以尽意"，把象看成表意的工具和桥梁，对语言所无法表达的某种深邃隐秘的情思，进行潜移默化的显示，以弥补"言不尽意"的遗憾。

从《周易》有关"言"、"象"、"意"的观念出发分析翻译过程，我们可以明白：翻译理解阶段，译者在阅读原文的过程中，总是最先接触到"言"的层面，而后在脑海中构成"象"的图式，最终才会获得蕴含在原文中的生命体验（"意"）。而在翻译表达阶段，译者必然是反其途而行之，也就是说，译者总是先有了生命的体验（"意"），然后将这种认识扩展到"象"的层面，最终才落实于文字和各种实在的符号。这犹如刘勰在《文心雕龙·神思》中所讲的"窥意象而运斤"，译者依"意象"而创作。

在翻译理解的"言—象—意"和翻译表达的"意—象—言"两个阶段，中间的"意"是连接点，前面的"象"与后面的"象"以及前面的"言"与后面的"言"有联系，但各自不完全一样，甚至会有很大的差别，于是就涉及我们所说的"翻译距离"了。严格地说，翻译理解和翻译表达过程应分别用图 10.1 和图 10.2 表示：

$$言_1——象_1——意 \qquad 意——象_2——言_2$$

图 10.1　**翻译理解**　　　　图 10.2　**翻译表达**

循译者从原文中所得之"意"而追原文作者之"意"，我们又可发现，两者不一样。作者的创作过程是一个"象—意—言"三级生发的思维过程。我们可以用清代著名画家郑板桥如下的一段话作阐发：

> 江馆清秋，晨起看竹，烟光、日影、露气，皆浮动于疏枝密叶之间。胸中勃勃，遂有画意。其实胸中之竹，并不是眼中之竹也。因而磨墨展纸，落笔倏作变相，手中之竹又不是胸中之竹也。（转引自万志全，2010：258—259）

郑板桥所说的"眼中之竹"、"胸中之竹"、"手中之竹"的区别与转化，就是创作过程中"象—意—言"三级生发的形象解说。"眼中之竹"、"胸中之竹"、"手中之竹"有联系但并不相同，甚至存在相当大的差距。陆机说："恒患意不称物，文不逮意。"（《文赋》）刘勰说："当其搦翰，气倍辞前；暨乎篇成，半折心始。"（《文心雕龙·神思》）都是谈及的"言"、"象"、"意"诸因素之间的差距。苏轼对个中之理认识得更加具体："求物之妙，如系风捕影，能使物了然于心者，盖千万人不遇一也，何况于口于手者乎？"（《答谢民师书》）物、心、手之间本来就存在一定的差距。在认识上突破物与心之间的差距以"求物之妙"已极不易，在表达上突破心与手之间的差距就更难了（刘业超，2012：704—705）。创作之难，也就难在这里。

我国当代著名作家冯骥才（1992）曾说：

> 写作时，我被文字淹没。一切想象中的形象和画面，还有情感乃至最细微的感觉，都必须"翻译"成文字符号，都必须寻觅到最恰如其分的文字代号。文字好比一种代用数码。我的脑袋便成了一本厚厚又沉重的字典，渐渐感到，语言不是一种沟通的工具，而是交流的隔膜与障碍——一旦把脑袋里的想象与心中的感受化为文字，就很难通过这些文字找到最初那种形象的鲜活状态。

在文艺创作中，作者本人需要借助文字来"翻译"想象中的形象和心中的感受，而经过文字处理过的形象和感受较之原初萌发的形象和感受会走样。文艺创作尚且如此，更何况翻译。翻译是二度创作。译者所观之"物"是原文，与作家创作一样，物、心、手之间必定有差距，上两图中的"象$_1$"与"象$_2$"之间、"言$_1$"与"言$_2$"之间必定有差距。译者通过阅读原文所得之"意"或欲传达之"意"也必定与原作者所表达之"意"有差距，"翻译距离"因此毫无疑问客观存在。这种客观存在主要由以下几种因素引起。

（一）时空距离

世上万物总是处于永不停息的变化之中。时间在不断变化，于是有分时日月，有春夏秋冬，有世纪，有光年，有古今，有将来。空间在不断变化，于是有前后左右，有东西南北，有周围，有上下，有海角，有天涯。万物的存在脱离不了时空，物有其时，物有其位。

翻译过程中，译者对原文的理解和阐释必然与两个不同的时间紧密联系：一是"文本时间"，即文本自身的历史时间，包括文本诞生的历史时间及其诞生后作为文本延续存在的历史时间；二是"读者时间"，即作为读者的译者将自己所放的特定的历史时间。文本时间与读者时间不可能恰好处于同一时间，它可能是跨世纪和跨时代的，所以这两个时间之间绝对存在一定的距离，这个距离就是我们所说的"时间距离"（曹山柯，1999）。

与时间距离一样，空间距离也是显然客观存在的。翻译是一种跨文化交流，不同的文化处于不同的地理位置，文化具有地域性。不同的地域就意味着不同的空间，不同的空间之间必然有距离。

（二）语言距离

各种语言有其独特的符号系统，其语音、文字、词汇、语法等都有别于他种语言。现以英、汉两种语言为例略加说明。

1. 语音

任何一种语言，都有其独特的语音系统，这一系统有自己的一套发音规律。英、汉语有不同的音位，他们不仅数量上不同，而且性质上各异。在韵律特征方面，英、汉语有各具特色的声调、语调、节奏、音渡、重音位置等。在韵式方面，如头韵、内韵和尾韵，英、汉语各异其趣，互为区别。

2. 文字

文字是语言的视觉符号体系，是听觉系统的规范化记录。英、汉两种文字分别属于不同的文字体系。英语属表音文字，汉语属表意文字。由从思想到文字的途径来看，两者走的不是同一条路。英语走的是一条间接的道路，从概念先到语音再到文字，语音是第一性的，文字是第二性的，文字是"符号的符号"；而汉语走的是一条直接的道路，以形写意，从概念直接到文字，文字是第一性的，语音是第二性的。

英、汉语所属文字体系不同，因而两者在结构形态上表现出很大的差异。比如，英语的音素分布特征使之具有形态发生变化的条件，其动词形态的变化就可以构成被动句、虚拟句等。汉语文字大体成方块形，是一种非音素组合结构，因此不具备形态发生变化的条件。汉字是方块字，这一特点决定了它只能以直接组合的形式组成词，而英语则可以通过音素变化组成词（陈东成，2000：115）。

英语文字系统微观结构属于完全依据语音（音素）的任意符号，其音素组合的任意程度很大，信息量很低。除合成外，英语单词如 cup，pen，water 等数以万计的都是非自释性的，而汉语则不然。汉语文字系统微观结构的图象性很强，任意程度低于表音文字，信息量高于表音文字。汉字的自释性很强，视觉语义分辨率很高（刘宓庆，1991）。如"林"是两个"木"加在一起，一个木是一棵树，两个木代表着更多的树；"焚"是在"林"字下加一个"火"字，意味着"烧"。汉字这种"形入心通"，以形知意的特点就有助于读者对话语的理解和感受。例如，北宋梅圣俞《送江学士睦州通判》中"涉淮淮水浅，泝溪溪水迟"，连用几个与水有关的字，直观刺激，给人一种水行之感；《普净院佛阁上孤鹘》中"鸦鸣鹊噪鹆鹆叫"，用了五个从鸟的字，读者一见，耳边就仿佛响起一片聒噪之声。汉字的这种形、义结合的功能使其语义结构的形成、对接与聚集变得比英语或其他西方语言更加灵活方便。难怪美国意象派诗人埃兹拉·庞德（Ezra Pound）神迷汉字的结构。他认为，汉字有一种他所企求的境界："临即感"、"蒙太奇"以及"视觉上的明晰性"（陈东成，2000：115—116）。

3. 词汇

词是有一定意义，有固定的语言形式，可独立运用的最小的语言单位。英、汉两种语言各自的词汇有其特点。就构词方式而言，英语的构词以派生为主，汉语的构词以复合为主。英语属于屈折型语言，有着丰富的前缀和后缀（总称词缀）。词缀加词根构成派生词，是英语的一种主要构词方式。汉语属于分析型语言，缺少地道的前缀和后缀，词缀附加法在构词上不占重要地位。汉语里应用最广的构词是词根复合法。这种构词法灵活自如，两个词根只要依一定的句法关系就可以构成新词，而且这构词法与由词结合为词组的造句法基本上是一致的。因此，汉语的许多复合词都有可解性，即在共时上可分解为有意义的语素（邢福义，1990：261）。

英语词具有形态发生能力，即词的基本构架不变，但词的数、性、格以及词性发生变化。英语词的形态发生力使其带有形态功能标志和词性标志，从而使英语语法结构显性化，使英语具有比较易于把握的形态程式。汉语词不具备形态发生条件，其微观结构体呈独立的方块形，字与字之间不存在结构联接。这样，汉语词本身就基本上不能显示词性，词性的显示只能靠附加助词或在更大的程度上凭借词在句中的意义来判断。这就使汉语语法隐性化，使汉语语法结构和功能整个处于隐含状态（刘宓庆，1991）。

汉语词汇大都受到两个有词义的词素（字）的互相制约，词义比较严谨，词的含义范围比较窄，比较精确固定，词义的伸缩性和对上下文的依赖性比较小，独立性比较大。相反，英语词的含义范围比较宽，比较丰富多变，词义对上下文的依赖性比较大，独立性比较小。英语词义灵活，突出表现为一词多义。英语词的确切词义在很大程度上依赖于语境。语境不同，词的含义也不同。而汉语的一词多义现象远不及英语（陈东成，2000：125—126）。

4. 语法

不同语言的语法有其特点。就英、汉两种语言而言，概括而论，英语语法是显性的、刚性的。而汉语语法是隐性的、柔性的（潘文国，1998：115）。英、汉语的语法差异主要表现在：（1）英语虚词使用频繁，汉语虚词使用较少；（2）英语词序比较灵活，汉语词序相对固定；（3）英语重时体，汉语轻时体；（4）英语基本句结构以主谓为主轴，汉语基本句结构以话题为主轴；（5）英语重形合，汉语重意合（陈东成，2000：131—150）。

（三）文化距离

"文化"是翻译研究中绕不开的话题。翻译，从表面上看，是一种言语换易活动；究其实，翻译是原文信息在异域文化中的再传播，本质上是一种文化转换活动。通过这种转换，不仅语言发生了变化，时间发生了变化，空间发生了变化，文化土壤也有别于从前。中、西文化生存土壤不同，存在很大差异。从历史角度来考察，中国传统文化源自《周易》，中华民族一直坚持一元论——"天人合一"，即天、地、人是自然而和谐的整体。"天人合一"论视天道和人道为一体，天具有人格精神，人具有天的品行，天中有人，人中有天，主客互融。孟子曾经提出"上下与天地同流"的哲学思想。他认为"天人相同"，天是有德性和意志的，所谓"道德之天"。"天人之际，合二为一"（《春秋繁露·深察名号》），"人者，天地之心也"（《礼记·礼运》），"天地与我并生，万物与我为一"（《庄子·齐物论》），"天地人只一道也，才通其一，则余皆通"（《二程遗书》卷十八），这些所讲的都是一种物我不分、物我两忘的诗意境界，是天人同体同德、万物有情的宇宙观。这些观点都把自然（天道）化为主体人心（人道），使主客互渗（连淑能，2002）。"天人合一"的观念是我国传统的文化中的一个历史悠久、影响深远的基本哲学观念。与中国传统文化相反，西方传统文化深受《圣经》影响，"天人相分"是其主要宇宙观，将人与自然视为两个并列和对立的范畴。希腊神话中普罗米修斯（Prometheus）对神威的反抗，帮助人类第一次支配了火这种自然力，就是这一哲学理念的最初显示。苏格拉底（Socrates）的"认识你自己"的箴言以及普罗泰戈拉（Protagoras）的"人是万物的尺度"的论断，进一步推动了人与自然的质的区分的认识过程，由此形成了一个以天人相分作为逻辑起点的独标一格的文化体系，开辟了一系列的对立范畴：人与自然，灵与肉，主与客，情与理，质料与形式，现象与本质，等等（刘业超，2012：827）。这一"天人相分"的宇宙观是西方传统文化的哲学基点，对西方文化影响深远广大，使西方文化与中国文化形成鲜明对比。笔者在《文化视野下的广告翻译研究》（中国社会科学出版社 2012 年版）一书中从十大方面对中、西文化作过较详细的对比，这里不赘述。

（四）心理距离

刘勰《文心雕龙·体性》中有如下一段话：

> 然才有庸俊，气有刚柔，学有浅深，习有雅郑，并性情所铄，陶染所凝，是以笔区云谲，文苑波诡者矣。故辞理庸俊，莫能翻其才；风趣刚柔，宁或改其气；事义浅深，未闻乖其学；体式雅郑，鲜有反其习：各师成心，其异如面。（刘勰，2012：383）

刘勰认为，才能有平庸和杰出，气质有刚健和柔顺，学问有浅薄和精深，习染有雅正和鄙陋。这些都由人的性情所造成，并受环境的熏陶和感染，因而在创作领域中便产生了千差万别的风格，如流云之变幻无穷，似波涛之翻滚不定。所以，作品中文辞情理的平庸与出众，无不受作者才能的制约；作品美学趣味的刚健与柔顺，也不能脱离作者的气质；论述事物道理的浅薄与精深，更没有听说过能与作者学识的多寡相违背；艺术形式的典雅和鄙陋，也很少与作者的美学习染相反。各人按各人的心性来写作，作品便产生各种不同的风格，这和各人的面貌彼此不同是一样的道理。

　　作者和译者不管生活在哪个时代，哪种文化中，他们都会有各自的"成心"，即人的个性化心理，都会因其才能、气质、学识、习染等的不同，具有不同认知和审美心理，创作时各师成心，各适其性，心理距离因之成为必然。

三　翻译距离的调整

翻译距离因时空距离、语言距离、文化距离、心理距离等必然存在。翻译距离给翻译带来了很多困难，这些困难有时甚至难以逾越。但也正是翻译距离成就了无数的翻译家，他们通过妥善处理翻译距离问题创造了优秀的译作。从某种意义上来说，翻译距离之美成就翻译作品之美。最优秀的译作不是翻译距离最大的译作，但也未必是翻译距离最小的译作，适当的翻译距离才是译者所追求的翻译美学境界。所谓"适当"，中国传统哲学中的"中和"之谓。何谓"中"？　"中，和也。"（《说文》）何谓"和"？"和，相应也。"（《说文》）"和，谐也。"（《广雅》）"中和"，就是以最佳的适度实现对立面的兼容与和谐。翻译要"适当"，要"致中和"，正确调整翻译距离的原则和方法必不可少。

（一）翻译距离调整的原则

"和谐"是中华民族坚持不懈的追求，其哲学观念可追溯到远古的《尚书》时代。"和谐"观念对中国社会产生了深远影响，这从古代经典中可见一斑。例如：

> 八音克谐，无相夺伦；神人以和。（《尚书·舜典》）
> 乾道变化，各正性命，保合太和，乃利贞。（《周易·乾·象传》）
> 和顺于道德而理于义，穷理尽性以至于命。（《周易·说卦传》）
> 乐者，天地之和也；礼者，天地之序也。和，故百物皆化；序，故群物皆别。（《礼记·乐记》）
> 喜怒哀乐之未发谓之中，发而皆中节谓之和。中也者，天下之大本也。和也者，天下之达道也。致中和，天地位焉，万物育焉。（《礼记·中庸》）
> 有无相生，难易相成，长短相形，高下相倾，音声相和，前后相随。（《道德经》第二章）
> 礼之用，和为贵。先王之道斯为美；小大由之。（《论语·学

而》)

　　奏之以阴阳之和，烛之以日月之明。(《庄子·天运》)

　　列星随旋，日月递照，四时代御，阴阳大化，风雨博施。万物各
得其和以生，各得其养以成。(《荀子·天论》)

　　和者，天之正也，阴阳之平也，其气最良，物之所生也。(董仲
舒《春秋繁露·循天之道》)

"和谐"哲学观念在中国深入人心，广泛用于人类社会生活和科学研
究。它也可应用于翻译活动，翻译距离的调整应以"和谐"为终极目标，
具体采取"适旨、适性、适变、适度"的原则。

1. 适旨

"适，之也。"(《说文》)"适，往也。"(《尔雅》)"适"，指到达，
引申为切中、切合、相符、相合等。"旨"，这里主要指原文的主旨、意
旨或说作者的意图。"适旨"，即合乎原文的主旨，切合作者的意图或说
与作者的意图相合、相一致。原文的主旨在其篇章结构中具有中心地位和
原发地位，对作者创作思路具有"乘一总万，举要治繁"(刘勰《文心雕
龙·总术》)的特殊作用。这一特殊作用，犹如人的中枢神经之于人的生
命运动，既是作者创作思路的逻辑起点和最终归宿，又是作者思路向前伸
延的根本动力。"先有主旨的'位体'，然后才有对事义的选择和通贯，
然后才有对辞采与音律的组织和连缀。"(刘业超，2012：1310)所以，刘
勰《文心雕龙·附会》说："驷牡异力，而六辔如琴，并驾齐驱，而一毂
统辐。"翻译过程中，译者应将原文主旨作为译文的依据和尺度，对材料
和语言进行同向性的"一毂统辐"的选择。"毂"指原文的主旨，"辐"
指译者所用的材料和语言，"统"指所用材料和语言的适旨性，也就是和
主旨在属性上的和谐性。这种和谐性要求译者将合乎主旨要求的材料和语
言纳入译文之中，将不合乎主旨要求的材料和语言拒于译文之外。主旨偏
离了，译文的和谐性就会受到破坏；主旨相反，则会出现南辕北辙的现
象，翻译距离就会越拉越大。

翻译是一个涉及作者意图（信息意图和交际意图）的双重明示—推
理过程（Gutt，2004：199）。翻译的实质是语际间对原语文本的明示—推
理阐释，其效果讲究的是作者意图与接受者期待的吻合。翻译中，译者可
以根据原语文本提供的信息以及自己对译文读者认知环境和认知能力的评

估，充分发挥自己的主观能动性，自由选择适当的翻译策略和表达方式。但译者对原语文本信息的处理、语境假设的判断、翻译策略的选择、表达方式的调整等，都应寻求"最佳关联"（Gutt, 2004: 237），以实现作者的意图为宗旨，不应有所偏离，诚所谓"译者，依也。"

2. 适性

"适性"，指把握作者的创作个性，体现作者性情的个异性特征，也就是体现作者的个性化心理，即刘勰所讲的"成心"。成心不同，作品风格就出现差异。译者与作者因才能、气质、学识、习染等的不同，具有不同认知和审美心理，创作时各师成心，各适其性，心理距离客观存在。但译者可通过对原文精义入神的理解，适当调整心理距离，与作者在情感上产生共鸣。

梁宗岱在《一切的顶峰》的序言里写道：

> 作品在译者心里唤起的回响是那么深沉和清澈，反映在作品里的作者和译者的心灵那么融洽无间，二者的艺术手腕又那么旗鼓相当，译者简直觉得作者是自己前身，自己是作者再世，因而用了无上的热忱、挚爱和虔诚去竭力追摹和活现原作的神采。这时候翻译就等于两颗伟大的灵魂遥隔着世纪和国界携手合作，那收获是文艺史上罕见的佳话与奇迹……假如译者敢有丝毫的自信和辩解，那就是这里面的诗差不多没有一首不是他反复吟咏，百读不厌的每位大诗人的登峰造极之作，就是说，他自己深信能够体会个中奥义，领略个中韵味的。（转引自王秉钦、王颉，2009: 228—229）

这段文字深刻地阐明：在翻译过程中译者应与作者产生情感沟通，达到心灵的交融和共鸣，有了这种心灵的交融和共鸣，翻译就等于两颗伟大的心灵遥隔着世纪和国界携手合作，也就是完全超越了时空上的限制，打破了种族和文化的藩篱，译者就是作者的再世，译作就是原作的"传真"（王秉钦、王颉，2009: 229）。

3. 适变

"适变"，指适应变化，根据变化的情况调整翻译距离。"变"是《周易》的根本宗旨和本质性内容。《周易》强调与时迁移，应物变化，提出了"变通"／"通变"的哲学思想。例如：

生生之谓易……通变之谓事，阴阳不测之谓神。(《系辞上传》)

广大配天地，变通配四时。(《系辞上传》)

参伍以变，错综其数：通其变，遂成天下之文；极其数，遂定天下之象。(《系辞上传》)

圣人有以见天下之动，而观其会通，以行其典礼。(《系辞上传》)

一阖一辟谓之变，往来不穷谓之通。(《系辞上传》)

法象莫大乎天地；变通莫大乎四时。(《系辞上传》)

子曰："圣人立象以尽意，设卦以尽情伪，系辞焉以尽其言，变而通之以尽利，鼓之舞之以尽神。"(《系辞上传》)

化而裁之谓之变，推而行之谓之通，举而错之天下之民谓之事业。(《系辞上传》)

刚柔者，立本者也；变通者，趣时者也。(《系辞下传》)

通其变，使民不倦。神而化之，使民宜之。(《系辞下传》)

穷则变，变则通，通则久。(《系辞下传》)

《周易》还提出了一个变革模式：穷—变—通—久—利/文。事物因穷而变，因变而通，因通而久，因久而得利/成文。在这个变革模式中，"变"与"通"是两个关键之处。一方面，从自然运动的角度来看，"变"就是客观事物的变动不居，"通"就是客观事物的往来不绝。"变"与"通"的关系是一种时间性的自然因果关系。"变"是"通"的时间性前提，"通"是"变"的自然性结果。"变通"是对事物运动的客观规律性的强调。另一方面，从实践运动的角度来看，"变"就是运用客观规律对事物"化而裁之"，使其具有趋时而动的品格；"通"就是运用客观规律对事物"推而行之"，使其具有往来不穷的品格。"变"与"通"都是主观能动性的结果。"通"是"变"的逻辑前提和方向保证，"变"是"通"的内在动力和积极成果。"通变"就是对"变"的合目的性和合规律的强调，是对"变而通之以尽利"的强调（刘业超，2012：1457）。

刘勰在《文心雕龙》中将《周易》"变通"/"通变"思想进行了淋漓尽致的发挥。其概念多次出现在《通变》、《议对》、《征圣》、《熔裁》等篇中。例如：

故知繁略殊形，隐显异术，抑引随时，变通会适，征之周孔，则文有师矣。(《征圣》)

刚柔以立本，变通以趋时。(《熔裁》)

绠短者衔渴，足疲者辍涂；非文理之数尽，乃通变之术疏耳。(《通变》)

文辞气力，通变则久，此无方之数也。(《通变》)

名理有常，体必资于故实；通变无方，数必酌于新声：故能骋无穷之路，饮不竭之源。(《通变》)

故练青濯绛，必归蓝蒨，矫讹翻浅，还宗经诰；斯斟酌乎质文之间，而櫽括乎雅俗之际，可与言通变矣。(《通变》)

诸如此类，莫不相循，参伍因革，通变之数也。(《通变》)

文律运周，日新其业。变则其久，通则不乏。(《通变》)

故其大体所资，必枢纽经典，采故实于前代，观通变于当今；理不谬摇其枝，字不妄舒其藻。(《议对》)

时代变化，文化随之变化，语言随之变化。面对时代、文化、语言等的变化，翻译距离要随之调整。例如，《周易》的语言与现代汉语差异极大，《周易》现在连一般中国人都难以看懂，更何况外国人。如果把《周易》翻译其成书时代的英语，恐怕现代的英国人看不懂，译者也难以为之（其实，就英语发展史看，《周易》产生之时英语还不存在）。将《周易》译成现代英语，表面上看，时间距离拉大了，语言距离拉大了，但实质上，提高了可读性，有助于读者理解原文内容，从而拉近了读者与原文的距离，有利于促进文化交流。

4. 适度

"适度"，就是把握分寸，无过无不及，以折中为务。"折中"，就是在"过"与"不及"之间找到一个最佳平衡点。只有平衡，一切才能正常运动和发展。比如：只有宇宙引力平衡，日月才能正常运转；只有阴阳二气平衡，万物才能交感成和；只有两腿平衡，人才能健步行走；只有双翅平衡，鸟才能自由飞翔；只有四肢平衡，虎豹才能快速奔跑。在翻译距离调整中，"适度"就是对相关影响因素进行适当调节，使其恰到好处，各得其所，这如"美锦制衣，修短有度"（刘勰《文心雕龙·镕裁》）。

日本名僧遍照金刚在《定位》篇中有过一段精辟的论述：

　　文之大者，藉引而申之；文之小者，在限而合之。申之则繁，合
之则约。善申者，虽繁不得而减；善合者，虽约不可而增。合而遗其
理，疏秽之起，实在于兹。皆在于义得理通，理相称惬故也。（转引
自刘业超，2012：1316—1317）

　　"义得理通，理相称惬"是处理材料和语言详略的总原则，惬当处理
材料和语言才能最佳体现主旨。"文之大者，藉引而申之"，与主旨关系
重大的，须依其事理，引之使长，充分展开，"虽繁不得而减"。"文之小
者，在限而合之"，与主旨关系不大的，也须依其事理，豫定其位，压缩
归聚，"虽约不得而增"。增与减是辩证的统一，都要适旨和适度。翻译
距离调整中，"申而越其义"，则为"滥"，"合而遗其理"，则为"疏"。
"过"与"不及"都是不到位的表现，都是不符合"中和"要求的。唯
有"修短有度"，才是翻译距离调整的大法。

（二）翻译距离调整的方法

　　文无定诠，译无定法，变文之数无方。翻译是一项目的性非常明确的
跨文化交际活动。目的论认为，翻译所遵循的首要原则是"目的性原
则"：翻译行为所要达到的目的决定整个翻译行为的过程，即结果决定方
法（Nord，2001：29）。为达到译文的预期目的，译者可灵活运用翻译方
法和技巧，适当调整翻译距离。《系辞下传》说：《易》之为书也，不可
远。为道也屡迁，变动不居，周流六虚，上下无常，刚柔相易，不可为典
要，唯变所适。"用之于翻译距离调整中，方法不可固守，随目的而变。
正如有句英语谚语说："The end justifies the means."（只要目的正当，可
以不择手段。）能阳译的就阳译，保留原文的"洋气"或异国情调，传达
原文的形象、比喻和民族特色等；不宜阳译的就阴译，或者两者结合，不
拘泥于原文的形式，把握整体，进行适当的变通和调整。增减、加注、替
换、烘托、转换角度、互换说法、深化、浅化、泛化、朦胧化、虚实互
化、隐显互化等琳琅译技之大观，择其宜者而用之。只要译出的东西能为
读者所知、所乐、所好并最终达到翻译目的，那么所选择的方法就是好的
合适的方法。例如：

（1）子不学，
　　非所宜。
　　幼不学，
　　老何为？

（王应麟《三字经》）

An unschooled child
Will grow wild.
A young loafer,
An old loser!

（赵彦春，2014：33）

　　原文的意思是：小孩子不肯好好学习，是很不应该的。一个人倘若小时候不好好学习，到老的时候既不懂做人的道理，又无知识，能有什么用呢？与原文相对照，译文在措辞和句式上都有所调整。对前半部分，译文采用转喻方式进行蕴含处理，将其表达为"An unschooled child / Will grow wild"。前后两行各三个词，且押尾韵，符合《三字经》每行以三个汉字构成的韵文特点。兼顾了形和意方面的要求，可谓笔曲而达。对后半部分，译文变疑问句为肯定句，并采用名词短语结构处理，即采用"No pains, no gains"这类由名词短语构成的句法结构，将其译为"A young loafer, / An old loser"。译文直截了当，构成语言成分完全对称而且押韵的两行文字，由此增大了语言的感染力，颇有箴言之效。

（2）敕勒川，阴山下。
　　天似穹庐，笼盖四野。
　　天苍苍，野茫茫。
　　风吹草低见牛羊。

（斛律金《敕勒歌》）

A Shepherd's Song

By the side of the rill,
At the foot of the hill,

The grassland stretches under the firmament tranquil.

The boundless grassland lies

Under the boundless skies.

When the winds blow

And grass bends low,

My sheep and cattle will emerge before your eyes.

（许渊冲译，转引自高民、王亦高，2003：55）

　　原文源自北魏中期（公元400多年）的敕勒民歌，从鲜卑语翻译而来。全诗动中有静，静中有动，充满生机，讴歌了大草原的景色和游牧民族的生活。诗篇语言明白晓畅，意境高超，格调雄阔宏放，透显出敕勒民族雄强有力的性格，让人读来心胸开张，情绪酣畅，油然而生豪迈之气。英语译文将原文的语体、语义、意境、格调等表现得很充分，读起来的美感犹似原文。这种美感得益于适宜的调整："天似穹庐，笼盖四野"变为"The grassland stretches under the firmament tranquil"（原野在宁静的天空下延伸）；"见牛羊"变为"My sheep and cattle will emerge"（我的牛羊显现出来）。调整只是换了说法，意旨没变，语趣犹存。尤其是"emerge"一词达意传神，极易令人想象到牛羊沐浴在春风中吃草的美丽形象。

（3）君问归期未有期，
　　　巴山夜雨涨秋池。
　　　何当共剪西窗烛，
　　　却话巴山夜雨时。

（李商隐《夜雨寄北》）

Written on a Rainy Night to My Wife in the North

You ask me when I can return, but I don't know;

It rains in western hills and autumn pools overflow.

When can we trim by window side the candlelight

And talk about the western hills in rainy night?

（Xu，2007：171）

　　唐代诗人李商隐的《夜雨寄北》，原标题又作《夜雨寄内》，"内"指妻子，"寄内"就是寄给妻子；因作者家在河内（河南北部），所以说"寄北"。全诗的大意是：你问我回归的日期，可我回归的日期尚难确定。巴山的秋夜下着大雨，池塘的水也涨满了。不知何时我与你能在西窗之下，共剪烛花，使灯光亮堂，来诉说我今夜在巴山雨声中想念你的情景。译文出自许渊冲之手，在其译文中，时空视点的推移从今宵此地（"巴山夜雨涨秋池"）至他日还乡（"共剪西窗烛"）再追忆今宵（"巴山夜雨时"），视角的推移与原文相符，使读者能跟随诗人知觉视点移动。而且，标题采取了补译的方法，对原文内容进行了阐释，缩短了译文读者、译文与原文之间的差距。应该说译者在构建连贯的语篇的同时，也忠实地再现了原文时空视点的推移（王爱军，2007）。"许渊冲先生的译文，工整流畅、简洁自然，浅中见深，与原诗'语浅情浓'的特征相符。"（朱三毛，2006）

　　（4）寒雨连江夜入吴，
　　　　平明送客楚山孤。
　　　　洛阳亲友如相问，
　　　　一片冰心在玉壶。

（王昌龄《芙蓉楼送辛渐》）

Along the river that merged with a cold rain,
We entered the Wu city late at night.
Early at daybreak I bid you farewell,
With only the lone Chu Mountain in sight.
If my kinsfolk in Luoyang should feel concerned,
Please tell them for my part,
Like a piece of ice in a crystal vessel,
Fore'er aloof and pure remain my heart.

（许渊冲等译，转引自顾正阳，2006：405）

　　这是一首送别诗，是唐代诗人王昌龄被贬江宁（今南京）时为好友辛渐去洛阳赴任而作的。诗通过环境的渲染抒发离愁，通过叮嘱的抒写体现真情。全诗最值得称道的是后两句，奇特的比喻形象生动地传达了深刻的内涵，是诗人对友人真诚的诉说，更是诗人在表露自己的心迹。从语法上讲，这两句分别省略了宾语和主语，即没有交代问句中的"问什么"和"问谁（的情况）"以及答句中的"谁"一片冰心在玉壶。原文的这种省略情况，一般中国读者不难理解，但翻译时，如不作调整，对于不了解原诗时代背景的英文读者，他们可能不明白洛阳亲友关切的是"我"的近况，不理解"我"的心如玉壶之冰，也就无法理解诗的真实意蕴。译者采用增译手法，加进了"Please tell them for my part"一句，填补了问句和答句之间的空白。代词"my"点明了洛阳的亲友关切的是"我"，心如玉壶之冰的人也是"我"。这样，译文就地道流畅，清晰明了了。

> （5）黄四娘家花满蹊，
> 　　　千朵万朵压枝低。
> 　　　留连戏蝶时时舞，
> 　　　自在娇莺恰恰啼。
>
> （杜甫《江畔独步寻花》）

> In such profusion the flowers in Huang Siniang's garden bloom!
> With thousands of them the branches are heavily laden.
> Now and then lingering butterflies flit about gracefully,
> While orioles here and there warble in carefree contentment.
>
> （文殊等译，转引自顾正阳，2006：422）

　　这是一首借物抒情诗，通过写看花、爱花表达了作者的内心喜悦和对安定生活的赞美。原诗最后两句历来被人们所欣赏，其中双声叠韵词的运用极为巧妙，不仅读起来朗朗上口，有一种清新活泼的生活气息，更显示出蝶舞莺啼、春意盎然的情趣。尤其"恰恰"形容娇莺的婉转叫声，使诗的意境由花香转到鸟语，由视觉转到听觉，彩蝶飞舞的热闹景象和娇莺啼叫的欢畅场面相映成趣，给人视听以无穷美感，渲染出"春意闹"的情趣。这种情趣，在翻译时难以以一词言状。所以，译者将"恰恰啼"用拟声词"warble"（啭鸣）来展现声音，同时用介词短语"in carefree contentment"（尽情地）辅之以情状补充，将娇莺的"恰恰"啼声和欢快神态较完美地表现了出来（顾正阳，2006：422）。

(6)　I have been here before,
　　　But when or how I cannot tell:
　　I know the grass beyond the door,
　　　The sweet keen smell,
　　The sighing sound, the lights around the shore.
　　……

　　Has this been thus before?
　　　And shall not thus time's eddying flight
　　Still with our lives our loves restore
　　　In death's despite,
　　And day and night yield one delight once more?

　　　　　　　　　　　　　（Dante Rossetti, *Sudden Light*）

　　似曾浪迹此邦，
　　　何故何年费思量。
　　但记得门前芳草，
　　　犹吐旧时香。
　　涛声，惆怅，岸畔灯火迷茫。
　　……

　　当时情景非真相？
　　　凭谁问，轮回，流光，
　　唤不醒离魂，鸳梦难温旧时帐？
　　　管它生死，
　　分啥昼夜，或再度春情喜欲狂。

　　　　　　　　　　　（辜正坤译，转引自郑海凌、许京，2002）

　　原文出自19世纪英国诗人但丁·罗塞蒂的作品《闪光》。译文出自北京大学辜正坤教授之手，采用的是中诗一元韵式的词曲风味体。将译文与原文对照，译文是一种"陌生化"表达法，经译者再创造后，使原作在其中发生了"变形"（创造性变形）。表面上看，译文罩上了一层汉语文化的浓妆，与原作拉开了距离，但实质上不但基本内容没变，而且特具诗的意境和情趣。可以说，"距离产生了美"，这"距离"使译作增添了奇特的魅力。

（7）Who can say of a particular sea that is old? Distilled by the sun, kneaded by the moon, it is renewed in a year, in a day, or in an hour. The sea changed, the fields changed, the rivers, the villages, and the people changed, yet Egdon remained. （Hardy, 1999: 12）

谁能指出一片海洋来，说它古远长久？日光把它蒸腾，月华把它荡漾，它的面貌一年一样，一天一样，一时一刻一样。沧海改易，桑田变迁，江河湖泽、村落人物，全有消长，但是爱敦荒原，却一直没有变化。（张谷若，1991: 9）

原文选自英国著名小说家托马斯·哈代（Thomas Hardy）的《还乡》（*The Return of the Native*）第一章，是一段有关爱敦荒原的描述性文字，用笔简朴，但意境深远，感染力强。译文出自我国著名翻译家张谷若之手。为传达原文的韵味和抒情效果，译者用心良苦，巧妙调变：（1）用词变化——原文三处出现的同一个词"changed"分别译为"改易"、"变迁"和"消长"，避免了措辞单调；（2）引申发挥——原文的"the sun"和"the moon"分别替换为"日光"和"月华"，调整了景物的空间距离，形象更鲜明；（3）适当增译——译文中的"长久"、"一刻"、"沧"、"桑"等词没表露于原文字面上，但暗含于其内容中，增译扩大了语言的张力。这样，译文在文字上似乎疏离原文，但意境上更接近原文，甚至"出原著头"，译文读者因此能饱享原文蕴含的艺术之美。

（8）From Ballsbridge to the Pillar, twenty minutes; from the Pillar to Drumcondra, twenty minutes; and twenty minutes to buy the things.

从鲍尔斯桥到皮拉，二十分钟；从皮拉到德鲁姆康德拉，二十分钟；还有买东西要二十分钟。（王逢振译，转引自李思，2009）

原文出自爱尔兰作家詹姆斯·乔伊斯（James Joyce）的作品《泥土》（Clay），交代其中人物玛丽亚出门前的准备和外出的打算。作者运用比较零散的短句描写玛丽亚的心理活动，拉近读者与玛丽亚的距离，充分体现玛丽亚对外出的期盼以及她想到将要外出的兴奋心情。译文成功地复写了玛丽亚的心理活动，保留了原作中的叙述距离。如果把原文零散的短句译成逻辑性较强的长句，那就会疏远叙述者以及读者与玛丽亚的距离。

（9）The 1999 BMW 7 Series and its closest rival：a side-by-side comparison.

不管是黑马白马，领先的总是宝马。

这是世界名牌汽车宝马的一则广告词。原文向消费者传达这样的信息：1999 宝马 7 系汽车质优速快，与最强劲的对手相比，毫不逊色！自信，豪迈。译文腾越字面，多管齐下（利用双关、仿拟、押韵等手段），不仅语义饱满，而且妙趣横生，可谓有"天然语趣"，译出了味！一般中文读者见到此译文往往会想起被认为是邓小平说的那句名言："不管黑猫白猫，捉到老鼠就是好猫。"有的读者甚至会想起四川农村的一句俗语："不管黄猫黑猫，只要捉住老鼠就是好猫。"一些股民也许会想到"不管是黑马还是白马，赚钱的股票就是宝马"、"黑马白马，不如我的宝马"等口头禅。这样，广告无形中拉近了消费者与产品的距离，实现了广告主的交际意图。

（10）Sophisticated Sweet-to-drink Pink Lady.

红粉佳人甜露酒，特造精酿醇悠悠。

这是一则甜露酒广告语。如果按字面意思译为"精酿的喝起来甜的粉红色女士"，则不像广告语言，索然寡味。译文变词组为对偶句，不仅押韵，读起来悦耳动听，而且意境美妙，耐人寻味。原文"Pink Lady"

既系酒名又兼喻体,译文"红粉佳人"映衬出甜露酒的高贵典雅,其隐喻仿佛信手拈来,美酒佳人相伴,似真非真,令人神飞意驰,浮想联翩。

"译者侍奉翻译,力图完美,从原作到译作,历经千辛万苦,仍然未免有些'闪失',造成差异,形成了译作和原作间很难弥合的'距离'。"(屠国元、李静,2009)钱锺书在《林纾的翻译》一文中指出:

> 一国文字和另一国文字之间必然有距离,译者的理解和文风跟原作品的内容和形式之间也不会没有距离,而且译者的体会和他自己的表达能力之间还时常有距离。从一种文字出发,积寸累尺地度越那许多距离,安稳到达另一种文字里,这是很艰辛的历程。一路上颠顿风尘,遭遇风险,不免有所遗失或受些损伤。因此,译文总有失真和走样的地方,在意义或口吻上违背或不尽贴合原文。(钱锺书,2009:775)

翻译距离自古至今都是一种客观存在。时空、语言、文化、心理等距离给翻译造成了一定的困难,但也正是这些距离激发译者创造了翻译之美。翻译的过程是译者不断进行选择的过程。选择即把握和调整距离。翻译之美体现于翻译距离的调整中。为取得最佳美学效果,译者调整翻译距离时应以"致中和"为终极目标,遵守"适旨、适性、适变、适度"的原则,灵活运用各种翻译技法,创造使人知之、乐之、好之的理想译文。

第十一章

复　　译

保罗·恩格尔（Paul Engle）和聂华苓曾有言：文学作品"不译则亡"（translate or die）（转引自李明，2006）。诚然，原作靠译作获得其"后起的生命"（afterlife）（Benjamin，2000：16），经典名作更会吸引数辈英雄精益求精地一译再译，即"复译"来发扬光大（罗新璋，1991）。改革开放以来，我国译事兴隆，复译随之成为一道亮丽的风景线，特别吸人眼球。复译因此成为不少研究者感兴趣的话题，相关研究也不断扩展和深化。本章从大易这一新的视角探讨复译问题。

一　"复译"界说

关于"复译"的界说，当代译论家有不同的看法。

许钧（1994）认为，"复译，也称重译，法语为 retraduction，含有重新翻译，再次翻译的意思。""从时间角度看，这种文学作品复译的情况有两种：一种有译本的先后之分，即几个译本有时间上的差距，带有后人对前人工作的继承、发展或超越的性质；另一种则是在同一个时期，同一部外国文学作品出现两种或数种译本。"

王宏印（2006：172—173）认为，复译和重译有区别。他把重译界定为"与初译相对，指原译者在自己的初译出版或发表若干时间以后，由于不满于初译的质量，谋求改进，或者觉得时过境迁，语言变异，有更新的必要，或者出于翻译策略的考虑，对于初译进行大规模修订，将其中的大部分重新翻译，以上种种均被视为重译。或者干脆推倒重来，另起炉灶，那就更是重译无疑了。"复译是"与原译相对，指一部作品在有了原译（也就是初译）之后，又有了别的翻译活动和新的译本。这种有别于初译和原译的重复翻译，就是复译。它之所以不同于重译，在于翻译主体不是原译者或初译者，而是另外一个人。"

王向远（2007：173—174）认为，复译是相对于首译而言的。在翻译文学中，某种作品以某一种语言被首次译出，就叫首译或首译本。首译之后出现的译本，即重复翻译，就叫复译或复译本。有人也将"复译"叫做"重译"，但"重译"现多指同一个翻译家对已翻译过的作品的重新翻译。

有的学者认为，复译在英语中称为 retranslation，可指回译（back translation）、重译（indirect translation）和复译本身（new translation 或 multiple translation）三种形式（李明，2006）。在这里，"回译"指将已译成特定语言的文本译回原语的过程，或者说是把被译写成译语文字的内容再转译成原语文字的过程。"重译"，实际上是指"转译"，也称为"间接翻译"，即非直接译自原作语言的翻译，也就是以第三种语言（特别是英语）为中介的翻译。"复译本身"包括同一原文本以同一译语形式在不同时代先后出现不同的译本和同一原文本在同一时代同一译语背景下的不同译本，即 multiple translation；也有可能是同一译者翻新订正的新译本，即 new translation，也可以说是在原作已有初本或其他译本的情况下重新翻译原作的行为或这一行为的结果（刘桂兰，2010：9—10）。本章所言"复译"即属此类。另外，本章所谈复译涉及的范围不限于文学作品的复译，还包括非文学作品的复译，如广告之类的复译。

二　复译原因

复译是事物发展的必然，有其内外在原因。这里首先看看一些学者对这一问题的看法：

法国文学翻译家、翻译理论家安托瓦纳·贝尔曼（Antoine Berman）曾把复译的原因归纳为两点：一是原译"不完善"；二是原译老化（Baker and Saldanha，2010：233—234）。

刘云虹（2005）认为复译的原因大致可以归纳为三点：一是旧译中存在过多的失误和不足，不能真实再现原作的魅力；二是旧译年代久远、过于陈旧，已无法满足当代读者的审美需求，需要当代译者对其进行修订和补充，使其更易于理解和接受；三是同一时代中对于同一部文学作品的不同解读，以满足不同层次、具有多元审美情趣的读者的需求。

吴洪分析中国复译非常多的原因主要有三种：一是已有的译本非常好，但涉及版权，出版社只能借复译的名义出版，这属于无奈之举；二是以前的译本由于种种局限，译文有缺陷，需要复译还本体以原貌；三是某种书畅销了，大家"一窝蜂"地跟风翻译出版，这是国内特有的现象（刘桂兰，2010：16）。

许钧（1994）总结出了造成复译的五大原因：一是已有的译本不完整，有的甚至谈不上翻译，只能算得上缩编、改写；二是已有的译本为转译本；三是已有的译本语言陈旧，不符合当代人的审美习惯；四是已有的译本失误较多，理解有待加深，表达更有待于提高；五是已有的译本为合译本，合译的作品前后译文的风格不和谐。

郑诗鼎（1999）认为复译者萌发复译的念头，多半有下述原因：（1）随着对经典名著的研究不断深入，当人们对它们的认识经历了由表及里的升华之后，便会发现旧译对原文的理解有欠妥或不当之处；（2）随着对不同语言的对比研究不断深入，人们对各种不同语言的规律有了新的、更深刻的、更接近事物本质的认识，用这种新的认识去审视旧译，自会发现旧译还需要改进，原来认为无法用译语表达的东西，现在可以找到理想的、恰当的表达形式了；（3）随着语言和翻译研究领域的不断拓展，人们难免会从不同的角度对旧译的处理提出不同的看法和见解；（4）随着语言自身的发展变化，为更好地适应变化阶段各个时期的译语读者的审美情趣和审美期待，需要对旧译进行调整和修改。除此之外还可能有其他原因，甚至还可能有应出版社之约，定期赶译的。古典名著复译本的大量出现，是我国译事发展的必然。

本节拟从文本、译者、读者和语言四方面入手进行相关分析。

（一）文本的开放性：文无定诠

《周易》认为，世上一切事物都在变化着。"在天成象，在地成形，变化见矣。"（《系辞上传》）这是说，天上日月星辰的明晦盈亏，地上山河草木的沧桑变迁，都处在运动变化之中，人间万物也莫不如此。"有天道焉，有人道焉，有地道焉。……道有变动。"（《系辞下传》）世间没有任何存在状态是永恒的，一切皆变，万物常新。顺而推之，文本的意义不是恒定的，而是处于变化之中。也就是说，文本的意义总是处于未定状态，文本具有开放性，因此其解释不是单一的，而是多元的。文本的开放性有两方面的含义：一方面是文本的意义是开放的，而不是封闭的，意义的挖掘无止境，无限度；另一方面是文本向任何时代的任何人开放，无论是谁都可以参与文本意义的发现，参与对文本的理解，文本意义与理解者一起处于不断的生成之中（胡兆云，2013：129）。

钱锺书《管锥编》开篇讨论言意关系，指出《周易》之"易"含三义：简易、变易、不易；《诗经》之"诗"有三训：承也、志也、持也；《论语》之"论"可四释：次也、理也、纶也、轮也；王者之"王""合五科"：皇也、方也、匡也、黄也、往也（钱锺书，1986：1—8）。这里所讨论的就是文本的开放性。现以《周易》中"元"、"亨"、"利"、"贞"四字为例作进一步说明。"元"、"亨"、"利"、"贞"是《周易》常见的术语，卦爻辞中有188条使用过这几个字。它们分别是什么意思呢？历来治易者解释纷纭：

（1）"元，大也；亨，通也；利，宜也；贞，正而固也。"（《周易本义》卷一）朱熹如是说。他接着解释道："文王以为乾道大通而至正，故于筮得此卦，而六爻皆不变者，言其占得大通，而必利在正固，然后可以保其终也，此圣人所以作《易》教人卜筮，而可以开物成务之精意。"（朱熹，2011：1—2）

（2）"元，始也。亨，通也。利，和也。贞，正也。"（《子夏易传》）这就是说，元表示事物的起始；亨表示畅通；利表示和祥；贞表示清正。

（3）元亨利贞分别表示春夏秋冬。元是春，万物生发；亨是夏，万物畅茂；利是秋，万物成熟；贞是冬，万物收藏。

（4）元亨利贞分别表示东南西北。震元、离亨、兑利、坎贞，往来循环，不忒不穷，《周易》就是以此命名的。

（5）元亨利贞表示四种德性。"元者，善之长也；亨者，嘉之会也；利者，义之和也；贞者，事之干也。君子体仁足以长人，嘉会足以合礼，利物足以和义，贞固足以干事。君子行此四德者，故曰：'乾：元，亨，利，贞。'"（《乾·文言传》）这就是说，元以仁为本，亨以礼为宗，利以义为干，贞以固为质。

（6）元亨利贞是大亨利占。元是大，元吉即大吉，元亨即大亨，元夫即大夫。亨，通"享"，犹言"朝献"，指古代诸侯向天子献礼致敬的仪式。如《大有·九三》中"公用亨于天子"，即王公向天子献礼致敬之意。利是利益，"无不利"即无有不利；"无攸利"即无所利，"利贞"

即利占。贞是贞卜的贞，"贞吉"即占吉，"贞凶"即占凶，"贞厉"即占危，"可贞"即可占。

《周易》中"元"、"亨"、"利"、"贞"四字义蕴宏深，非一解所能尽，我们不能将其解释绝对化（王玉德、姚伟钧、曾磊光，2004：31—32）。翻译即解释。既然其解释不能绝对化，那么其翻译也就无定本。

西汉董仲舒说："《诗》无达诂，《易》无达占，《春秋》无达辞。"（《春秋繁露·精华》）文无定义，翻译无定本，也不存在理想的范本。就"翻译定本"说，许钧在其所著的《翻译概论》中作了如下回应：

> "翻译定本"说，就其本质而言，在理解上是根植于"意义的绝对客观论"。所谓的"定本"，就我们的理解，至少含有以下三种意思。首先，一个定本，尤其翻译的定本，无论就理解而言，还是就表达而言，都达到了尽善尽美的境地，不存在理解的错误，不存在阐释的空白，表达上不仅在内容上与原作等值，在形式上也可与原作媲美，就是译界通常所说的"形神俱似之境"，而且这种形神俱似已经到了不可超越的地步，止于此，不再有复译的可能，也无复译的必要，此为"定"的第一含义。其次，"定本"还有不朽的意思，可以超越时间，无论哪一个时代，只以此译为定译，不必随着时代的变化、语言的变化、读者审美情趣的变化而对译本有所修改，定而"不变"，一劳永逸，此为"定"的第二层含义。再次，所谓"定本"，还可能包含有"理想的范本"的意思。一部原著，可以有不同的理解，不同的传达，也就是说可以出现不同的翻译，不同的译本。任何译作，在一定意义上说都以接近原作的主旨、意蕴、气势为目标，以完美地再现原作的艺术价值为己任。越能再现原作的神韵（形神兼备当然更理想），译作的价值便越高。而"定本"是一种理想的范本，以此为"准"，定而为"本"，原作的"本"被译本的"本"取而代之，一切译作皆要以此本为本，此为"定本"的第三层含义。那么，如此定义的定本，在理论上是否可以产生呢？我们认为答案是否定的。（许钧，2009：67—68）

罗兰·巴特（Roland Barthes）认为，文本是一个多维的、立体的阐释空间，而不是一个具体的实物，不存在固定的、永恒的意义（许宏，

2012：73）。文本的意义是流动的，不是静止的。文本不是独立的、绝对的、自为的存在，而是一个未完成的、不能产生独立意义的多层面和开放式的图式结构，充满了许多"未定点"与"空白"，这些"未定点"与"空白"就是作品中没有明确说明的地方，即所谓的"言外之意"、"象外之象"、"景外之景"、"韵外之韵"、"味外之味"等。文本只不过是一种触发剂或媒介，其作用是引起读者的参与、共鸣和讨论。它的意义的实现，只能靠读者的阅读使之具体化，靠读者的前理解、期待视野①、流动视点等多层次地将它的"未定点"与"空白"进行填补，使其未定性得以确定。汉斯·罗伯特·姚斯（Hans Robert Jauss）在谈到作品概念时说过："一部文学作品，并不是一个自身独立，向每一时代的每一读者均提供同样的观点的客体。它不是一尊纪念碑，形而上学地展示其超时代的本质。它更多地像一部管弦乐谱，在其演奏中不断获得读者新的反响，使文本从词的物质形态中解放出来，成为一种当代的存在。"（姚斯、霍拉勃，1987：26）正如让·保罗·萨特（Jean Paul Sartre）所说，"作品从来不是一个已知数"，它是"一个媒介物"、"一个半成品"、"一个向读者的自由发出的召唤"（转引自邹广胜，2001）。原文要同既以读者身份又以译文生产者身份出现的译者处在动态的、不断的作用当中才能让译者生成在新的文化语境意义观照下的译文来。因此，原文实际上并不具备客观意义，原文的意义必须依附于译者赖以存在的客观语境。正如沃尔夫冈·伊瑟尔（Wolfgang Iser）所说："文本的真正意味所在，是在阅读时我们反作用于我们自己的那些创造物的活动之中。正是这种反作用的方式，使我们将文本看作是一种实际的事件来体验。"（伊瑟尔，1991：155）正是在这种体验过程中，我们弥合、填补和完善了原文中不确定的空白与间隙，一旦这些空白和间隙被弥合、被填补、被完善，交流立刻就会发生，意义立刻就会生成（李明，2006）。

中国人说"诗无达诂，字无定诠"，西方人说"词本无义，义随人生"（Words do not have meanings; people have meanings for words），两者含义相近。安德鲁·切斯特曼（Andrew Chesterman）在《翻译模因

---

① 期待视野（horizon of expectation），包括人的思想观念、道德情操、审美趣味、直觉能力、承受能力和接受水平等，主要指由接受主体或主体间的先在理解形成的、指向文本及文本创造的预期结构。在接受美学理论看来，只有当读者的期待视野与译文相融合，译文才存在被接受和理解的可能，文化的交流也才存在着成功的可能。

论——翻译理论中的思想传播》（*Memes of Translation：The Spread of Ideas in Translation Theory*）中指出，当读者看到某个事物时，总是尽力去理解和诠释它，但是这个过程是相对的，所谓完美地理解和诠释都是相对而言的。玛丽·斯内尔－霍恩比（Mary Snell-Hornby）在《翻译研究——综合法》（*Translation Studies：An Integrated Approach*）中明言：

> 文本不能被看作是语言的静态标本（static specimen），而应实质性地被看作是作为读者的译者所理解的作者意图在语言形式上的表达（verbalized expression），译者据此将作者的意图向另一文化中的读者创造性地完整表达出来。这个动态过程说明了不断需要文学作品的新译本以及完美的译本不存在的原因。（Snell-Hornby，2001：2）

文本具有未定性，呈现为多层面和开放式的结构，其意义和审美价值只有通过阅读者的阅读活动才能实现。任何文本结构和意义诠释都不可能是确定的，都有待继续开发和再创造。这在当前学术界基本形成共识。正如詹姆斯·里泽（James Risser）在《阅读文本》一文中总结说：

> 当代文学批评已根本改变了文本的观念这一点是不需质疑的。文本不再是那种可以通过正确的方法论方式把它视作实质上单纯的，呈现于读者面前的东西。文本不再被看作自身封闭的，可以由标题、页边、开头、结尾、作者签名等标志来确定的东西。由此，批评与阅读的任务也不再被视作一种意义的辨认。至少不是一种通过其标志对'附在'文本上的意义的辨认。那种让人们抓住文本的真实意义的原理探索已经被放弃了。……文本像语言镜子的厅堂，每一个文本都是文本间性的，文本向意义的多元性开放，在文本的阅读和批评中，所有的意向和目的都必须被生产出来。（转引自吕俊、侯向群，2009：98）

韦努蒂力倡解释学模式，强调翻译是一种阐释行为，是译者在目标语言和文化背景下对原语文本的阐释，是多种可能的阐释中的一种。他说：

在解释学模式下，翻译只是传达了多种阐释中的一种；各种可能的阐释根据特定的发展阶段、特定的历史时刻和特定的社会环境来转译原文本，反映译语语言和文化。（转引自刘薇，2013）

韦努蒂认为，原文的意义不是恒定的。所谓原文本"一成不变的本质"是译者对原文本的理解和阐释，不同时期的译者或同一时期的不同译者对原文本的阐释是不同的，每种阐释都是多种可能的阐释中的一种。犹如冯友兰（2004：11）所说："任何翻译的文字，说到底，只是一种解释。当我们把《老子》书中的一句话译成英文时，我们是在按照自己的理解来阐述它的含义。"如果原文本存在一个所谓的"不变量"的话，那么它也是原作者所指的在此刻此种译语文化中的意义。况且这个"不变量"在翻译过程中是经过变形的，因此实际上是个"变量"（刘薇，2013）。

（二）译者的主体性：言人人殊

《系辞上传》道："一阴一阳之谓道。继之者善也，成之者性也。仁者见之谓之仁，知者见之谓之知，百姓日用而不知，故君子之道鲜矣。"［一阴一阳的矛盾变化规律就叫作"道"。传继此道（发扬光大以开创万物）的就是"善"，蔚成此道（柔顺贞守以孕育万物）的就是"性"。仁者发现"道"有"仁"的蕴存就称之为"仁"，智者发现"道"有"智"的蕴存就称之为"智"，百姓日常应用此"道"却茫然不知，所以君子所谓"道"的全面意义就很少人懂得了。］我们现在所说的"见仁见智"这一成语便是源于此。郭沫若《洪波曲》中说"诗是见仁见智的东西，尤其是旧诗"，朱自清《燕知草序》中说"至于这种名人风气是好是坏，合时宜不合时宜，要看你如何着眼，所谓见仁见智，各有不同"（转引自阿鸿，2011：130）。这里两个"见仁见智"意义相同，都是说对同一个问题，不同的人从不同的立场或角度有不同的看法。同一个夕阳，在王之焕的眼里是："白日依山尽，黄河入海流。欲穷千里目，更上一层楼。"（《登鹳雀楼》）在李商隐的眼里是："夕阳无限好，只是近黄昏。"（《乐游原》）同样是一根手杖，巴尔扎克雕上的铭言是"我粉碎了一切困难"，弗洛伊德雕上的铭言却是"一切困难粉碎了我"（转引自刘业超，2012：703）。同一个萃卦，《彖传》、《象传》感悟不一：萃卦的结构是下坤上兑，坤为地，兑为泽，水在地上聚集一处成为泽。《彖传》说："'萃'，聚也；顺以说，刚中而应，故聚也。"此以上下卦象及九五爻象释卦名"萃"之义，谓此时物情和顺欣悦，阳刚者守持中道并应合于下，遂能广聚众人。这里讲的是君主如何凝聚人心的智慧。而《象传》说："泽上于地，萃；君子以除戎器，戒不虞。"地上的泽水要是多了，高于地面就要泛滥，就要造成祸患。事物久"聚"必生变乱，人情久"聚"或萌异心，所以君主要修治兵器，以防不测。这显然是告诫君主要防患于未然，以免出现社会动乱。

"见仁见智"的根本原因是，人具有主体性。李明在《从主体间性理论看文学作品的复译》一文中指出：

> 马克思主义哲学认为：从事同一项活动，不同的人实践活动的方式不同，不同时代、不同民族的人实践活动的方式不同，即使是同一个人，在不同年龄阶段或不同情景中实践活动的方式也会有差异。这种情况，从哲学角度看就是实践具有主体性。实践的主体性是指，任何实践均会打上实践主体的烙印，即呈现出实践主体的个体差异。实践的主体性表现为：实践具有自主性、选择性、创造性和能动性。换言之，人的实践并非机械地为外部条件所左右，外部条件对人的实践所起的作用一定要通过人的各种内部条件来实现。即实践不是简单地取决于外部条件，而是取决于外部条件落在什么样的内部条件的基础之上。主体的实践，只有先通过主体的内部世界才能折射出来，实践因此而呈现出主体性。（李明，2006）

这种主体性在于，自我赋予对象以意义、自我解释对象、自我统一对象、自我构成对象，即主体决定客体，意识决定对象（铁省林，2003）。正如不同的人看《周易》，会从中看到不同的东西：算卦者从中看到卜筮，哲学家从中看到哲理，史学家从中看到历史，科学家从中看到科技，政治家从中看到治世，军事家从中看到用兵……

德国著名文艺理论家 G. 格林在《接受美学研究概论》中总结出一套文本与读者交流模式，他把作品的意义（用 S 表示）分为两部分：A——作者赋予的意义、R——接受者领会并赋予的意义，于是有：

公式 I　　$S = A + R$

A 是不变的恒量，R 是流动的变量，我们可分别用 $A_{恒}$ 和 $R_{变}$ 表示，则有：

$$公式 \text{II} \quad S = A_{恒} + R_{变}$$

读者千差万别，各人的生活经历、文化修养、兴趣爱好、价值取向、审美情趣、期待视野等都不相同。所以，对同一部作品意义的理解就因人而异，对作品的解释便是多种多样。这种多样性的解释可趋于无穷大，用 R_{∞} 表示，上式可变为：

$$公式 \text{III} \quad S = A_{恒} + R_{\infty}$$
$$\approx R_{\infty}$$

于是有：

$$公式 \text{IV} \quad S \approx R$$

上式说明，一部作品的意义主要是读者赋予的，是读者在表达他们自己对于作品意义的理解，而这种理解始终处于一种动态的过程中，始终具有开放性、多样性（张首映，1999：272—273）。

任何阅读的具体化都是以读者个人头脑中已经存在的某种意识结构为前提的，这种先意识是读者理解、阐述作品的立场、观点和方法的前提，它完全是个人的、主观的，正是这种先入为主的见解构成了因人而异的理解和解释。这样，对同一文本，不同的读者会产生不同的理解（娅喆，1994）。格雷戈里·拉巴萨（Gregory Rabassa）在《没有两片雪片的形状是相同的：作为比喻的翻译》（No two snowflakes are alike：Translation as metaphor）一文中说："翻译是一个作出选择的过程，其选择的技巧有赖于译者的本能。"（Rabassa，1989）引申之，翻译是一个作出选择的过程，其选择依赖于译者的主体性。在主体性方面，译者不仅不同于普通读者，而且译者之间也有差异。周志培、陈运香在《文化学与翻译》中如是说：

　　翻译者也是一个读者，但又不是普通的读者，其区别在于译者在解读作品时要发挥两个主动创造性。首先，他在解读一部作品时，要比普通读者更着力于充分调动自己的文化底蕴和知识储存，调动自己的审美感受和体验能力，在对艺术的感性形式的直观中真正把握其中的心灵神韵。第二个主动创造性，是译者在把自己领悟到的东西转换成另一语言时，在传递过程中充分调动驾驭语言的能力。译者要塑造出或者可以说再创造出与原文相符的艺术形象。这个与原文相符的艺术形象也只能做到基本相符，因为不同的译者都有自己区别于他人的文化素养和语言能力。同一原文文本，让不同的译者来译就会呈现不同的译文。（周志培、陈运香，2013：96—97）

　　主体不同，理解不同，选择不同，翻译就不同。正如英国人常说："一千个读者就有一千个哈姆雷特。"由此推之，我们完全可以说："一千个译者就有一千个哈姆雷特。"

　　另外，对于历史上同一个作家、同一部作品的理解和接受，不同时代的译者往往不尽相同，甚至有很大的差异。正如李明所讲：

　　从历时角度看，翻译中的每个主体总是处在不断变化之中。比如译者这个主体本身，由于不断经验着这个世界，因而时刻在经历着变化，使得译者自身的知识不断取得进步，这样，就连不同时间段里的同一个译者也变成了不同的主体。这也就是为什么同一个译者在不同时期内对自己的同一个译本会有不同的感受，因而总是在不断地修正和调整以往的译本，甚至会重新去翻译原作的原因所在。而不同译者在翻译同一原文时，其表现则更会大异其趣。这是因为，尽管不同译者的心灵在理性方面是一致的，但这不能够保证他们的心灵在价值观或生活方面的一致。更为重要的是，不同译者的语言行为方式不可能相同。因而不同译者对同一原文进行翻译时就会见仁见智。（李明，2006）

　　译者，首先是原文的读者和阐释者，首要任务是通过文本与作者对话，对原文的"未定点"、"空白"进行填补，理解、发掘原文的内在价值或潜在意义，使其具体化，实现视野融合。然而，不同的译者在生活环境、思维方式、民族心理、个人气质、价值观念、宗教信仰、思想境界、艺术修养等方面存在差别，他们有各自的先见、先识的基础，阅读时带有自己的主观意识，所以他们所理解和发掘的原文的潜在意义也必然千差万别（陈东成，2007）。

　　同时译者又是译文的作者，他接受、解构原文之后，再将原文的信息转化为译文。在转化的过程中，他必须在头脑中闪过预期接受者对译文的需求和反应，想象他们正在阅读或聆听翻译（Nida，1993：140）。因此，他必须考虑译文读者的期待视野、接受能力、情感需求、审美潜质（包括生活阅历、智能水平、审美经验、文化素养等）等，而这些因素并非是恒定不变的，而是因人因地因时而异，既有历时性又有共时性的差别。

　　由此可见，译文是译者自己理解和发掘原文的潜在意义，再综合隐含读者的需求和反应所产生的结果，这种结果存在历时性和共时性的差异。所以，同一原文不同人去翻译或同一人不同时期去翻译，往往会产生不同的译文。这样，客观上就会出现同一时期多种译文并存或不同时期不同译文问世的局面，复译也因此层出不穷，经久不衰（陈东成，2007）。

（三）读者的差异性：人以群分

　　《乾·文言传》道："子曰：'同声相应，同气相求；水流湿，火就燥；云从龙，风从虎；圣人作而万物睹；本乎天者亲上，本乎地者亲下，则各从其类也。'"意思是说，同类的声音互相感应，同样的气息互相求合；水向湿处流，火向干处烧；景云随着龙吟而出，谷风随着虎啸而生；圣人奋起治世而万物显明可见；依存于天的亲近于上，依存于地的亲近于下，各以类相从而发挥作用。《系辞上传》曰："方以类聚，物以群分，吉凶生矣。"［天下各种意识观念以门类相聚合,各种动物植物以群体相区分，吉和凶就（在同与异的矛盾中）产生。］东晋韩康伯注云："方有类，物有群，则有同有异，有聚有分也。顺其所同，则吉；乖其所趣，则凶，故吉凶生矣。"（转引自孔颖达，2009：251）唐孔颖达正义曰："'方以类聚，物以群分，吉凶生矣'者，方，谓法术性行，以类共聚，固方者则同聚也。物，谓物色群党，共在一处，而与他物相分别。若顺其所同，则吉也；若乖其所趣，则凶也，故曰'吉凶生矣'。"（孔颖达，2009：251—252）《萃·彖传》曰："观其所聚，而天地万物之情可见矣。"王弼注云："方以类聚，物以群分；情同而后乃聚，气合而后乃群。"（王弼，2011：245）孔颖达正义曰："'观其所聚，而天地万物之情可见矣'者，此广明萃义而叹美之也。凡物所以得聚者，由情同也。情志若乖，无由得聚，故'观其所聚，而天地万物之情可见矣'。"（孔颖达，2009：185）宇宙间各种事物、现象，无论是抽象的观念，还是具体的形态，均以群、类相分合。由此而推之，人以群分，读者（这里指译文读者）也可按类、群划分。译者要充分考虑不同类别的读者，包括他们的社会语境、认知能力、期待视野等，满足他们的需求。

读者，就起其类别或层次而言，可粗略分为读者个体和读者群体，或分为高层读者、一般读者和低层读者。鲁迅在给瞿秋白的有关翻译的信中对当时的读者在层次上是这样界定的："将这些大众，粗粗的分起来：甲，有很受了教育的；乙，有略能识字的；丙，有识字无几的。"（鲁迅，2009c：346）茅盾曾把读者分为一般读者和文艺学徒。旅美中国学者欧阳桢在他的著作中，把读者分为三类，即只懂一种语言的、刚开始懂两种语言的和懂两种语言的。秦洪武则倾向于将读者分为专业读者和普通读者（刘桂兰，2010：86）。辜正坤在《中西诗比较鉴赏与翻译理论》一文中将读者分为七个层次，即外语盲层次、外语通层次、语言专家和一般语言工作者、纯学术工作者、一般业务性需要读者层、一般娱乐性读者层和获取新知的读者层（辜正坤，2003：368—369）。王宏印在《文学翻译批评论稿》中谈到读者类型的划分时，按照读者的身份、地位以及和翻译专业的接近程度将读者划分为：普通大众（the masses）、知识界（intellectuals）、译界（translation circle）、评论家（criticizer）。除了以上分类之外，关于读者群体的实际分类和理论上的概念分类，还可以补充如下：原文读者与译文读者（SL text reader and TL text reader）、单语读者与双语读者（monolingual reader and bilingual reader）、目标读者与效果读者（target reader and effect reader）、理想读者和统计读者（ideal reader and statistical reader）（王宏印，2006：190—192）。实际翻译中，译者应对读者类别和层次作细致考虑，然后根据具体情况选择适当的翻译材料，采用有效的翻译策略和方法，创作出达到预期目的的译文。

读者是一个不断变化的接受群体，有着历时和共时的差异。

读者的期待视野、审美经验、思想观念等是历史形成的，并随时代的变化而变化。也就是说，社会在发展，人类的知识在不断丰富，读者的接受能力、接受倾向也会呈现历时的变化。读者的接受能力既然是不断变化的,某个译本、某种翻译方法也就不可能永恒适合所有读者。译者需要认真考察现时读者的期待视野并通过复译来适当缩短其审美距离。例如:1901 年,蟫溪子(杨紫麟)和天笑生(包天笑)翻译了英国作家亨利·赖德·哈葛德(Henry Rider Haggard)的《迦茵小传》(*Joan Haste*)。但是,由于受到中国传统伦理道德的约束,原书未被全译出,有关女主角迦茵与男朋友亨利相爱未婚私孕、亨利不顾父母之命与迦茵自由恋爱等情节被译者删除了。因为在传统的中国伦理道德中,这完全是有伤风化的事。公众对此译本也反应平平。1905 年林纾(与魏易合作)的全译本《迦茵小传》问世,全译本一问世便吸引了众多中国才子佳人,成为那个时期最为流行的畅销小说之一,仅 1906 年就发行了三版,1913 和 1914 年又几度再版,它和《巴黎茶花女遗事》一起成为"林译小说"中最有影响的两部言情小说。究其原因,对当时具有进步思想、追求婚姻自由的青年来说,林纾的译本是代表他们心声的译本,是具有新的价值观念和伦理道德意识的译本(彭萍,2008:216—217)。

同一时代的读者,由于认知环境、兴趣爱好、价值判断等的差异,也存在从不同的角度去理解同一部作品的情况。客观上,同一时代不同的目标读者群总是从自己的生活和文学的期待视野出发去看待译作的。读者群间有层次上的差异,他们接受教育的程度不同,阅读译文的目的也不尽一致,因而有着不同的期待视野。期待视野的不同和阅读译文目的的不同,使不同读者对读物的要求也有很大的差异性。而一种译本只能以某一层次的读者为基本对象,不可能同时满足所有的读者。译者也是读者,会按照自己的理解对原作进行阐释,把自己对原作的理解与感悟、自己的语言风格渗透到译作中去,以生产多个译本适应不同读者的需求。许多译本都是针对某一特定读者群的倾向性复译的产物(刘桂兰,2010:90)。例如:法国作家安托瓦纳·德·圣埃克絮佩里(Antoine de Saint-Exupéry)的《小王子》,"在 2000 年至 2005 年这五年内,出现了近 20 个不同的译本,加上此前出版的译本,至少有 25 个之多。"(许钧,2007)为满足不同读者的需求,《小王子》在中国市场出现了译注本、编译本、插图本、双语对照本和视听结合本。不同层次的读者喜好使之由童话故事、寓言故事变成了成人读物、"心灵鸡汤"(刘桂兰,2010:89)。

（四）语言的时代性：言随时变

"整个自然界，从最小的东西到最大的东西，从沙粒到太阳，从原生生物到人都处于永恒的产生和消失中，处于不断的流动中，处于无休止的运动和变化中。"（马克思，转引自萧洪恩，2008：175）运动变化是宇宙的普遍法则，语言世界时刻处于运动变化之中。"物沿耳目，而辞令管其枢机。"（刘勰《文心雕龙·神思》）（外物由作者的耳目来接触，而语言是掌管它们的表达机构。）语言作为事物的称谓，总是与事物并存而俱进的。事物常变常新，也必然带动语言的常变常新。人类的语言除了基本的词根和基本语法相对稳定外，都是趋时而变的，特别是其中最灵敏的部分——词汇，更是处于不断变动和创新之中。刘勰在《文心雕龙·时序》中将语言运动的这一规律概括成一个经典的论断："蔚映十代，辞采九变。枢中所动，环流无倦。"（文采照耀十代，辞章有多种变化。在一定范围中间变动，像循环流转没有停止。）胡适1916年12月发表在《留美学生季报》上的《论诗偶记》一文对此作了颇为精辟的论述。现摘其一节，以明其理：

> 时代不同，则语言文字亦随之而变。其变也，非有意于变而变也，不得不变耳。《易》曰："穷则变，变则通，通则久。"此明于世变史事者之言也。穴居野处者，变而为上栋下宇；茹毛饮血者，变而为烹调肴馔；结绳变为书契。皆进化之迹也。文字亦时时变耳。往往有同一意思而以时代不同之故，遂有不同之说法。（转引自李照国，2012：54）

从语言的角度看，翻译是一项语言转换的活动。语言的特性就是永恒变化。正如瑞士语言学家费尔迪南·德·索绪尔（Ferdinand de Saussure）所说："一成不变的特征是没有的，永恒不变只是偶然的后果；在时间的进程中保存下来的特征，也可以随着时间的流逝而消失。"（费尔迪南·德·索绪尔，1999：321）所以说，语言总是处在不断的发展变化之中。德国哲学家、作家约翰·戈特弗里德·赫尔德（Johann Gottfried Herder）曾把语言比作地球圆形表面上变化无常的普洛托斯海神。其实，从严格的形而上的意义来说，没有哪两个人的语言是完全相同的，更不用说是两个不同种类的语言了。所有的语言都在变化，翻译也要顺应这一发展规律。在实践活动中，复译就由此产生了一定的合理性和必要性（秦文华，2003）。

　　语言具有时代特征。就汉语而言，现代汉语与古代汉语差异极大。人们现在所使用的语言在词汇、语法等方面明显有别于秦、汉、唐、宋、元、明、清等时代的语言。从新中国成立以来语言变化的情况看，"文革"时期政治口号繁多，改革开放以来经济文献突增，互联网时代网络词汇频出。就是在现在这个时代，一些网络文章对于"外行"来说，恐怕只是"天书"了。美国著名翻译理论家尤金·奈达（Eugene A. Nida）宣称，一部译作不管它多么接近原作，多么成功，其寿命一般只有五十年（刘桂兰，2010：16）。英国著名译论家约翰·波斯盖特（John P. Post-gate）在 1922 年出版的《翻译与译作》（*Translation and Translations*）中明确指出，译文随着时间的推移会逐渐"老化"，甚至无法让人理解。因此，即使是最优秀的译文也应该不断更新，每一个时代都需要有自己的译本以满足时代读者的需求（廖七一，2001：19）。我国著名文学家、翻译家鲁迅认为："语言跟着时代的变化，将来还可以有新的复译本的。"（转引自陈福康，2000：303）……这些论述从一个侧面说明了语言的时代性。

　　"翻译作品的可接受性在很大程度上表现在语言表达层面。一部译作，如果语言陈旧，没有时代气息，不符合读者的审美习惯，就必然会被淘汰，一种新的译本就必然应运而生。"（许钧，1994）解放前的文言文译本，为适应现代读者的需要，复译成白话文，同样是白话文，不同时期的文风也不尽相同，所以各个时期应有各个时期的译本，不可能存在最终的译本。当代汉语崇尚欣畅明晓的文风，因此，为当代的读者提供外国文学译本，就必须与当代的文风时尚相适应。例如：英国著名小说家查尔斯·狄更斯（Charles Dickens）的 *David Copperfield* 20 世纪 20 年代到 80 年代中译本出现了四个。第一个译本《块肉余生述》出自林纾之手，使用的语言为文言文，因为其时文言文为文人雅士——当时的主要读者群所崇尚。第二个译本《大卫·高柏菲尔》是文化生活出版社 1943 年出版的许天虹的作品，所使用的语言是白话文。许译的小说顺应了时代的要求，因为其时文言文被白话文所取代，林纾的文言文小说逐渐被疏远。第三个译本是 1978 年面世的董秋斯的《大卫·科波菲尔》，其时白话文已走向成熟，许译中许多过于欧化的句法结构、明显的翻译腔在董译中得到克服。第四个译本是 1980 年推出的张谷若的《大卫·考坡菲》，这个译本克服了董译中一些不顺畅的搭配的弱点，是张谷若在其"地道的原文，地道的译文"的主张中完成的，是适应语言发展变化的产物。

三　复译策略

《系辞下传》曰："《易》之为书也，不可远。为道也屡迁，变动不居，周流六虚，上下无常，刚柔相易，不可为典要，唯变所适。"（《周易》这部书，不可须臾远离。它所体现的道理在于屡屡推迁，变化运行而不居止，周遍流动于各卦六爻之间，上下往来没有定准，阳刚阴柔相互更易，不可执求于典常纲要，只有变化才是它趋赴的方向。）它告诉我们：事物总是处于运动变化之中，作为具体事物的道理也呈动态变化，没有恒定不变的规范标准可以死守，人们要与时俱进，不断探索合乎客观实际的规律。

《乾·文言传》曰："'终日乾乾'，与时偕行。"（"整天健强振作"，说明追随时光向前发展。）《损·象传》曰："损益盈虚，与时偕行。"（事物的减损增益、盈满亏虚，都是配合其时而自然进行的。）《益·象传》曰："凡益之道，与时偕行。"（事物当增益之时所体现的道理，都说明要配合其时施行得当。）"与时偕行"，拿现在的话来说就是"与时俱进"。翻译要与时俱进，"与时迁移，应物变化"（司马谈《论六家要旨》）。所以，我们应当顺应时代变化，复译适变。然而，复译不是盲目的，要讲究策略。这里就复译策略展开讨论。

复译策略即复译时所使用的翻译策略，而翻译策略是指译者将文本从一种语言译为另一种语言过程中遇到某一问题时所采取的对策。翻译策略可分为总体策略和局部策略：总体策略为文化视角的策略，局部策略为文本视角的策略。本节主要从大易的观点出发，从四个方面探讨复译策略。

（一）纠错性复译：改错迁善

纠错性复译是指发现已有译文中存在错误从而进行纠正的复译，其目的在于为读者提供一个接近原语文本意义的译文。

《益·象传》曰："风雷，益；君子以见善则迁，有过则改。"（风雷交助，象征"增益"；君子因此见到善事就迁往接近，有所过错就勇于更改。）益卦上卦巽为风，下卦震为雷。从风雷益卦本身来看，这个图形意味着风生云起，雷电轰鸣，风雷交相为用。风能摧枯拉朽，雷能荡邪立正，风雷之后，天地为之一新。因此，益卦有除旧布新的含义。《系辞上传》曰："无咎者，善补过者也。"（无咎，说明善于补救过失。）"震无咎者存乎悔。"（震惧无咎的象征在于内心悔悟。）知过能改，善莫大焉。译者如果能取法益卦的道理，对于原译中的错误之处能像风雷摧枯拉朽一样予以扫除，并予以纠正，坚定地完善译文，那复译就会映现光彩。

翻译是原作的创造性再现，不是机械复制。即使是机械复制，"尚且有色浓色淡之殊，不可能完全一样，更不要说借手于人工，失真，走样，不吻合，欠妥贴，在所难免"（罗新璋，1991）。钱锺书在《林纾的翻译》中说：

> 一国文字和另一国文字之间必然有距离，译者的理解和文风跟原作品的内容和形式之间也不会没有距离，而且译者的体会和他自己的表达能力之间还时常有距离。从一种文字出发，积寸累尺地度越那许多距离，安稳到达另一种文字里，这是很艰辛的历程。一路上颠顿风尘，遭遇风险，不免有所遗失或受些损伤。因此，译文总有失真和走样的地方，在意义或口吻上违背或不尽贴合原文。那就是"讹"……（钱锺书，2009：775）

理解是历史性的。由于译者持有的前见及时间距离的影响，译者注定要被限制在理解的历史性之中。同时，译者往往难区分正确前见与错误前见，因而不可避免地产生理解上的错误，从而导致翻译中的误译现象（王晓丽，2002）。随着时间的推移，正确的前见可能会浮现出来，错误前见随之消除。后来的译者就会根据所浮现的正确前见审视和透析原文，获得对原文意义的本真把握，纠正原译文中的错误，提供正确的译文（陈东成，2012：127）。例如：

（1）原文：九二，包有鱼，无咎；不利宾。
　　　　　九四，包无鱼，起凶。（《周易·姤》）

译文1：The second line, undivided, shows its subject with a wallet of fish. There will be no error. But it will not be well to let (the subject of the first line) go forward to the guests.

The forth line, undivided, shows its subject with his wallet, but no fish in it. This will give rise to evil. (Legge, 1993: 197 – 199)

译文 2: Nine in the second place means:

There is a fish in the tank. No blame.

Does not further guests.

Nine in the fourth place means:

No fish in the tank.

This leads to misfortune. (Baynes, 2003: 172 – 173)

译文 3: —— 2. A fish is found in the kitchen;

There is nothing to blame about it,

But the fish is not for the guests.

—— 4. Fish is not found in the kitchen;

Misfortune may come along. (汪榕培、任秀桦, 2007: 97)

原文出自《周易·姤》，译文分别出自詹姆斯·理雅各（James Legge）、卡里·贝恩斯（Cary F. Baynes）和汪榕培、任秀桦之手①。现在，我们首先看看黄寿祺、张善文（2007: 258—259）对原文的注释：

包有鱼，无咎；不利宾：包，通"庖"，厨房，《释文》"包，本亦作'庖'"；鱼，阴物，喻初六。此言九二阳刚居中，初六以阴在下而来承，犹如"庖"中"有鱼"，不期而至，于二为"无咎"；但此"鱼"上应九四，实非己物，故不宜擅自动用、以享宾客。《集解》引王弼曰："初阴而穷下，故称'鱼'也；不正之阴，处遇之

---

① 理雅各（James Legge）英译《周易》（The Yi King or The Book of Changes）1882 年在英国牛津大学出版社首次出版，本书所依版本是湖南出版社 1993 年出版的版本《周易》（Book of Changes）。贝恩斯（Cary F. Baynes）英译《周易》（I Ching or Book of Changes）是从卫礼贤（Richard Wilhelm）的德译本转译而来的，1951 年由英国劳特里奇出版社（Routledge & Kegan Paul）分两卷在伦敦出版，1968 年发行第三版时两卷合为一卷，本书所依版本是企鹅出版社（Penguin Books）2003 年发行的合卷本。汪榕培、任秀桦《英译易经》（Book of Change）1993 年由上海教育出版社出版，本书所依版本是 2007 年由同一出版社再版的版本。

始，不能逆近者也。初自乐来，应己之厨，非为犯应，故'无咎'
也。擅人之物，以为己惠，义所不为，故不及宾。"

包无鱼，起凶：鱼，喻初六；起，作也，此处犹言争执。这两句
说明九四阳刚失正，所应之初背己承二，犹如己"鱼"亡失，入于
九二之"庖"；阴为民，"失鱼"恰似"失民"；因"失民"而争，
将更为孤立，故有凶险。《王注》："二有其鱼，故失之也；无民而
动，失应而作，是以凶也。"

据上述注释，原文翻译成现代汉语为：

九二，厨房里发现一条鱼，无所咎害；但不利于擅自用来宴享宾客。

九四，厨房中失去一条鱼，兴起争执必有凶险。

现在我们对比一下上述三种译文。其他不论，只讲"包"的翻译，
译文 1 和译文 2 分别将其译为"wallet"和"tank"，是译者没有注意到
"包"的通假意义，理解有错，译文属误译。译文 3 把握了"包"的真实
意义，纠正了前两译的错误。

(2) 原文：上九，姤其角；吝，无咎。(《周易·姤》)

译文 1：The sixth line, undivided, shows its subject receiving others
on his horns. There will be occasion for regret, but there
will be no error. (Legge, 1993：199)

译文 2：Nine at the top means：

He comes to meet with his horns.

Humiliation. No blame. (Baynes, 2003：173)

译文 3：—— 6. Staying in a remote corner,

You will not have what you expect.

There is grief, but nothing to blame. (汪榕培、
任秀桦，2007：91)

此例原文和译文出处与上例相同。黄寿祺、张善文（2007：260）对
原文的注释如下：

姤其角；吝，无咎：角，角落。此言上九居《姤》之终，穷高极上，犹如遇见荒远空荡的"角落"；虽然所遇无人而生"吝"，但恬然不争，未遭阴邪之伤，故亦"无咎"。王弼《周易注》曰："进之于极，无所复遇，遇角而已，故曰'姤其角'也。进而无遇，独恨而已；不与物争，其道不害，故无凶咎也。"

原文翻译成现代汉语为：上九，遇见空荡的角落；心有憾惜，但不遭咎害。单就"角"字言，原文中的"角"不是指"海角"，也不是指"牛、羊、鹿等动物的角"或"号角"，而是"角落"的意思，所以，译文1和译文2明显有误，译文3正确。

(3) 原文：六三，困于石，据于蒺藜；入于其宫，不见其妻，凶。(《周易·困》)

译文1：The third line, divided, shows its subject strained before a (frowning) rock. He lays hold of thorns. He enters his palace, and does not see his wife. There will be evil. (Legge, 1993：213)

译文2：Six in the third place means：

A man permits himself to be oppressed by stone,

And leans on thorns and thistles.

He enters his house and does not see his wife.

Misfortune. (Baynes, 2003：183)

译文3：－－3. Blocked by rocks and surrounded by thorns,

You can neither advance nor retreat.

When you return home,

You do not see your spouse;

This is a sign of ill omen. (汪榕培、任秀桦，2007：97)

原文出自《周易·困》。困卦下坎上兑，水在泽下，泽中无水，干涸，象征"被困、困穷"。原文中，"石"，喻九四。"蒺藜"，喻九二。"宫"，居室，许慎《说文》谓"宫，室也"；陆德明《经典释文》谓"宫，古者贵贱同称宫。秦汉以来，惟王者所居称宫焉。""见其妻"，王弼《周易注》谓"得配偶"，此处犹言配人为妻。此谓六三阴柔失正，以阴居阳，有"刚武"之志，因无应而比近九四，欲求为配偶，但四已应初，则三如困于石下、石坚难入；又乘凌九二，亦欲求配，但二刚强不可据，则三如错足蒺藜、棘刺难践；当此穷厄至甚之时，三虽退居其室，以失应不正之身，也只能茕茕独处、难以配人为妻，故曰"不见其妻"。爻义主于处困失道，必有凶险（黄寿祺、张善文，2007：275—276）。据此分析，原文的意思是：六三，受困在巨石下（石坚难入），支撑凭据在蒺藜之上（棘刺难践）；即使退回自家居室，也见不到配人为妻的一天，有凶险。

译文中，其他有待商榷的地方不谈，专就"入于其宫"而言，译文 1 显然有错，译文 2 直译正确，译文 3 意译传达了原文的含义。

（4）原文：六二，不耕获，不菑畬，则利有攸往。（《周易·无妄》）

译文 1：The second line, divided, shows one who reaps without having ploughed (that he might reap), and gathers the produce of his third year's fields without having cultivated them the first year for the end. To such a one there will be advantage in whatever direction he may move. (Legge, 1993: 115 – 117)

译文 2：Six in the second place means:

If one does not count on the harvest while plowing,

Nor on the use of the ground while clearing it,

It furthers one to undertake something. (Baynes, 2003: 102)

译文 3： – – 2. No ploughing, no harvesting;

No cultivation, no mellow soil.

If you are aware of this simple truth,

You will benefit from whatever you do. （汪榕培、任秀桦，2007：51）

原文出自《周易·无妄》，其中"不耕获，不菑畬"的句法结构构成了理解和翻译的障碍。"不耕获"即"不耕不获"，"不菑畬"即"不菑不畬"。"田一岁曰'菑'"，"三岁曰'畬'"（《尔雅·释地》）。"菑"，指初垦的瘠田，此处用如动词，犹言"开垦"；"畬"，指耕作多年的良田。所以，原文可这样理解：六二，不事耕耘、不图收获，不务开垦、不谋良田，这样就利于有所前往。对于"不耕获，不菑畬"，译文 1 理解为"不耕而获，不菑而畬"，译文 2 理解为"耕而不望获，菑而不望畬"，两者理解和翻译都有误。译文 3 理解到位，较好地传达了原文的句法结构和意义。

（5）原文：九三，频巽，吝。（《周易·巽》）

译文 1：The third line, undivided, shows its subject penetrating (only) by violent and repeated efforts. There will be occasion for regret. （Legge, 1993: 259）

译文 2：Nine in the third place means:
Repeated penetration. Humiliation. （Baynes, 2003: 222）

译文 3：Line 3　Repeated penetration. Opprobrium. （Sherrill and Chu, 1993: 387）

译文 4：9 FOR THE THIRD PLACE　Repeated submission—shame!
（Blofeld, 1991: 198）[1]

译文 5：—— 3. If you are compelled to be submissive,
You will come to grief. （汪榕培、任秀桦，2007: 117）

原文出自《周易·巽》，其中的"频"即古文"顰"字，顰蹙忧郁之意。这句爻辞说明九三居《巽》下卦之终，而上为四阴所乘，压抑顰蹙志穷委屈而顺从，故有"吝"。原文用白话文可表述为：九三，忧郁不乐勉强顺从，将有憾惜。译文 1、译文 2、译文 3 和译文 4 都将"频"理

_____

① 蒲乐道（John Blofeld）的英译《周易》（*I Ching: The Book of Change*）最早于 1965 年在伦敦和纽约出版，本书所用的版本是企鹅出版社 1991 年发行的版本。

解为"频繁",与原意有出入;译文 5 理解到位,传达了原文的含义。

　　(6) 原文:子曰:"学而时习之,不亦说乎?"(《论语·学而》)

　　译文 1: The Master said, To learn and at due times to repeat what
　　　　　　one has learnt, is that not after all a pleasure? (Waley,
　　　　　　1998: 3)
　　译文 2: Confucius remarked, "It is indeed a pleasure to acquire
　　　　　　knowledge and, as you go on acquiring, to put into practice
　　　　　　what you have acquired." (辜鸿铭, 2011: 3)
　　译文 3: Confucius said, "Is it not a pleasure after all to practice in
　　　　　　due time what one has learnt?" (蔡希勤, 2006: 163)

　　原文出自《论语·学而》首段。对"习"字的表达译文 1 与译文
2、译文 3 大为相左。对耶错耶? 请看李照国在《学而时习》一文中的
解析:

　　　　何谓"学而时习之"? 所谓"学而时习之",非谓"时时复习所
　　　　学之技"也。"习"者,操练也。古人造"習"字,乃取雏鸟试翅之
　　　　意。"习"之构形,上羽下日,即取雏鸟日练其翅以图高飞之意。
　　　　(李照国, 2012: 27)

　　李照国的解析本于事实,合情合理,所以译文 1 就很值得商榷,译文
2 和译文 3 深悟原文本意,表达恰当。

　　(7) 原文:三军可夺帅也,匹夫不可夺志也。(《论语·子罕》)

　　译文 1: You may rob the Three Armies of their commander-in-chief,
　　　　　　but you cannot deprive the humblest peasant of his opinion.
　　　　　　(Waley, 1998: 115)
　　译文 2: The general of an army may be carried off, but a man of the
　　　　　　common people cannot be robbed of his will. (辜鸿铭,

2011：141）

译文 3：An army may be deprived of its commanding officer, yet a
man cannot be deprived of his will. （蔡希勤，2006：131）

古汉语中"匹夫"的意思是"一个人，泛指平常人、平民百姓"或
者"无学识、无智谋的人"。此例原文中"匹夫"的意思显然属前者。译
文 1 将其译为"the humblest peasant"（地位最低下的农民），与原文相去
甚远。另外，译文 1 将"志"译为"opinion"（主张，意见），也偏离原
文含义。译文 2 和译文 3 对原文的把握到位，表达准确。

（8）原文：士之耽兮，犹可说也；女之耽兮，不可说也！（《诗
经·卫风·氓》）

译文 1：A man may do this wrong, and time
Will fling its cloak o'er his crime;
A woman who has lost her name
Is doomed to everlasting shame. （Herbert Allen Giles 译，
转引自汪榕培、王宏，2009：101）

译文 2：A man in deep affection
Is able to find solution;
For a maid in deep affection,
It's hard to find solution. （汪榕培译，转引自汪榕培、王
宏，2009：101）

理解原文的关键在于对"耽"和"说"的理解。"耽"的意思是
"沉溺"，而"说"通"脱"，即"脱身"。原文传出的意思是：男子沉溺
在爱情里，还可以脱身；姑娘沉溺在爱情里，就无法脱身。译文 1 表达的
意思是：男子有了错，时间可以把它清洗；女子一旦丧失了名誉，耻辱将
伴她终生。这与原意大相径庭，纯属臆测。译文 2 分别用"in deep affec-
tion"和"find solution"对应"耽"和"说"，深得其意，妙传其神，且
兼得音韵之美。

（9）原文：All Is Well That Ends Well.

译文1：烟蒂好，烟就好。
译文2：越抽越好抽，越抽越好抽。

此例为一则香烟广告语，原文出自莎士比亚喜剧的剧名 *All Is Well That Ends Well*（《皆大欢喜》）。其含义是：结果好一切都好。香烟的质量主要在于烟丝、配料和加工，而非吸嘴。"烟蒂"是指抽烟剩下的烟头。说"烟蒂好，烟就好"不合逻辑，译文1有误。这则广告语的本意是说，这香烟越抽到后头越有味儿，正像"这酒越喝越带劲"或"这茶越喝越够味"一样。译文2抓住了原文的实质，还了原文的本来面目。另外，译文2中后部分貌似前部分的简单重复，但其实不然。前后两个"好"字读音不同（分别念"hǎo"和"hào"），意义也不相同，分别为"使人满意"和"喜爱"。这加大了广告的解码难度，延长了广告的解码时间，增强了广告的趣味性，从而提高了广告的促销效果（陈东成，2007）。

（二）改进性复译：渐臻至善

改进性复译是为了更准确地传达原文的意义而进行的复译，译者不是认为已有译文有错误，而是觉得它美中不足，并试图将其改善，以便读者更好地接受和欣赏。

《序卦传》曰："物不可以终止，故受之以《渐》；渐者进也。"（事物不可能终久抑止，所以接着是象征"渐进"的《渐》卦；"渐"是渐进的意思。）渐卦的卦象是艮下巽上，艮为山，巽为木，山上有树木。树木虽然每时每刻都在生长，但难为人们所觉察，树木是渐渐长大的。同时，渐卦的卦象还可解释成艮为山，巽为风，风在山间流动，这个流动也是渐渐的。渐卦的意象表明，做任何事都是一个循序渐进的过程，不可一蹴而就。人的成长壮大如此，企业的经营发展如此，行善积德如此……受此启发，再作一点发挥，我们可以说，翻译要循善而进，止于至善。这里的"善"可援引马建忠的"善译"来诠释，即"能使阅者所得之益与观原文无异"（马建忠，2009：192）的完美译作。但译作不可能一步达到完美，只能渐渐向完美靠拢。事实上，也没有绝对完美的译作。翻译是一项不断超越前人而永无止境的事业，也是一项不断超越自己的永无止境的事业。译作总有可改进的地方，我们平常说"没有最好，只有更好"就是这个道理。

刘桂兰在《重译考辨》中这样说：

> 对于翻译来说，阐释活动是一个动态的、历史的过程，也是一个不断发展的过程，阐释活动也具有无限性，后来人总会在新的历史语境中对过去的不足加以改进。随着历史推进，译者所生活的社会历史背景发生变化，译者自身的知识经验增长，其"成见"和"视域"随之发生变化，认知水平也随之提高。而且译者本人经过多年翻译实践的磨炼与翻译理论认识的提高，在对原作的创作特色、语言风格和美学价值方面有了更深刻的认识和了解，对语言的驾驭技巧更加娴熟，译者这些变化发展的认知结构也会促成重译的产生（刘桂兰，2010：102）。

鲁迅毫不含糊地说："复译还不止是击退乱译而已，即使已有好的译本，复译也是必要的。曾有文言文译本的，现在当改译白话，不必说了。即使先出的白话译本很可观，但倘使后来的译者自己觉得可以译得更好，就不妨再来译一遍，无须客气，更不必管那些无聊的唠叨。取旧译的长处，再加上自己的新心得，这才会成功一种近于完全的定本。"（转引自陈福康，2000：306）随着社会的发展和历史的进步，人们对客观事物的认识不断加深，对文学作品的理解不断深入，阐释的方法也不断丰富。据此我们可以推断，随着对不同语言和文化对比研究的深入，人们对不同语言和文化的规律就有更深刻、更接近事物本质的认识。用这种新的认识去审视原译，就会发现原译有待改进，原来认为无法表达的东西或表达不到位的地方，现在可以找到确切、理想的表达形式了（陈东成，2012：129）。例如：

（1）原文：上六，龙战于野，其血玄黄。（《周易·坤》）

译文 1：The sixth line, divided,（shows）dragons fighting in the wild. The blood is purple and yellow.（Legge, 1993：21）

译文 2：Six at the top means:

Dragons fight in the meadow.

Their blood is black and yellow.（Baynes, 2003：15）

原文出自《周易·坤》，其意思是：龙在原野上交合，流出青黄相杂的鲜血。两个译文相比，译文 2 优于译文 1，主要表现在：首先，原文"龙战于野，其血玄黄"分前后两小节，每节四个字，排列整齐，节奏分明。译文 1 排列松散，两句长度相差较大，读起来平平淡淡；译文 2 将"龙战于野，其血玄黄"的译文分行排列，两行长度相当，总音节和重音节数量相同，而且行尾押韵，读起来抑扬顿挫，音调铿锵，极富美感。其次，原文"其血玄黄"指流出的血是玄色和黄色的。玄色就是青色、黑色，天的颜色；黄色是地的颜色。天玄地黄就是乾坤交合的颜色。译文 1 将"玄黄"表达为"purple and yellow"不如译文 2 将其表达为"black and yellow"准确。

（2）原文：上六，赍咨涕洟，无咎。（《周易·萃》）

译文 1：The topmost line, divided, shows its subject sighing and weeping; but there will be no error. （Legge, 1993: 205）

译文 2：Six at the top means:

Lamenting and sighing, floods of tears.

No blame. （Baynes, 2003: 177）

原文出自《周易·萃》，其中"赍咨"即"嗟叹"、"悲叹"之意，"涕洟"犹言"痛哭流涕"。全文的意思是：上六，咨嗟哀叹而又痛哭流涕，可免咎害。译文 1 将"赍咨涕洟"表达为"sighing and weeping"，基本意思传达出来了，但平淡乏力。译文 2 将其表达为"Lamenting and sighing, floods of tears"，"lamenting"、"sighing"两词连用，加强了语气；"floods of tears"属夸张手法，修辞效果明显，生动形象，富有感染力。另外，对于"无咎"的翻译，译文 2 不仅比译文 1 简洁而且用词更恰当。所以，相对于译文 1，译文 2 可谓是改进性复译。

（3）原文：上六，冥豫成，有渝无咎。（《周易·豫》）

译文 1：The topmost line, divided, shows its subject with darkened mind devoted to the pleasure and satisfaction (of the time); but if he change his course even when (it may be considered as) completed, there will be no error.（Legge, 1993：81）

译文 2：Six at the top means：

Deluded enthusiasm.

But if after completion one changes,

There is no blame.（Baynes, 2003：71）

译文 3：－ －6. You are indulging in pleasure.

If you mend your ways,

You will not receive any blame.（汪榕培、任秀桦，2007：33）

原文出自《周易·豫》，其中"冥豫"犹言"昏冥纵乐"；"渝"，变也。此谓上六阴处《豫》极，为"冥豫"已"成"之象，故须速"渝"方可"无咎"。王弼《周易注》曰："处动豫之极，极豫尽乐，故至于冥豫成也。过豫不已，何可长乎？故必渝变，然后无咎。"（王弼，2011：94）原文翻译成白话文是：上六，已形成昏冥纵乐的局面，及早改正则无咎害。翻译时较难处理的是"冥豫"，译文 1 将其表达为"shows its subject with darkened mind devoted to the pleasure and satisfaction（of the time）"，意义传达出来了，但显得拖沓，不够简洁；译文 2 将其表达为"Deluded enthusiasm"，简洁倒是简洁，但语气较弱，且意思有所出入；译文 3 将其表达为"indulge in pleasure"，不仅语气较强，而且措辞贴切，语言简洁，总体效果明显胜于前两个译文。

（4）原文：九四，解而拇，朋至斯孚。（《周易·解》）

译文 1：（To the subject of）the fourth line, undivided,（it is said），

"Remove your toes. Friends will（then）come, between you and whom there will be mutual confidence."

*① What is said on the fourth line appears in the form of an address to its subject. The line is strong in an even place, and 1, its correlate, is weak in an odd place. Such a

---

① 符号"*"系笔者所加，其后文字为相关译文的注释，下同。

union will not be productive of good. In the symbolism 1 be-
comes the toe of the subject of 4. How the friend or friends,
who are to come to him on the removal of this toe, are repré-
sented, I do not perceive. (Legge, 1993: 179, 437)

译文 2: Nine in the fourth place means:

Deliver yourself from your great toe.

Then the companion comes,

And him you can trust.

＊ In times of standstill it will happen that inferior people at-
tach themselves to a superior man, and through force of daily
habit they may grow very close to him and become indispen-
sable, just as the big toe is indispensable to the foot because
it makes walking easier. But when the time of deliverance
draws near, with its call to deeds, a man must free himself
from such chance acquaintances with whom he has no inner
connection. For otherwise the friends who share his views,
on whom he could really rely and together with whom he
could accomplish something, mistrust him and stay away.
(Baynes, 2003: 156 – 157)

译文 3: Line 4   Emancipate yourself from your big toe. A friend
then comes. Put your trust in him.

＊ Some inferior internal elements, or some external weak-
ness (in associates, career, position, ideas or situation) are
impeding rapid progress, as would happen with an individual
suffering from an ailing big toe. Advancements can be
made, but they will not be easy or without suffering until the
big toe is well. But like attracts like, a friend will come, in
whom you can and should put your trust. (Sherrill and
Chu, 1993: 292)

原文出自《周易·解》, 孔颖达《周易正义》对其作了如下解释:
"解而拇, 朋至斯孚" 者, 而, 汝也。拇, 足大指也。履于不正, 与三相比，三从下来附之，如指之附足，四有应在初。若三为之拇，则失初之应，故必"解其拇"，然后朋至而信，故曰"解而拇，朋至斯孚"（孔颖达，2009：169）。而朱熹《周易本义》却这样注释："姆，指初。初与四皆不得其位而相应，应之不以正者也。然四阳初阴，其类不同，若能解而去之，则君子之朋至而相信矣。"（朱熹，2011：31）两者对"拇"的爻位看法不一，但解卦是去小人之卦，"解而拇"即解去小人，"拇"象征小人。解去小人，方可"朋至斯孚"。"朋至斯孚"，君子之朋不但来了，而且能够彼此取得信任。所以原文可以这样译为白话文：像舒解你大脚拇指的隐患一样摆脱小人的纠附，然后朋友就能前来，彼此取得信任。

上面三个译文都采用了加注法。译文 1 中，"解而拇"被译为"Remove your toes"，显得太死板，注释中也没作必要说明，恐怕英文读者不知所云。译文 2 和译文 3 在注释中都对"解而拇"作了一定说明，读者借助注释理解原文含义应没问题。但两者各自的最后一句译文的准确度值得商榷。另外，译文 2 中的"great toe"和"big toe"两者最好统一，用后者为优；译"朋"用"companion"似乎不如用"friend"贴切。译文 3 所用的"emancipate"、"big toe"、"friend"等较准确。从总体效果来看，三个译文中译文 3 略胜一筹。

　　（5）原文：人之初，
　　　　　　　　性本善。
　　　　　　　　性相近，
　　　　　　　　习相远。

（王应麟《三字经》）

　　译文 1：Men at their birth,
　　　　　　　are naturally good.
　　　　　　　Their natures are much the same;
　　　　　　　their habits become widely different. （Herbert Allen Giles
　　　　　　　译，转引自李晶、刘昊博、张维途，2014：1）
　　译文 2：Man on earth,
　　　　　　　Good at birth.

The same nature

Varies on nurture.

（赵彦春，2014：1）

《三字经》与《百家姓》、《千字文》并称为我国三大国学启蒙读物。其文体特征是押韵、每句三字、短小精悍。它读起来朗朗上口，千百年来，家喻户晓。译文 1 以"直译 + 阐释"的铺陈方式为主（其中有的用词，如"habits"，欠准确），丧失了原文的行文特点和韵式特色，原文的诗学特征在译文中大打折扣。译文 2 用"三词 + 偶韵"的模式，即用英语三词对译汉语三字，以偶韵体 aabb 韵式类比原文 abcb 的汉语传统韵式。译文结构简洁凝练，用词精确，音韵和谐，很好地传达了《三字经》的经典之美。

（6）原文：子曰："天下国家可均也，爵禄可辞也，白刃可蹈也，中庸不可能也。"（子思《中庸》第九章）

译文 1：The Master said，"The empire，its States，and its families，may be perfectly ruled；dignities and emoluments may be declined；naked weapons may be trampled under the feet；— but the course of the Mean cannot attained to."（Legge，2011b：13）

译文 2：Confucius remarked："A man may be able to renounce the possession of Kingdoms and Empire，be able to spurn the honours and emoluments of office，be able to trample upon bare，naked weapons，with all that he shall not be able to find the central clue in his moral being."（辜鸿铭译，转引自樊培绪，1999）

原文引文由四个并列分句构成，但最后一个分句与前三个分句有别，即意义上有转折。译文 1 用"but"一词显示转折意义，同时，全文基本内容传达出来了，但神韵不够。译文 2 用"with all that"传达转折意义，语气比"but"强得多，整个译文也显得比前者传神得多，因此读起来挺有美感。

（7）原文：I lingered round them, under that benign sky; watched the moths fluttering among the heath and hare-bells; listened to the soft wind breathing through the grass; and wondered how anyone could ever imagine unquiet slumbers, for the sleepers in that quiet earth. (Emily Bronte, *Wuthering Heights*)

译文1：我在那温和的天空下面，在这三块墓碑前留连！望着飞蛾在石南丛和兰铃花中扑飞，听着柔风在草间吹动，我纳闷有谁能想象得出那平静的土地下面的长眠者竟会有并不平静的睡眠。（杨苡，1955：314）

译文2：在那温和的露天，我在那三块墓碑前留连徘徊，望着飞蛾在石楠丛和钓钟柳中闪扑着翅膀，倾听着柔风在草上飘过的呼吸声，不禁感到奇怪，怎么会有人能想象，在这样一片安静的土地下面，那长眠者竟会不得安睡呢。（方平，1984：419）

译文3：在那晴和的天空下，我围着三块墓碑留连徘徊，望着飞蛾在石南丛和兰铃花中扑扑飞舞，听着柔风在草间瑟瑟吹过，不禁感到奇怪，有谁能想象在如此静谧的大地下面，那长眠者居然会睡不安稳。（孙致礼，1998：370）

　　原文取自英国女作家艾米莉·勃朗特的小说《呼啸山庄》结尾的一段，译文分别出自杨苡、方平和孙致礼之手①。译文1和译文2处理前两句话时，连用两个"在"字短语，语气有些呆滞，译文3改成动词"围着"，比较流转自然。译文1最后一句完全照原文直译，中间没有必要的分割，句子较长，翻译腔较重。译文2比译文1有所改进，但语言缺乏节奏感，因而也就品不出"诗味"来。译文3则处理得相当细腻。"围着"、"望着"、"听着"和"留连徘徊"、"扑扑飞舞"、"瑟瑟吹过"，相互对

① 杨苡译本，1955年平明出版社初版，1980年江苏人民出版社再版；方平译本，1984年上海译文出版社初版；孙致礼译本，1998年花城出版社初版。三个译本的出版有一定的时间跨度，前两个29年，后两个14年。

应，结构工整，富有韵律，读来朗朗上口，融有音美、意美、形美之妙，较好地体现了"诗化"小说的特色（刘晓丽，1999）。

　　（8）原文：Able was I ere I saw Elba.

　　译文1：我在看到厄尔巴之前曾是强有力的。（钱歌川译）
　　译文2：不见棺材不掉泪。（许渊冲译）
　　译文3：不到俄岛我不倒。（许渊冲译）
　　译文4：若非孤岛孤非弱。（马红军译）
　　译文5：落败孤岛孤败落。（马红军译）

　　原文据说是1814年拿破仑被放逐地中海的厄尔巴荒岛时所写。该句的妙处在于其形貌特征——回文（palindrome，句中字词回旋往复读之均能成义可诵）。要既再现原文字句形貌特征，即保存形韵，又神韵不失，对译者来说无疑难度极大。译文1只译出了大致含义，回文的妙趣全无。译文2套用了一句中文成语，含义相当，但形象改变，原文的形貌特征也没传达出来，读者因而无法领略其中的奥妙。译文3主要是用音美来译形美，不失为一种较好的补偿手段，但未能再现原文形貌突出特征，因而无法充分体现原文的神韵。译文4和译文5都是七个字，与原文七个词在字词数量上正好对应。两者都以"孤岛"代"厄尔巴"，事实上厄尔巴也是孤岛，而且这个"孤"字更能体现拿破仑其时的处境。此外，这个"孤"与后面的"孤"相呼应（中国古代王侯自称"孤"）。译文5中的"落败"二字表示拿破仑兵败滑铁卢后被囚于该岛之意，而"败落"也指拿破仑已不再强大。更为突出的是，该句是一句地道的回文句，顺念倒念语音一样，意义一样，有"天然语趣"，有既定寓意。译文4虽然也可回文，而且与原文字面含义更为接近，但由于"若"与"弱"音同形异，意义也有别，总体效果稍逊于译文5（马红军，2000：65—66）。

　　（9）原文：Pepsi-Cola hits the spot.

　　　　　　　Twelve full ounces, that's a lot.

　　　　　　　Twice as much for a nickel, too.

　　　　　　　Pepsi-Cola is the drink for you.

译文 1：百事可乐击中要害，

分量十二盎司，实实在在，

花上五分镍币能喝上两份，

百事可乐对你以诚相待。

译文 2：百事可乐合口味，

十二盎司一大杯，

五美分，喝双份，

百事可乐为你备。

原文是按照英国民歌曲调谱写的一则百事可乐广告，押 aabb 韵，即以 lot 押 spot，以 you 押 too 的韵，另外，Twelve 与 Twice 押头韵，音韵和谐优美，行文流畅自如，读起来自然轻松，诗意浓郁，易于传诵。翻译这样的韵文，表现其风格特点至关重要。可以说译文 1 和译文 2 都较好地保存了原文的韵律，而且都比较注重押韵。但相对而言，译文 2 比译文 1 简单，更口语化。译文 1 中的"击中要害"让人有点不知所云；"以诚相待"显得太正式；"五分镍币"的"镍"为难字，不宜使用。译文 2 第一行强调了产品的质量。第二行对十二盎司加以了补充说明，因为中国读者大都对盎司的概念不熟悉。一盎司等于 28.35 克，十二盎司约 0.34 公斤，确实有一大杯。第三行不仅行内押韵，而且传达出了产品便宜实惠这一重要信息。第四行突出了消费者的地位，使消费者感到倍受尊重。总体上看，译文 2 更准确地传达了原文的意义（陈东成，2012：129）。

（三）建构性复译：见仁见智

建构性复译是从一个新的角度来理解原语文本而进行的复译，其目的是为读者提供一个原译未提供的新的理解视角。

文本不是摆在那儿恒定不变的客体，而是一个相对开放的符号系统。它是一种历史性的存在，而这种历史性又取决于读者的理解。读者的理解受一种"先行结构"的左右，谁也摆脱不了"主观偏见"，但正是这种"先行结构"所蕴含的主观性才使得不同译者永远能从同一作品中不断发掘新的意义，进行新的阐释。这就像不同的观察者从不同的角度观看一座建筑物一样，他们观看的虽是同一座建筑物，但看到的却是这座建筑物不同侧面所展示的面貌。谈到这一点时,伊瑟尔也曾举例说:这就好比"两个凝视着夜空的人可以都在看同一群星,但一人将看到犁的形象,另一人则设想出长柄勺。在一个文学文本中,这'群星'是确定的,但加在群星上的线条则是可变的"(转引自张杰,1994)。我国著名美学大师朱光潜教授在《我们对于一棵古松的三种态度》中对此也有一段精辟的议论:

> 假如你是一位木商,我是一位植物学家,另外一位朋友是画家,三人同时来看这棵古松。我们三人可以说同时都"知觉"到这一棵树,可是三人所"知觉"的却是三种不同的东西。你脱离不了你的木商的心习,你所知觉到的只是一棵做某事用值几多钱的木料。我也脱离不了我的植物学家的心习,我所知觉到的只是一棵叶为针状、果为球状、四季常青的显花植物。我们的朋友——画家——什么事都不管,只管审美,他所知觉到的只是一颗苍翠劲拔的古树。我们三人的反应态度也不一致。你心里盘算它是宜于架屋或制器,思量怎样去买它,砍它,运它。我把它归到某类某科里去,注意它和其他松树的异点,思量它何以活得这样老。我们的朋友却不这样东想西想,他只在聚精会神地观赏它的苍翠的颜色,它的盘曲如龙蛇的线纹以及它的昂然高举、不受屈挠的气概。(朱光潜,2012:10)

同一棵古松,木商、植物学家、画家三人的"知觉",即解读不一样。木商从实用的角度解读它,是谓译其善;植物学家从科学的角度解读它,是谓译其真;画家从审美的角度解读它,是谓译其美。译者就是这样从不同的视角理解原文,构建新的艺术画面,从而创作出新的译文。例如:

(1) 原文:六五,不富,以其邻利用侵伐,无不利。(《周易·谦》)

译文1:The fifth line, divided, shows one who, without being rich, is able to employ his neighbours. He may advantageously use the force of arms. All his movements will be advantageous. (Legge, 1993: 77)

译文 2: Six at the fifth line, he treats others in modesty and does not hoard wealth. It is favorable to unite the neighbors for expedition. Nothing is unbeneficial. (傅惠生、张善文, 2008: 99)

译文 3: – – 5. Modesty wins support from your neighbours.

It is time to be on the offensive;

You will be ever-victorious. (汪榕培、任秀桦, 2007: 31)

原文源自《周易·谦》，其中"不富"谓六五阴虚失实（俞琰《周易集说》谓"《易》以阴虚为不富"），此处喻"虚怀谦逊"、"虚怀若谷"；"以"，犹"与"；"邻"，指四、上两爻，这两个爻都是阴爻，都是不富的。全文可解释为：六五，虚怀待人而不居藏富实，利于与他的近邻联合起来出征讨伐，无所不利。王弼《周易注》以"不富以其邻"连读为句，训"以"字为"用"，认为六五"居于尊位，用谦与顺，故能不富而用其邻也。以谦顺而侵伐，所伐皆骄逆也。"（王弼，2011: 89）此说于义亦通。相应文字可解释为：六五，不富实，但能左右近邻。宜于出征讨伐，无所不利。由此推知，解释不同，译法亦异。译文 1 取第二种解释法，合情合理。译文 2 和译文 3 取第一种解释法，但译文 2 "反说反译"，译文 3 "反说正译"，殊途同归，各有妙趣。

（2）原文：六四，颠颐，吉；虎视眈眈，其欲逐逐，无咎。（《周易·颐》）

译文 1: The fourth line, divided, shows one looking downwards for (the power to) nourish. There will be good fortune. Looking with a tiger's downward unwavering glare, and with his desire that impels him to spring after spring, he will fall into no error. (Legge, 1993: 125)

译文 2: Six in the fourth place means:

Turning to the summit

For provision of nourishment

Brings good fortune.

Spying about with sharp eyes

Like a tiger with insatiable craving.

No blame. （Baynes, 2003：110）

译文 3：－ － 4. You seek food from your inferiors；

This is a sign of good omen.

You glare like a tiger eyeing its prey

With an insatiable desire；

You will not receive any blame. （汪榕培、任秀

桦, 2007：55）

原文源自《周易·颐》，其中"颠颐"谓六四阴居上卦，得正应初，犹如上者向下求养，再用以养下；"虎视眈眈"，虎向下盯视一物而不他顾的样子；"其欲逐逐"，继继以求，不达目的不罢休。全文可解释为：六四，颠倒向下求获颐养（再用来养人），吉祥；就像老虎眈眈注视，迫切求物接连不绝，必无咎害。对于"颠颐"的理解，译文 2 与译文 1、译文 3 明显不同，想必有误，这里不谈。我们只讨论"虎视眈眈，其欲逐逐"的翻译：译文 1 稍欠简洁，但其措辞"unwavering glare"、"spring after spring"特别生动形象，把文中所描绘的老虎的形象活灵活现地表现出来了；译文 2 和译文 3 分别用"spying about"、"sharp eyes"、"insatiable craving"和"glare"、"a tiger eyeing its prey"、"insatiable desire"，描写同样绘声绘色，效果异曲同工。

（3）原文：六五，丧羊于易，无悔。（《周易·大壮》）

译文 1：The fifth line, divided, shows one who loses his ram (-like strength) in the ease of his position. （But） there will be no occasion for repentance. （Legge, 1993：153）

译文 2：Six in the fifth place means：

Loses the goat with ease.

No remorse. （Baynes, 2003：135）

译文3： – – 5. The ram loses its power in the field;

There is no regret about it. （汪榕培、任秀桦，2007：71）

原文出自《周易·大壮》，对其意义的理解关键在于"易"字。黄寿祺、张善文（2007：200）对原文的注释如下：

易，通"埸"（音 yì），即田畔；《释文》："陆作'场'，谓'疆场'也"，《本义》："《汉·食货志》'场'作'易'"，《来氏易注》："易，即'埸'，田畔地也。"这两句说明六五处"壮"已过之时，犹刚壮之羊丧失于田畔；但能以柔处上卦之中，不用刚壮，故"无悔"。

王弼注云：

居于大壮，以阳处阳，犹不免咎，而况以阴处阳，以柔乘刚者乎？羊，壮也。必丧其羊，失其所居也。能丧壮于易，不于险难，故得无悔。二履贞吉，能干其任，而己委焉，则得无悔。委之则难不至，居之则敌寇来，故曰"丧羊于易"。（王弼，2011：186）

孔颖达正义曰：

"丧羊于易，无悔"者，羊，壮也。居大壮之时，"以阳处阳，犹不免咎，而况以阴处阳，以柔乘刚者乎"？违谦越礼，必丧其壮。群阳方进，势不可止。若于平易之时，逆舍其壮，委身任二，不为违拒，亦刚所不害，不害即"无悔"，故曰"丧羊于易，无悔"也。（孔颖达，2009：151）

据以上注释，我们可以得出结论：对于"易"的意义，译文1和译文2取"平易"说，而译文3取"田畔"说。"易"义不同，译文有异，异中有理！

（4）原文：六四，繻有衣袽，终日戒。（《周易·既济》）

译文1：The fourth line, divided, shows its subject with rags provid-ed against any leak (in his boat), and on his guard all day long. (Legge, 1993: 285)

译文2：4 yin. With cloth wadding for leaks, be on the alert all day. (Cleary, 2006: 101)

译文3：Line 4　The finest clothes, torn to rags. Be mindful all day long. (Sherrill and Chu, 1993: 422)

译文4：Six in the fourth place means:

The finest clothes turn to rags.

Be careful all day long. (Baynes, 2003: 247)

原文出自《周易·既济》，一种解释是："繻"即彩色的丝帛，此处借指美服；"有"，犹"或"，句中含有"将要"之意；"袽"即败絮，指衣服破敝。全文意思为：六四，华美衣服将变成敝衣破絮，应当整天戒备祸患。但王弼注云："繻，宜曰濡。衣袽，所以塞舟漏也。履得其正，而近不与三五相得。夫有隙之弃舟，而得济者，有衣袽也。邻于不亲而得全者，终日戒也。"（王弼，2011：331）此例原文的翻译关键在于对"繻"的解释，解释不同，译文自然不同。译文3和译文4取前一种解释，译文1和译文2取后一种解释，各有其理。

（5）原文：初九，官有渝，贞吉；出门交有功。（《周易·随》）

译文1：The first line, undivided, shows us one changing the object of his pursuit; but if he be firm and correct, there will be good fortune. Going beyond (his own) gate to find associ-ates, he will achieve merit. (Legge, 1993: 83)

译文2：Nine at the beginning means:

The standard is changing.

Perseverance brings good fortune.

To go out of the door in company

Produces deeds.　（Baynes，2003：73）

译文 3：Line 1　Authorities subject to change.　Persistence in right ways.　Go out in public and mingle freely.　Substantial results.　（Sherrill and Chu，1993：165）

译文 4：——1.　When you follow the change of times,

You will have good fortune

If you persevere.

If you find friends outside your family,

You will win merits.　（汪榕培、任秀桦，2007：35）

原文取自《周易·随》。孔颖达《周易正义》曰："初九既无其应，无所偏系，可随则随，是所执之志有变渝也；唯正是从，故'贞吉'也；'出门交有功'者，所随不以私欲，故见善则随之，以此出门，交获其功。"（孔颖达，2009：92）据此，原文可解释为：初九，思想观念随时改善，守持正固可获吉祥；出门与人交往必能成功。四个译文对第一句的理解差异较大，此处不论。对最后一句的表达不同，但"万变不离其宗"，不出"出门与人交往必能成功"的主旨，这从一个侧面反映了复译的建构性。

（6）原文：知不知上不知知病（老子《道德经》第七十一章）

译文 1：To know the unknowable, that is elevating.

Not to know the knowable, that is sickness.　（Paul Carus 译）[①]

译文 2：To know when one does not know is best.

To think one knows when one does not know is a dire disease.　（Arthur Waley 译）

译文 3：To know, but to be as though not knowing, is the height of

----

① 此例 4 则译文均引自刘宓庆《翻译美学导论》，中国对外翻译出版公司 2005 年版，第 204—205 页。

wisdom.

Not to know, and yet to affect knowledge, is a vice. (Lio-nel Giles 译)

译文 4: To regard knowledge as no-knowledge is best.

To regard no-knowledge as knowledge is sickness. (John C. H. Wu 译)

原文源自老子《道德经》第七十一章。古人撰文不加标点，读者自行断句。本例四位译者对原文的断句分别为：

知不知，上。不知知，病。

知不知，上。不知，知，病。

知，不知，上。不知，知，病。

（以）知（为）不知，上。（以）不知（为）知，病。

他们的译文分别为以上译文 1、译文 2、译文 3 和译文 4。究竟谁的译文更接近原文意旨，恐怕难以定夺，因为他们的断句均可自圆其说，译文因断句不同而异样。

(7) 原文：吾岂匏瓜也哉？焉能系而不食？（《论语·阳货》）

译文 1: Am I a bitter gourd? How can I be hung up out of the way of being eaten? (Legge, 2011a: 321)

译文 2: Am I indeed to be forever like the bitter gourd that is only fit to hang up, but not to eat? (Waley, 1998: 231)

译文 3: And am I, after all, only a bitter gourd to be hung up and not eaten at all? (辜鸿铭, 2011: 287)

原文的意思是：我难道是一只匏瓜吗？怎么能够只是挂在那里，不希望有人来采食呢？文中用到了隐喻，诙谐地表现出孔子希望"仕而得禄"的愿望。译文 1 像原文一样用两句话，以隐喻译隐喻；译文 2 将原文浓缩为一句话，将隐喻转化为明喻；译文 3 将原文浓缩为一句话，以隐喻译隐喻。

三者处理方法和结构不同，但异曲同工，都能使英文读者产生相同的联想。

（8）原文：羁鸟恋旧林，池鱼思故渊。（陶渊明《归园田居》其一）

译文 1：The migrant bird longs for the old wood；
The fish in the tank thinks of its native pool. （Arthur Waley 译）①

译文 2：Birds in the cage long for their wonted woods，
Fish in the pool for the former rivers yearn. （Andrew Boyd 译）

译文 3：The caged bird yearns for its former woods，
Fish in a pool yearns for long-ago deeps. （宇文所安译）

译文 4：The bird in its cage longs for its old forest，
The fish in the pool thinks of its native deeps. （J. D. Frodsham 译）

译文 5：The caged bird longs for its woodland；
The pond-reared fish yearns for its native stream. （Robert H. Kotewall 译）

译文 6：Like a caged bird
Still thinking of trees and woods，
Like a fish in a pond
Never forgetting its river. （丁祖馨译）

译文 7：The cage-bird languishes for its woody shelter，
The pond-fish pines for its native pool. （谭时霖译）

译文 8：Birds in the cage would long for wooded hills；
Fish in the pond would yearn for flowing rills. （汪榕培译）

译文 9：A caged bird would long for wonted wood，
And fish in tanks for native pools would yearn. （许渊冲译）

---

① 此例 9 则译文均转引自汪榕培、王宏主编《中国经典英译》，上海外语教育出版社 2009 版，第 111—112 页。

诗人陶渊明用羁鸟和池鱼来比喻自己在仕途中的不自由，用旧林和故渊来比喻田园，表达了对故乡的依恋之情。原文对仗工整，语约意丰。以上各译文依傍原文意旨编排语言，各具匠心，各领风骚（汪榕培、王宏，2009：113—114）。

> （9）原文：Come to where the flavor is.
> Come to Marlboro Country.

译文1：西部牛仔展风度，
　　　　风度源自万宝路。（陈东成译）
译文2：万宝路香烟：
　　　　追寻牛仔风度，西部潇洒走一回。（丁衡祁译）

此例是一则万宝路香烟的广告。分析原语广告，我们至少可以把握这么两点：1) flavor 既指万宝路香烟的独特品味，又指抽这种香烟的人特有的风度，这风度在牛仔的身上体现出来：他骑着高头大马，身着牛仔服装，嘴里叼着香烟，满脸刚毅，英姿勃发；2) Marlboro Country 是指抽这种烟的人所驰骋的天地，即美国西部。广告中展现出来的是广袤的荒原，蔚蓝的天空，飞奔的骏马，粗犷的牛仔，他们构成一幅极富阳刚之美的画面。"这一切象征着潇洒、豪放、自由、'酷'味儿十足，是许多青年男性所追求的东西。"（丁衡祁，2004）译文1从整体把握，将各相关要素有机地联系起来，并利用汉语对偶、顶真、押韵等修辞手法，充分展现广告标题的"潜台词"：抽万宝路香烟的人就是与众不同，有着美国西部牛仔的独特风度。译文2在把握原文意义的基础上，从另一角度，巧妙利用社会上的流行语"潇洒走一回"，传达了原文的精神实质，同样展现了广告标题的上述"潜台词"（陈东成，2012：133—134）。

（四）适应性复译：趋吉避凶

适应性复译是为了适应读者的文化环境或避开文化差异造成的不良后果而进行的复译，其目的是充分满足读者的文化需求或投人所好，避人所忌。

《系辞上传》道："吉凶者，失得之象也。"吉意味着得，凶意味着失。《周易》六十四卦每卦都有卦辞和爻辞，卦辞用来论断全卦的吉凶状况，爻辞用来分辨一卦中每一爻的吉凶状况。《周易》自始至终讲"趋吉避凶",是一部教人趋吉避凶的书。将其思想引入翻译中,就是多考虑读者,应其所需,投好避忌,最终达到译者心中的"趋吉避凶"的目的。

人们总是根据自己已有的生活经验和自我的文化理念来认识、诠释和接纳事物。人们已有的"前见"极大地影响他们对事物的认识态度和评判标准。当译文所包含的文化意蕴与人们已有的"前见"相融合时,译文就很容易被他们接受;否则,就可能受到排斥或斥责。一旦译文受到排斥或斥责,翻译就会失败。译者应对受众的文化理念进行深入探究与精确把握,将有违译语文化的部分进行创造性复译。

翻译与其说是语言的翻译,还不如说是文化的翻译,因为语言打上了文化的烙印。各民族由于历史背景、风俗习惯、价值观念、思维方式等文化特质不同,语言表达方式就千差万别。一个民族的某种语言表达方式可能被另一个民族所认同和接受,但也可能不被另一个民族所认同和接受,从而受到抵触和排斥。语言中所折射的"文化冲突"的事例俯拾即是,无须赘述。因此翻译不可能看成是一对一的语言转换活动,译者应高度重视语言中所蕴含的文化因素,采取适当的翻译策略和方法,妥善处理因文化因素所引起的有关问题。这就要求译者重视译文读者的地位和作用,充分考虑他们的期待视野和文化审美习惯,采取适应性策略,以使译文适宜于读者所处的文化环境,为读者所理解和接受。一方面,"投读者所好",充分发掘原文的有效信息,只要能为我所用,便穷其所能,将原文的优势发挥至极点;另一方面,"避读者所忌",隐去或撇开可能造成负面效果的信息,否则,译文不仅达不到"移情、益智"(鲁迅《且介亭杂文二集》)的作用,反而会引起读者的反感、憎恶。但"避读者所忌"并不意味着"全盘抛弃",而是"扬弃",是译者创造性地处理有关信息,创作出实现译者预期目的的译文(陈东成,2006)。例如:

(1) 原文:九三,高宗伐鬼方,三年克之;小人勿用。(《周易·既济》)

译文1:Line 3 The Illustrious Ancestor carries out an attack on the Devil's Region, and conquers it after three years. Inferior men must not take part in such an undertaking. (Sherrill and Chu, 1993:421)

译文 2： Nine in the third place means：

The Illustrious Ancestor

Disciplines the Devil's Country.

After three years he conquers it.

Inferior people must not be employed. （Baynes，2003：246）

译文 3： —— 3. It takes three years

For the king to conquer the enemy.

Rash people of inferior nature

Are not to be trusted. （汪榕培、任秀桦，2007：129）

原文源自《周易·既济》，就其中的"高宗"和"鬼方"，高亨《周易大传今注》解释道："高宗，殷王也，名武丁，庙号高宗。鬼方，国名，严允（古书作猃狁）部落之一，在当时中国之西北地区。"（高亨，2009：441）原文爻辞的意思是：殷高宗讨伐鬼方，持续三年之久终于获胜；焦躁激进的小人不可任用。"高宗"在译文 1 和译文 2 将均表达为"the Illustrious Ancestor"，在译文 3 中表达为"the king"，两者虽褒奖程度有别，但不至于引起读者误解。可就"鬼方"而言，译文 1 和译文 2 分别表达为"the Devil's Region"和"the Devil's Country"，译文 3 表达为"the enemy"，前两个译文易引起文化误读，后者避免了这一问题。笔者认为，利用音意兼顾的方法，将"鬼方"译为"Guifang or the kingdom"似乎更为合理。

(2) 原文：《象》曰：雷出地奋，豫；先王以作乐崇德，殷荐之上帝，以配祖考。（《周易·豫·象传》）

译文 1： It says in the Great Symbolism："［The symbol of］the earth and thunder issuing from it with its crashing noise form Yu. The ancient kings, in accordance with this composed their music and did honour to virtue, presenting it especially and most grandly to God, when they associated with Him（at the

service）their highest ancestor and their father.　"（Legge，
1993：79）

译文 2：THE IMAGE

Thunder comes resounding out of the earth：

The image of ENTHUSIASM.

Thus the ancient kings made music

In order to honor merit,

And offered it with splendor

To the Supreme Deity,

Inviting their ancestor to be present.　（Baynes，2003：68）

原文源自《周易·豫·象传》，其中"上帝"犹言"天帝"，中国古人视之为主宰万物的至高无上之神。其他一些中国古典著作中也有此表述，如：

《尚书·汤诰》："惟皇上帝降衷于下民。"（伟大的上帝降善于下界人民。）

《诗经·大雅》："荡荡上帝，下民之辟。"（伟大的上帝是下民的君主。）

《中庸》："郊社之礼，所以事上帝也。"（祭天地的礼仪，是用来侍奉上帝的。）

《孟子·离娄》："虽有恶人，斋戒沐浴，则可以祀上帝。"（恶人通过吃素、洗浴，净化自己，也可以祭祀上帝，向上帝祈求。）

译文 1 以"God"替换原文中的"上帝"，"God"是基督教文化中的上帝，文化含义明显有别于《周易》中的"上帝"。译文 2 用"the Supreme Deity"作相应表达，以与"God"相区别，避免读者误解。笔者认为，《周易》中的"上帝"可译为"the Heavenly Deity"或"the Lord of Heaven"。

（3）原文：初筮告，再三渎，渎则不告。（《周易·蒙》）

译文 1：When he shows（the sincerity that marks）the first recourse
　　　　to divination，I instruct him. If he apply a second and third
　　　　time, that is troublesome；and I do not instruct the trouble-
　　　　some.　（Legge，1993：29）

译文 2：At the first oracle I inform him.

If he asks two or three times, it is importunity.

If he importunes, I give him no information. （Baynes, 2003：21）

译文 3：I answer his question the first time he asks; I do not answer him if he asks repeatedly because that shows his imperti-nence. （汪榕培、任秀桦，2007：9）

　　原文出自《周易·蒙》的卦辞，是讲"治蒙"的规律。蒙稚者应当虔心循序求问，不可"再三"滥问、渎乱不敬；而蒙师也必须教之有方，故初告、渎不告。原文可这样翻译成白话文：初次祈问施以教诲，接二连三地滥问是渎乱不敬，渎乱不敬就不予施教。翻译主要涉及对文化负载词"三"的理解。这里的"三"不是一个具体数，而是一个概数，含"多"的意思。译文 1 和译文 2 都是照字面意思译出，有违原文本意；译文 3 作了变通处理，传达了原文的内在意义。

　　（4）原文：六五，黄裳，元吉。（《周易·坤》）

译文 1：The fifth line, divided, （shows） the yellow lower garment. There will be great good fortune.

　　＊'Yellow' is one of the five 'correct' colors, and the color of the earth. 'The lower garment' is a symbol of hu-mility. The fifth line is the seat of honor. If its occupant pos-sess the qualities indicated, he will be greatly fortunate. （Legge, 1993：19, 368）

译文 2：Six in the fifth place means：

A yellow lower garment brings supreme good fortune.

　　＊Yellow is the color of the earth and of the middle; it is the symbol of that which is reliable and genuine. The lower garment is inconspicuously decorated—the symbol of aristocratic re-serve. When anyone is called upon to work in a prominent but not independent position, true success depends on the utmost

discretion. A man's genuineness and refinement should not re-
veal themselves directly; they should express themselves only
indirectly as an effect from within. (Baynes, 2003: 15)

原文源自《周易·坤》。黄，坤地之正色，代表坤德；黄又居五色
（青、赤、黄、白、黑）之"中"，象征中道。裳，古人穿在下体的衣服
（古人称上体之服为衣，下体之服为裳），象征谦下。坤卦的第五爻，说
明坤阴已经发展到鼎盛时期，升居上卦之中的尊位，但仍然保持阴柔的本
性，而甘居下体，这是大吉之兆。翻译这一爻，涉及中国文化因素的处理
问题。两个译文都采取了加注法。译文1说"黄"是五"正"色之一，
是地之色，但何为五正色，各有何含义，没有更多说明。对此，不熟悉相
关背景的外国读者势必心存疑惑。另外，对"qualities"除用一个模糊的
字眼"indicated"修饰外，没有具体所指，读者得不到清晰的概念。较之
译文1，译文2除说明了黄是地之色、中之色之外，对"裳"进行了较详
细的解说，包括相关的人事，这有助于外国读者理解原文的真实含义。

（5）原文：临：元亨，利贞；至于八月有凶。（《周易·临》）

译文1：Lin (indicates that under the conditions supposed in it)
there will be great progress and success, while it will be ad-
vantageous to be firmly correct. In the eighth month there
will be evil. (Legge, 1993: 91)

译文2：APPROACH has supreme success.
Perseverance furthers.
When the eighth month comes,
There will be misfortune. (Baynes, 2003: 79)

译文3：Approach. Sublime success! Righteous persistence brings re-
ward. However, when the eighth month is reached, misfor-
tune will befall.
* The eighth month of the lunar calendar corresponds ap-
proximately to September. (Blofeld, 1991: 125 – 126)

原文出自《周易·临》，其中的"八月"指周初历法的八月，与西方公历的八月是两个不同的概念。译文 1 和译文 2 仅用"the eighth month"替代"八月"，未加任何说明，这很可能让西方读者认为"the eighth month"就是公历的八月；译文 3 增加了注释（译文 1 和译文 2 初次面世时间早于译文 3），能让西方读者注意到相关区别。笔者认为，文中的"八月"可译为"the eighth lunar month"，配之以周初历法用月相盈亏来记月的简要说明并指出它与我国现在农历的八月有所不同。

(6) 原文：（陈最良:）"玉不琢，不成器；人不学，不知道。"
（汤显祖《牡丹亭》）

译文 1："Jade unsculpted unfit for use; person untutored unaware of the Way."（Cyril Birch 译）①

译文 2：It's said,"Unpolished jade has little worth; untutored man has little wit."（张光前译）

译文 3：As *The Book of Rites* says,"Uncarved jade is unfit for use; uneducated men are unaware of Tao."（汪榕培译）

"玉不琢，不成器；人不学，不知道"这句话出自《礼记》，对不熟悉相关中国文化的外国读者来说，不知其来龙去脉，势必费解。译文 1 没作任何说明；译文 2 虽增译了"It's said"，但欠具体；译文 3 加进了"As *The Book of Rites* says"，具体明白，能使读者对其来源一目了然，有助于读者根据上下文理解其中意蕴。

(7) 原文：The Forbidden Fragrance.

译文 1：禁用的香水。
译文 2：凡人禁用的香水。

---

① 此例 3 则译文均转引自汪榕培、王宏主编《中国经典英译》，上海外语教育出版社 2009 版，第 168 页。

这是一则外国香水广告语。英语读者见到这则广告往往会想到源自基督教《圣经》的词语 "forbidden fruit" [（亚当与夏娃违背神命偷吃的）禁果] 和谚语 "Forbidden fruit is sweet"（禁果分外甜，指不让得到的东西格外有诱惑力），可能会认为广告宣传的产品质量非同一般。译文 1 将其表达为 "禁用的香水"，中文消费者可能望而生畏。译文 2 对原文作了变通调整，表达为 "凡人禁用的香水"。这 "凡人" 非凡，一进广告词，广告就产生非凡的效果。它表明产品具有独特魅力，引人遐想：这香水非凡人使用，使用者必为非凡之人（陈东成，2012：206）。

（8）原文：Goldlion——It's a men's world.

译文 1：金狮——男人的世界。
译文 2：金利来——男人的世界。

原文是一句颇受人称道的广告词，其中的商标名 "Goldlion" 最初被译为 "金狮"。对中国大陆一般人来说，"金狮" 应算不错的翻译。在中国文化中，"狮" 是威武雄壮的象征，用做男性专用的领带商标，正象征着男子汉的阳刚之气。而 "金" 则是商品社会中人们趋之若鹜的色彩，也有 "高贵、华贵" 的意味。但在香港地区所使用的粤语中 "金狮" 与 "金蚀"、"今死" 谐音，对于平时好彩头、喜欢吉利话的香港人，有谁愿意把 "金蚀"、"今死" 挂在胸前呢？"金利来" 取自 "Goldlion" 的译音，带有吉祥、华贵的色彩，迎合了商品社会中人们对金钱、利益的追求心理。金来，利来，财源滚滚来，哪个香港人不喜欢呢？

（9）原文：Just do it.

译文 1：要做就去做。
译文 2：应做就去做。

耐克（Nike）通过以 "Just do it" 为主题的系列广告和篮球明星乔丹（Michael Jordan）的明星效应，迅速成为美国运动鞋的第一品牌。"要做就去做" 是这种主题在中文中的直接表达，它抓住了现在青少年一代的心态：只要与众不同，只要自己愿意，要做就去做。广告很有鼓动性，促销效果不错。但这一译文在香港使用不久便被禁用，原因是不少消费者认为该译文有诱导青少年犯罪之嫌，纷纷投诉，后来改译为"应做就去做"才平息风波。香港作为华人社会，具有传统的价值观和自律心理，"要做就去做"这一广告口号被禁用也可以说是顺理成章的。但如果在标榜个性自由的美国，这一广告口号是不会令人大惊小怪的。这里广告词的复译是地域性文化差别所致（陈东成，2007）。

需要说明的是，"适应性"并不意味千篇一律地机械替代，或不假思索地排斥"异国情调"。相反，对于那些新颖独特的表达法，只要不妨碍人们的理解，不引起人们的误解，便可大胆地吸纳。往往正是这些新颖独特的表达法才展示出译文的特有魅力，以实现其预期功能。同时，读者不是被动的，他们具有能动性，可以发掘自己的审美潜能，发挥自己的想象力和创造力，与译文形成互动，产生共鸣。

前人有句话："易无达占，从变而移。"易卦没有固定的占断，因人、因事、因时而异。文无定诠，言人人殊，人以群分，言随时变……多重因素导致了复译的必然性。

一口井时间长了，会积存污泥浊水，所以要淘井排污；一个社会时间长了，会腐乱不安，所以要变革；一部译作时间长了，会失去原有的光泽，所以要复译。复译可比之为《周易》中的"变革"，而"变革，事之大也，必有其时，有其位，有其才，审虑而慎动，而后可以无悔"（程颐，2016：219）。复译是件错综复杂的翻译大事，不可轻举妄动、随意而为，要"顺乎天而应乎人"（《革·象传》），要顺应时代要求，符合人们的愿望，同时要遵循翻译规律，选择适当的复译策略和方法，创作出不仅译者"无咎、无悔"，而且读者"乐之、好之"的译文。这样复译才会经久不衰，历久弥新，和谐有序地顺畅发展。

第十二章

翻译批评

"大凡一件事，有人开始做，就有人开始评。有文学创作发生，于是有文学批评；有翻译活动发生，翻译批评随之而来。"（王克非，1994）翻译批评是翻译理论与翻译实践之间一个非常重要的不可或缺的环节，是一种实证性的知性审美认知活动，是批评者根据一定的批评标准和原则，采用相关方法，对翻译现象和结果（包括译作和译论）进行分析和评价。翻译批评对促进翻译事业发展和跨文化交流起到了极大的积极作用。翻译批评研究自古有之，于今为盛。翻译批评研究的途径和视角层出不穷。本章拟在前人研究的基础上从大易的视角着重研究翻译批评标准、原则和方法。

一　翻译批评标准：中和

"权，然后知轻重；度，然后知长短。"（《孟子·梁惠王上》）一个东西，用秤称过，才知道它的轻重，用尺量过，才知道它的长短。世间万物，都要经过某些标准的衡量，才知道究竟。批评免不了要作判断，要作判断就得有个标准。标准是衡量事物的准则，翻译批评离不开批评标准。"标准问题是一切批评的中心问题。"（黄书泉，2002：36）翻译批评标准问题自然是翻译批评的中心问题。所谓翻译批评标准，顾名思义，是批评者在翻译批评活动中所遵循的准则。与翻译标准一样，翻译批评标准多种多样，这里拟讨论基于易理的"中和"翻译批评标准。

（一）"中和"翻译批评标准的哲学依据

《周易》尚中。六十四卦中，"中"指一卦的第二、五爻的爻位。第二爻为下卦之"中"，第五爻为上卦之"中"，象征事物守持中道，行为不偏。易学的中道思想，或者说中国传统文化的中庸思想最早的源头之一，就是通过这两个爻位体现出来的。宋阮逸《中说·序》道："大哉，中之为义，在《易》为二五，在《春秋》为权衡，在《书》为皇极，在《礼》为中庸。谓乎无形，非中也，谓乎有象，非中也。上不荡于虚无，下不局于器用，惟变所适，惟义所在，此中之大略也。"（转引自程静宇，2010：324）在一个卦章中，六二爻和九五爻同时出现，便是"中正"，这被认为是一个非常吉利的征兆，同人卦和观卦就是如此。《同人·彖传》曰："'同人'，柔得位得中应乎乾，曰同人。同人，曰'同人于野，亨，利涉大川'，乾行也。文明以健，中正而应，君子正也。唯君子为能通天下之志。"（"和同于人"，譬如柔顺者处得正位、守持中道又能上应刚健者，所以能够和同于人。和同于人，强调"在宽阔的原野与人和同，可获亨通，利于涉越大河巨流"，这是表明刚健者的求同心志在施行。禀性文明而又强健，行为中正而又互相应和，这是君子和同于人的纯正美德。只有君子才能会通统一天下民众的意志。）《观·彖传》曰："大观在上，顺而巽，中正以观天下。"（宏大壮观的气象总是呈现在崇高之处，譬如具备温顺和巽的美德，又具中和刚正之质就可以让天下人观仰。）

　　按《易》例规定，"中"大于"正"。在一定卦时的制约下，柔得五之中位即意味着柔有阳刚之助而不过柔；刚得二之中位又意味着刚有阴柔之补而不过刚，刚柔互补而适中，同样可以得吉辞。据统计，在六十四卦的一百二十八个中位中，得"吉"、"元吉"、"大吉"、"贞吉"的共有五十四爻，占42%多；得"无咎"、"无悔"、"悔亡"的共有十五爻，约占12%；得"凶"、"吝"、"厉"的只有十四爻，占不到11%。《彖传》中有四十五处言"中"，涉及三十七卦；《象传》中有五十二处言"中"，涉及四十一卦。《彖传》和《象传》中对"中"的称谓又有三十九种之多，如"中正"、"正中"、"错中"、"刚中"、"柔中"、"中行"、"使中"、"在中"、"中直"、"大中"、"积中"、"中道"、"行中"、"未出中"、"久中"、"位中"、"中未变"、"中有变"、"中不自乱"、"中心为正"、"中心为实"，等等。《周易》又强调"时中"。所谓"时中"，就是根据客观条件的变化，随时进行调整而"执中"，以达到灵活运用。这些事例说明，"中"，即阴阳对立面的统一和谐，不单是理论的问题，而是一个极其重要的思想方法而得以普遍应用（张其成，1994：8；王章陵，2007：189）。难怪清刘一明在《周易阐真》中说："儒曰执中，道曰守

中，释曰虚中，中之一字，乃三教圣人之心法，所以修性命而成大道，千
经万典，说来说去，只说的这一字。""中也者，天下之大本也。亘古圣
贤仙佛，皆从此中生出。其大无外，其小无内，放之则弥六合，卷之则退
藏于密，悟之者立跻圣位，迷之者万劫沉沦。盖此中乃性命之根，在先天
性命如一而为中性命，在后天中分而为性命性中命，其实后天中返出先
天，性了命凝，性命归根，仍为一中。""守此中者，圣人也；失此中者，
凡人也。圣凡之分，只在得失之间耳。"①

　　当代美国著名易学家成中英根据《周易》中"中正"、"当位"、
"应"、"失位"、"不当位"、"失中"（"不中"）、"敌应"等结构，将
"中"的概念扩大，认为"中"是位与阴阳之适当结合，它能符合所有
在位上、在质上、在价值判断上，对和谐、一致、秩序、协调的要求。
如果要进一步作动态考虑，诸如上下往来之动、相关结构（卦）间之
可能转换或转化的关系等，则应该在一个更大且动态的架构中来界定
"中"之意义，"中"就是阴阳与位的适当结构，而这种结构会在适当
的关系中发展至其他的结构。这意味着"中"一方面是一个和谐、秩
序、融贯、协调的结构，一方面也是一个产生更多和谐、秩序、融贯、
协调，或至少是维持及继续此种融贯、协调之历程（成中英，2006：
189—190）。

　　"和"的概念在《周易》中极为深厚。《乾·象传》曰："乾道变
化，各正性命，保合太和，乃利贞。"（天道变化，万物各自禀受其性，
得天赋之命，而太和元气得以保全、融合，这样就使得物性和谐，各有
其利，万物都能正固持久地成长。）"和"是阴阳二气交互作用的结果，
而阴阳观念是《周易》的灵魂，泰、否、既济、未济等卦都以对比的
方式，形象地表明了阴阳相交而达到和谐的思想。《周易》"和"的美
好境界，还诗意般地体现在一些爻辞中，如《中孚·九二》曰："鸣鹤
在阴，其子和之。我有好爵，吾与尔靡之。"（鹤在树阴中鸣叫，它的同
类声声应和；我有甜美的酒浆，愿与你共饮同乐。）山清水秀，鹤鸣子
应，一幅和泰、和谐的自然图景；笙歌美酒，贤主嘉宾，一片和睦、和
悦的人伦之情。

　　"和"的思想在诸子中获得认同。老子说："万物负阴而抱阳，冲气

---

① 参见豆丁网（http://www.docin.com/p-514963703.html）。

以为和。"(《道德经》第四十二章）孔子说："礼之用，和为贵。"（《论语·学而》）荀子说："天地合而万物生，阴阳接而变化起"；"列星随旋，日月递照，四时代御，阴阳大化，风雨博施，万物各得其和以生，各得其养以成"（《荀子·天论》）。管子说："顺天之时，约地之宜，忠人之和，故风雨时，五谷实，草木美多，六畜蕃息，国富兵强。"（《管子·禁藏篇》）汉代哲学家进一步发挥了"和"的思想。刘安认为："道曰规，始于一，一而不生，故分为阴阳，阴阳和而万物生"（《淮南子·天文训》）；"天地之气，莫大于和。和者，阴阳调"（《淮南子·氾论训》）。王充主张"天地合气，万物自生"，"阴阳和，则万物育"（《论衡·自然》）。董仲舒也十分推崇"和"的思想，他说："和者，天地之正也，阴阳之平也，其气最良，物之所生也"；"天地之道美于和"；"天地之美莫大于和"（《春秋繁露·循天之道》）。魏晋及其后各朝，儒、释、道诸家均崇尚"和"的思想。"和"是万事万物发生发展的根源，是中国传统文化中知识分子"修身、齐家、治国、平天下"的理想境界。

"中和"是"中"与"和"的结合。"中"与"和"的关系可以说是体用关系或因果关系，事物因"中"而"和"，"中"是体，是"和"的前提，"和"是用，是"中"的结果。不同事物相处一起，要保持一种均衡稳定状态，必须彼此协调一致，和谐共存。"和"的本身就是追求一种恰当有序的和谐状态，任何偏激、失衡、失度、失序的错误倾向，都是与和谐不相容的，而事物之间的和谐，绝不是一时东扯西拉、胡乱拼凑在一起，而要按各自的客观规律让其自然发展。"和"必须以"中"为度，各种因素必须公平、公正、合理，相协互补，恰到好处，这就是"中和"（程静宇，2010：7）。中和思想贯穿《周易》全书，书中的卦象、卦辞、爻辞、系辞等都体现了中和思想。

儒家强调事物内部组成的和谐性，推崇"和为贵"，讲究"执两用中"。"执中"就是把握事物整体的"中"，把握太极建构的中和，从普遍联系和相反相成的作用之中综合地把握事物的现象和本质。孔子说："吾有知乎哉？无知也。有鄙夫问于我，空空如也，我叩其两端而竭焉。"（《论语·子罕》）儒家主张对矛盾的或对应的"两端"，采取"致中和"的方法。"中也者，天下之大本也。和也者，天下之达道也。"（《中庸》第一章）大本，就是事物的规定性；达道，就是事物自我统一体生成运动的规律性；致中和就是把握事物的本质及其发展规律，统合本与道的统一性，体与用的统一性（李树尔，2012：11—12，568）。"中者天下之所始终也，而和者天地之所生成也。夫德莫大于和，而道莫止于中。"（董仲舒《春秋繁露·循天之道》）"致中和，天地位焉，万物育焉。"（《中庸》第一章）"天地位，育万物，中和之效也。"（惠栋《易例》卷上）阴阳和合，天地各得其位，万物发育，各畅其生。

"中和"思想在儒家著作中，逐步演进，次第完成。孔子讲"中庸"、"中行"，孟子讲"中道"，而荀子第一次提出"中和"一词，他说："故公平者，职之衡也；中和者，听之绳也。"（《荀子·王制》）"衡"是衡量轻重的"秤"，"绳"是辨别曲直长短的准绳或标准，故"衡"与"绳"都是代表公平准则的中和之道，都是指合理的评判是非的标准（程静宇，2010：310）。

根据以上对"中"、"和"以及"中和"的分析，笔者认为，翻译批评应以"中和"为终极目标，"中和"可作为翻译批评的标准。

（二）"中和"翻译批评标准的特性

"中和"以适中和协调为内在精神，形成一种普遍和谐的关系体系。以"中和"为理论依据而建立的翻译批评标准就形成一个和谐的翻译批评综合体系，呈现多种特性。本节着重探讨其整体性、多元性和动态性。

1. "中和"翻译批评标准的整体性

《周易》卦爻是一个整体，八卦、六十四卦为二级全息系统。八卦由阴、阳爻三重构成，六十四卦由八个单卦推演而成。后者六个爻位上二爻为天道，下二爻为地道，中二爻为人道，天、地、人三才融为一体。六十四卦模式以"六爻"、"六位"关系为基础，以时、位、中、比、应、乘等为原则和标准，给人们提供一个从时间、空间、条件、关系全方位分析问题、认识事物的思维方法（张其成，2007：291）。这种思维方法不仅把整个世界视为一个有机整体，认为构成这个世界的一切事物都是相互联系、相互制约的，而且把每个事物又各自视为一个小的整体，除了它与其他事物之间具有相互联系、相互制约的关系外，其内部也呈现出多种因素、多种部件的普遍联系（杨鸿儒，2011：391）。这种思维方法显然体现了中和思想的整体性。

翻译批评应该将局部的、微观的批评与整体的、宏观的评价有机结合。评价一篇译文或译论，总有所侧重，不可能面面俱到，但不管是对翻译的专题评价，还是局部的批评，都不能忽视对整体的把握，不能忽视对相关影响因素的考虑。为此，杨晓荣（2005：186—190）提出了一个"翻译相关因素及制约作用分析模式"，为我们勾画出了一个基于翻译过程的综合性翻译批评模式，如图 12.1 所示。

对于图 12.1，杨晓荣作了如下说明：

（1）模式借用海德格尔在《存在与时间》中提出的"先结构"阐释学术语，用来指那些已经形成并相对稳定的知识结构及其他认知因素，与随具体情况而发生因而具有随机性的因素相对。

（2）图中出现的空格表示同一层级或同一类型的其他可能存在的因素，因为翻译的复杂性，所有因素无法网罗殆尽。

（3）图中各要素框之间的箭头表示作用方向。与翻译有关的各种要素都是通过译者起作用。起作用的方式包括译者的主观控制和他自己的"先结构"以及一些外部因素对他的客观制约。除了直接作用外，还有一些间接作用或虚拟作用。

（4）批评者的位置。图中没有标示批评者的位置，因为他的位置应该是游移的：可以站在译者或读者的位置上，也可以置身于这个过程之外，作全面观察。视角不同，对相关因素的了解和体会自然也就有所不同，对翻译批评者来说，这个框架可以提供一个比较全面的视野。

我们可以从杨晓荣的综合性翻译批评模式得到启示：翻译受诸多因素的制约，翻译批评时应对相关因素进行全面分析，明确各因素间的联系与制约关系，强调翻译批评的整体性。

张岱年、成中英等著的《中国思维偏向》说：

> 中国传统哲学，不论儒家或道家，都强调整体观点。整体是一个近代的名词，在古代称之为"一体"或"统体"。所谓整体观点，就是认为世界（天地）是一个整体，人和物也都是一个整体，整体包含许多部分，各部分之间有密切的关系，因而构成一个整体，想了解各部分，必须了解整体。《易传》强调"观其会通"，即观察事物与事物之间的统一关系。（转引自王宏印，2006：120—121）

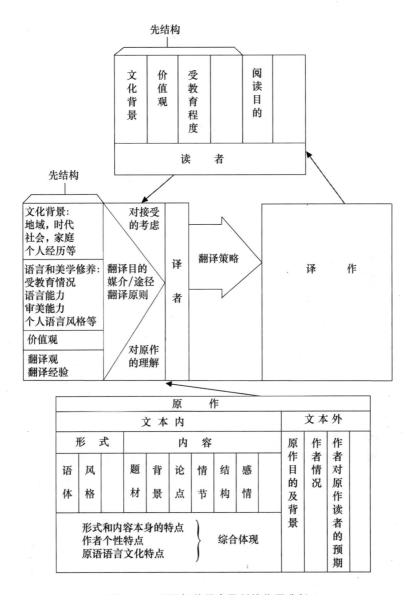

图 12.1 翻译相关因素及制约作用分析

　　"任何事物都不能独成其美，事物只有在整体中显现其美。"（爱默生，1993：19）"正如在人体，没有一个部分可以离开其他部分而独自有其价值的。唯有所有部分彼此配合，才能构成一个尽善尽美的有机体。"（郎吉弩斯，转引自刘业超，2012：1355）这就是钱锺书的"五官感觉相通说"："在日常经验里，视觉、听觉、触觉、嗅觉、味觉往往可以彼此打通或交通，眼、耳、舌、鼻、身各个官能的领域可以不分界限。"（转引自顾正阳，2012：29）这也就是德国美学家费歇尔的"五觉遥相响应说"："各个感官不是孤立的，它是一个感官的分支，多少能相互代替，一个感官响了，另一个感官作为回忆、作为和声、作为看不见的象征，也就起了共鸣，这样即使是次要的感官，也许没有排除在外。"（同上）翻译批评也是如此，其系统内各因素都彼此联系，不能各自独立。在翻译批评中，我们不能仅凭感觉行事，忽视局部的、具体的翻译转换活动。翻译批评者应从大处着眼、小处着手，注意局部与整体的有机统一。

2. "中和"翻译批评标准的多元性

《国语·郑语》记载了西周史伯论和同的一段话：

> 夫和实生物，同则不继。以他平他谓之和，故能丰长而物归之；若以同裨同，尽乃弃矣。故先王以土与金、木、水、火杂，以成百物。是以和五味以调口，刚四支以卫体，和六律以聪耳，正七体以役心，平八索以成人，建九纪以立纯德，合十数以训百体。……周训而能用之，和乐如一。夫如是，和之至也。（其实和谐才能生成万物，同一则发展难以为继。把不同的东西加以协调平衡叫做和谐，所以能丰富发展而使万物归于统一；如果把相同的东西相加，用尽了之后就完了。所以先王把土和金、木、水、火相配合，而生成万物。因此调配五种滋味以适合人的口味，强健四肢来保卫身体，调和六种音律使它动听悦耳，端正七窍来为心服务，协调身体的八个部分使人完整，设置九脏以树立纯正的德行，合成十种等级来训导百官。……用忠信来教化和使用他们，使他们协和安乐如一家人。这样的话，就是和谐的顶点了。）

从中可以看出，只有多种多样不同的事物协调和合，新事物才能产生和成长，从而得到兴盛和发展。这就是事物的多样性统一，也就是说，事物只有达到多样性并存的中和状态，才能显现出多彩多姿。因此，我们可以断言："和"是异类相承的结果，表示相互对立、相互补充的多层阴阳关系的和谐统一。

王夫之认为："物物有阴阳，事亦如之。"（《张子正蒙注》卷一）正所谓人人一太极，物物一太极，事事一太极，每一种存在、每一种过程都是一个阴阳和合的太极建构。而每一太极建构自身也是多元、多层面的，其间各组成部分共依并存，相互联系。可谓阴阳中藏阴阳，阴阳之外有阴阳。《中庸》第三十章中说：“万物并育而不相害，道并行而不相悖。小德川流，大德敦化，此天地之所以为大也。”“小德川流，大德敦化”，说明系统的不同部分，母系统和子系统各自释放自身的能量，发挥自身的作用（李树尔，2012：6—8）。

世界是一个系统，人类社会是一个系统，文化是一个系统，翻译批评也是一个系统，它们分别实现自己的太极建构。就翻译批评而言，它不仅仅是单纯的文字批评，更重要的是文化批评。所谓文化批评是把研究对象，如文学翻译，当作一种文化现象来研究，把研究对象作为文化大系统中的一个子系统来理解，在系统论原则的启示下，在文化整体系统中把握研究对象的本质和功能，研究其在文化系统中的受制性、独立性和超越性，研究其与文化其他子系统（如政治、宗教、道德、法规、风习、艺术）之间的联系与区别、渗透与分离、交融与转化等（黎跃进，2002：18—19；肖维青，2010：24）。“所谓翻译的文化批评就是要求在多元文化语境下建立多元的批评标准体系，突出批评标准的历史性和社会性，注重翻译的文化背景及相关因素。”（肖维青，2010：24—25）

王宏印在《英汉翻译综合教程》中指出：

> “翻译”这个术语是一个笼统的概念。整个翻译活动可以按照翻译所涉语言、活动方式、文体特点和处理方法分为若干类型，每一类型又包括若干具体的小类。因此，就整体而言，翻译又是一种多元多向多层次的活动系统。（王宏印，2002：3）

既然翻译是一种多元多向多层次的活动系统，而翻译批评是对翻译活动及其社会效果的评价，它自然是一种多元多向多层次的活动系统。翻译离不开多元文化语境，而“多元文化语境要求对事物的判断采取多元价值取向”，翻译批评“应当是多层面和多角度的，对待译作、译者得出的概念和结论也不应当是唯一的”（肖维青，2010：181）。一条死板的翻译批评标准不能作为衡量所有译作或译论的尺度。在翻译批评中，不可能有唯一的客观标准。从现象学角度看，同一事物对不同的人有着不同的意义，因为它向他们所显示的方式不同，从而使彼此之间处于不同的参照系中。德国哲学家、现象学之父埃德蒙德·胡塞尔（Edmund Husserl）在《欧洲科学危机和超验现象学》一书中为我们区分了人类活动的三种不同态度：自然态度、科学态度和哲学态度。它们分别对应着三个不同的世界：生活世界、科学世界和哲学世界。在这几个不同的世界中，人们的目标不同，方法不同，看问题的方式更有差别。所以，同一事物不可能以相同的方式向人们展示。科学世界中，人们以逻辑的方法通过概念把握实在；日常生活世界中，人们以实践精神用前科学与非艺术的形式把握现实；哲学世界中，人们则以思辨的形式追寻人与世界的本原。人们总是处于多元世界中，而并非处于单纯的一元世界中。况且，每一个世界中的事物也不是一种实存性的存在，而是一种潜存性的存在，它是开放性的、非封闭性的。因为一旦它成为人们的对象，它还会因主体的目的性和被展示的情景参照的不同而显示出差异的多样性质（吕俊、侯向群，2009：188，200—201）。例如，对于"水"这一事物，科学家可以把它看成是氢和氧的一种化合物，由两个氢原子和一个氧原子组成。在常人的眼里水是生活必需的物质，是饮用或煮饭不可或缺的那种东西，而对于沙漠旅行者来说水不亚于其生命，古代哲学家则曾把水看成是万物的本原。不同主体对同一事物的评价不一样，因为它对他们的意义和功效不一样。由此而推之，一篇译作或译论置于不同的世界里，人们对它的评判标准也会不同。因此，翻译批评标准只能是一个开放性的多元系统，而不可能是封闭性的绝对标准。

从解释学角度看，因语言具有流变性，其意义具有不确定性，而且翻译的目的、材料、策略等存在不同，具体的翻译批评标准也会是多元的。现以科学翻译和文学翻译为例略加说明。科学翻译是以传递科学信息为主的翻译活动，是译者用译语表达原语科学信息以求信息量相似的思维活动和语际活动。因此，除了忠实、通顺外，科学翻译应特别强调明晰、准确，因为知识的传播和科学的普及不允许丝毫的含糊和错漏。这里的明晰、准确主要就原文信息而言，而具体措辞，只要不歪曲原文的意思，可不必细究。文学翻译是把原文学作品中包含的一定社会生活的映像从一种语言移注到另一种语言中。翻译过程中追求语言的艺术美、再现原作的艺术性是文学翻译工作者的主要任务。相对于科学语言，文学语言生动得多、繁杂得多、可变因素也多得多。显然，用科学翻译的标准来衡量文学翻译是不够的。文学作品的丰富多彩决定了翻译批评标准的多元性。例如，一般文学作品的翻译要求译文生动形象、形神毕肖、雅俗等同、简洁精美、词情并茂（方梦之，2011：254），而在翻译实验性、探索性的文学作品时，最要讲究的是忠实（余中先，2000）。诗歌翻译在文学翻译中最难，要求最高，因其具有独特的音韵、格律、语气、意象、意境、修辞等，如何外化为译文，绝不是忠实、通顺所能包含的（肖维青，2010：138）。王宏印（2002）从六个方面提出了一套以诗歌翻译为模式的文学翻译评判标准，可供我们借鉴：

（1）译文体制是否与原文体制相一致而且合适；

（2）译文是否像原诗一样具有诗味而且有可读性；

（3）译文是否具有译入语应当具有的文学语言特色；

（4）译文是否体现译入语（或译出语）的文化特色而且和谐；

（5）译文在思想内容上是否符合原作的创作倾向；

（6）译文的表现风格是否与原作属于同一类型。

3. "中和" 翻译批评标准的动态性

《易传》认为，天地万物是一个"穷则变，变则通，通则久"（《系辞下传》）的发展过程，而"物不可以终通"（《序卦传》），必然再次转化为穷。于是就形成了一个自然法则：物穷必变，变则通，通久必穷，穷而后再变。这一法则说明"中和"仅是事物发展的一个过程、一个阶段或说一种状态，当然是事物发展最顺畅、最和谐、最美善的阶段或状态。但它并不可能持久，和久必变是任何事物、任何人都改变不了的自然规律（陈恩林，2004）。因此，《易传》提出"与时偕行"、"时行"的观点。例如：

终日乾乾，与时偕行。（《乾·文言传》）

损益盈虚，与时偕行。（《损·彖传》）

凡益之道，与时偕行。（《益·彖传》）

坤道其顺乎！承天而时行。（《坤·文言传》）

其德刚健而文明，应乎天而时行，是以元贞。（《大有·彖传》）

刚当位而应，与时行也。（《遁·彖传》）

时止则止，时行则行，动静不失其时，其道光明。(《艮·象传》)

过以利贞，与时行也。(《小过·象传》)

道者，"与时迁移，应物变化。"(司马谈《论六家要旨》)"道有变动"(《系辞下传》)，"天道有昼夜日月之变，地道有刚柔燥湿之变，人道有行止动静吉凶善恶之变"(陆绩，转引自阿鸿，2011：183)。道具有"变动不居，周流六虚，上下无常，刚柔相易"(《系辞下传》)的特点，即道具有运动变化的特点，在天地四方流动，时上时下，没有定止，时刚时柔，互相转换。从古至今没有一个规则是能通古今的，也没有一种教化是屡试不爽的；即使有也一定会被今后的时代所代替，绝对没有永远存在的道理。所以，任何标准都不能当成教条，要根据具体情况灵活运用，这就是《系辞下传》所说的"不可为典要，唯变所适"。譬如称秤，秤砣在秤杆上的移动，通常情况下都是在轻重两端之间，但如称最重的东西，秤砣就会移至最重的一端；相反，如称最轻的东西，秤砣就必须移至最轻的那一端。秤砣的位置不能固定于某一端或中间的某一点，而应视所称物体的轻重，尽其平衡功能为准，并按需作出合理的调适。由此可见，"中和"翻译批评标准是一个开放性的而不是封闭性的系统，它因时因地因人因事动态调整。世界上不存在永恒不变的翻译批评标准。个中原因非常复杂，这里仅谈两点：

(1) 翻译活动的历史性

时代变迁，社会发展，翻译活动不断发生变化，人们对翻译活动的规律就有新的认识。不同历史时期，如中国当今改革开放时期与清末民初时期，人们对翻译的本质以及原文与译文、作者与译者之间的关系等就有不同的认识。这些认识的变化要求翻译批评标准作动态调整，翻译批评标准因此会随着时代的发展和翻译活动的变化而变化。诚如刘宓庆在《现代翻译理论》一书中指出的那样：

80 多年来，我国译坛虽然大体仍以"信达雅"为译事楷模，但随着历史的发展，"三难"之说的内涵迭变，对译作的品评标准也因各个历史阶段价值观之不同而演进变化。因此，我们既不能将翻译理论看成流变不定、莫衷一是的权宜之议，也不能将翻译原则、翻译标

准及方法论等等看成一成不变、恒定守常的条条框框。（刘宓庆
1990：64）

刘宓庆的见解符合"中和"的动态观，说明了翻译批评标准具有相
对性、非恒定性的特点。

（2）批评者的主体性

翻译批评是由批评者作出的，而批评者具有主体性。李明在《从主
体间性理论看文学作品的复译》一文中指出：

> 马克思主义哲学认为：从事同一项活动，不同的人实践活动的方
> 式不同，不同时代、不同民族的人实践活动的方式不同，即使是同一
> 个人，在不同年龄阶段或不同情景中实践活动的方式也会有差异。这
> 种情况，从哲学角度看就是实践具有主体性。实践的主体性是指，任
> 何实践均会打上实践主体的烙印，即呈现出实践主体的个体差异。
> （李明，2006）

批评者是一个不断变化的群体，有着历时性和共时性差异。从历时
性角度看，每个批评者总是处于不断变化的世界中，时刻经历着变化。
批评者的期待视野、审美经验、思想观念等是历史形成的，并随时代的
变化而变化。也就是说，社会在发展，人类的知识在不断丰富，批评者
的认知环境、审美能力、接受心理、价值取向等也会因时代的不同而呈
现差异。因此，对同一译作或译论的评判就会出现历时性差异。从共时
性角度看，同一时代的批评者，由于生活环境、教育背景、审美情趣、
文化立场等的差异，也存在使用不同的标准和方法从不同的角度去评判
同一译作或译论的情况。客观上，同一时代不同的批评者总是从自己的
生活和文学的期待视野出发去看待译作或译论的。我们平常所说的"见
仁见智"，在翻译批评中讲的就是对同一个问题，不同的人从不同的立
场或角度有不同的看法。

进入 21 世纪后，翻译需求甚殷，翻译作为一个产业进入专业化时代，
翻译形式变得越来越多样化，社会对翻译的需求也朝着多元化发展。所
以，翻译批评也应与时俱进，应具有足够的灵活性来客观地评价现实社会
中多样化的翻译活动（龙明慧，2011：153），这样翻译批评标准就随之发

生动态变化。正如许钧等在《翻译学概论》中所言：

> 翻译批评标准不可能永恒不变、静止不前的，而是处于不断修
> 订、不断丰富、不断完善的动态发展过程中。不仅语言、意义（观）
> 和审美观在发展（刘宓庆，2001：521），对翻译活动的认识，对翻译
> 价值的理解，对翻译社会功用的要求也处在不断的发展、变化中，可
> 以说，批评标准的发展性是翻译批评的本质所决定的。（许钧等，
> 2009：302）

二　翻译批评原则：善、公、实、全

与其他批评活动一样，翻译批评离不开批评原则。有了正确的批评原
则，翻译批评活动才能有目的地科学地进行，从而有效地发挥其规范性作
用。根据《周易》的"中和"哲学观，翻译批评原则应是多元的，这里
着重讨论"善、公、实、全"四原则。

（一）翻译批评原则：善
"善"是中国传统文化中最重要的概念之一。《周易》中多处提到这
一概念，例如：

> 元者，善之长也；亨者，嘉之会也；利者，义之和也；贞者，事
> 之干也。（《乾·文言传》）
> 闲邪存其诚，善世而不伐，德博而化。（《乾·文言传》）
> 积善之家，必有余庆；积不善之家，必有余殃。（《坤·文言
> 传》）
> 火在天上，大有；君子以遏恶扬善，顺天休命。（《大有·象
> 传》）
> 风雷，益；君子以见善则迁，有过则改。（《益·象传》）
> 山上有木，渐；君子以居贤德善俗。（《渐·象传》）
> 一阴一阳之谓道。继之者善也，成之者性也。（《系辞上传》）
> 广大配天地，变通配四时，阴阳之义配日月，易简之善配至德。
> （《系辞上传》）

子曰："君子居其室，出其言善，则千里之外应之，况其迩者乎？居其室，出其言不善，则千里之外违之，况其迩者乎？"（《系辞上传》）

善不积不足以成名，恶不积不足以灭身。小人以小善为无益而弗为也，以小恶为无伤而弗去也，故恶积而不可掩，罪大而不可解。（《系辞下传》）

子曰："颜氏之子，其殆庶几乎？有不善未尝不知，知之未尝复行也。"（《系辞下传》）

将叛者其辞惭，中心疑者其辞枝，吉人之辞寡，躁人之辞多，诬善之人其辞游，失其守者其辞屈。（《系辞下传》）

可见，"善"是《周易》极力推崇的价值观。应用到翻译批评中，"善"主要有三方面的含义：

1. 与人为善

孔子认为君子应该"笃信好学，守死善道"（《论语·泰伯》）。孟子认为"取诸人以为善，是与人为善者也。故君子莫大乎与人为善"（《孟子·公孙丑上》）。翻译批评者应该修业进德，做真正的"君子"，在翻译批评中"守死善道"，"与人为善"，与译者、译作出版商、译论研究者等始终为善。

杨晓荣在《翻译批评导论》中将相关翻译批评原则归纳为三项，其中第一项是："翻译批评应是善意的、建设性的，即应是平等待人、与人为善，体现对译者的理解，这可以说是批评的态度问题。"（杨晓荣，2005：28）态度在翻译批评中至关重要。态度不端正，翻译批评难有成效，甚至会出现严重后果。翻译批评应与人为善，从善意出发，善意陈述，善意评判，善意引导。也就是说，翻译批评应是建设性的，不是"搞阶级斗争"、"扣帽子"、"抓小辫子"，不能妄加挖苦讽刺、谴责挞伐，进行人身攻击。诚如周作人所言："批评只限于文字上的错误，切不可涉及被批评者的人格。中国的各种批评每易涉及人身攻击，这是极卑劣的事，应当改正的。"（转引自王秉钦、王颉，2009：119）

批评者应富有宽容心，具有交际学上所说的"同感理解"。批评者应站在译者的位置上，设身处地地理解译者的翻译策略和翻译方法以及要达到的翻译效果。要达此目的，批评者除了懂得翻译以外，还要把译者当作一个交互中的主体，而不是自己品头论足的对象（客体）。诚如陈寅恪在论及如何治中国古代哲学史时所言："凡著中国古代哲学史者，对于古人之学说，应具了解之同情，方可下笔。"（转引自王宏印，2006：82）这里的"了解之同情"与"同感理解"异曲同工。

翻译是原作的创造性再现，不是机械复制。即使是机械复制，"尚且有色浓色淡之殊，不可能完全一样，更不要说借手于人工，失真，走样，不吻合，欠妥贴，在所难免"（罗新璋，1991）。钱锺书在《林纾的翻译》中说：

> 一国文字和另一国文字之间必然有距离，译者的理解和文风跟原作品的内容和形式之间也不会没有距离，而且译者的体会和他自己的表达能力之间还时常有距离。从一种文字出发，积寸累尺地度越那许多距离，安稳到达另一种文字里，这是很艰辛的历程。一路上颠顿风尘，遭遇风险，不免有所遗失或受些损伤。因此，译文总有失真和走样的地方，在意义或口吻上违背或不尽贴合原文。那就是"讹"……（钱锺书，2009：775）

鲁迅对于译作中出现的错误也是比较宽容的，他曾在《关于翻译》中提出了"剜烂苹果"的批评方法：

> 我们先前的批评法，是说，这苹果有了烂疤了，要不得，一下子抛掉。然而买着的金钱有限，岂不是大冤枉，而况此后还要穷下去。所以，此后似乎最好还是添几句，倘不是穿心烂，就说：这苹果有着烂疤了，然而这几处没有烂，还可以吃得。这么一办，译品的好坏是明白了，而读者的损失也可以小一点。……所以，我又希望刻苦的批评家来做剜烂苹果的工作，这正如"拾荒"一样，是很辛苦的，但也必要，而且大家有益的。（鲁迅，2009b：367—368）

所以，批评者应对译者多加理解，态度宽容。然而，宽容（包括"同感理解"、"了解之同情"）不意味着和稀泥、不讲原则，更不是鼓励乱译、滥译、剽窃等行为。宽容最少有个道德底线，对以利害义、搅乱翻译市场、损害社会利益的行为则要坚决反对和制止。南京大学余一中教授就这样说：

> 普希金把翻译家称作"文化的驿马"，其中包含着伟大诗人对翻译家艰辛工作的高度尊重和充分理解，因为"文化的驿马"承担着在不同国家和民族间运载与传递人类文化价值的光荣使命。……在翻译同行中，除了"文化的驿马"外，还有一些文化垃圾的搬运工，他们为名利所驱动，或"野蛮运输"，粗制滥造地糟蹋名著，或不看作品的价值，把外国文化中的糟粕当作文化"精品"运进我国。其对国人造成的精神伤害（常常是隐性的！）不在外来的工业垃圾之下。这实在让人感到痛心。我想，只有开展积极健康的文学翻译批评，我们才能有效地制止国外文化垃圾的流入，才能保证优秀的外国文化产品源源不断地进入我国，促进我们的持续改革与和平发展。（余一中，2006）

为开展积极健康的翻译批评，树立优良的翻译批评之风，翁凤翔提出翻译批评要起到"扬善惩恶"的作用。他说：

> 翻译批评还要起到扬善惩恶的作用。……我国的翻译事业蒸蒸日上，尤其是改革开放以来，大量的文学作品、科技资料、国际商务文献、社科文献的翻译为我国的现代化建设发挥了重要作用。对所有的这些翻译我们应该客观评论，褒扬好的译作，针砭"劣质产品"。（翁凤翔，2007）

翻译批评者要与人为善，但"善"要把握一定的度，否则过犹不及，很可能会任人作恶，导致"劣质产品"充斥市场，到头来就会引起翻译批评的"恶"，从而危害翻译批评的"善"。

2. 改错迁善

《益·象传》曰："风雷，益；君子以见善则迁，有过则改。"（风雷交助，象征"增益"；君子因此看见善行就倾心向往，有了过错就迅速改正。）益卦上卦巽为风，下卦震为雷，有"雷风相薄"之象。从风雷益卦的卦画来看，它意味着风生云起，雷电轰鸣，风雷交相为用。风能摧枯拉朽，雷能荡邪立正，风雷之后，天地为之一新。因此益卦具有除旧布新、改过迁善的意义。君子如果能取法益卦的道理，对于自己的缺点错误能像风雷摧枯拉朽一样予以扫除，坚定地走完善自我之路，当内在精神状态有了改善，外在的社会事业也会有相应的发展进步。巽卦既象征风，又象征木。木可代表船。船行水上，顺风而动，利于渡过江河险阻，突破前进路上的难关。因此《益·象传》曰："益，动而巽，日进无疆。天施地生，其益无方。凡益之道，与时偕行。"（增益之时下者兴动而上者逊顺，其益就能日日增进广大无疆；譬如上天施降利惠、大地受益化生，自界然的施化之益于是遍及万方。事物当增益之时所体现的道理，都说明要配合其时施行得当。）益卦告诉我们，一个人如果能够顺从变化的规律，注意改过迁善，每天进步，与时俱进，他就能得到天地的恩典，其发展和前途是不可限量的（阿鸿，2011：138）。

理解是历史性的。由于译者持有的前见及时间距离的影响，译者注定要被限制在理解的历史性之中。同时，译者往往难区分正确前见与错误前见，因而不可避免地产生理解上的错误，从而导致翻译中的误译现象（王晓丽，2002）。随着时间的推移，正确的前见可能会浮现出来，错误前见随之消除。后来的译者或批评者可以根据所浮现的正确前见，获得对原文意义的本真把握，纠正译文中的错误，提供正确的译文。

"迁善改过，益莫大焉。"（孔颖达，2009：175）知错能改，受益无穷。不管是译者还是批评者，如果能取法益卦的道理，对于翻译中的错误之处能像风雷摧枯拉朽一样予以扫除，并予以纠正，坚定地完善译文，那翻译批评必定映现光彩。

3. 止于至善

《礼记·大学》开篇曰："大学之道，在明明德，在亲民，在止于至善。"（大学的宗旨在于弘扬光明正大的品德，在于使人弃旧图新，在于使人达到最完善的境界。）"止于至善"，即达到极完美的境界。宋朱熹在《大学章句》中解释说："止者，必至于是而不牵之意；至善，则事理当然之极也。言明明德、亲民，皆当至于至善之地而不迁。"其意为：修身育人，都必须达到完美的境界而毫不动摇。止于至善，是一种以卓越为核心要义的至高境界的追求。止于至善，上升到人性的层面来说就是大真、大爱、大诚、大智的体现，是自我到无我境界的一种升华。

北京大学楼宇烈教授在《中国的品格》一书中对"至善"有如下解

释："什么是至善呢？就是中庸。从孔子开始，儒家就认为中庸这个品德是最高的。孔子讲过：'中庸之为德，至矣，民鲜久已'。"根据楼教授的讲述，"止于至善"就是要达到中庸这个品德，"它有两个根本的意义，一个就是中，即什么事情都要做到恰如其分，也就是要掌握一个度。中庸的庸是通常的意思，也是用的意思。所以中庸也可以反过来讲'用中'，即我们要'用'这个'中'，'中'可以说是一个常道。"①

三国时期支谦（约3世纪）在《法句经序》中引用维祇难语："佛言依其义不用饰，取其法不以严。其传经者，当令易晓，勿失厥义，是则为善。"（支谦，2009：22）进而提出"因循本旨，不加文饰"（同上）的看法。这里的"善"不仅意味着译文文字要忠实于原文，更重要的是指译者负有使译文忠实于原文的责任和译者对佛教义理的传达不能有失偏颇，只有这样译者才能创作出真正传达佛的思想的译文，这也是信奉佛法的人对佛的虔诚所在，因此这一"善"字不仅是翻译的标准问题，更彰显出中国思想界一直倡导的"善"以及一种佛教伦理的"善"（彭萍，2013：106）。由此推开来，翻译实践和翻译批评都是求"善"的活动，最终目的就是"至善"。马建忠在《拟设翻译书院议》中提出"善译"思想：

> 夫译之为事难矣！译之将奈何？其平日冥心钩考，必先将所译者与所以译者两国之文字，深嗜笃好，字栉句比，以考彼文字孳生之源，同异之故，所有相当之实义，委曲推究，务审其音声之高下，析其字句之繁简，尽其文体之变态，及其义理精深奥折之所由然。夫如是，则一书到手，经营反复，确知其意旨之所在，而又摹写其神情，仿佛其语气，然后心悟神解，振笔而书，译之成文，适如其所译而止，而曾无毫发出于其间。夫而后，能使阅者所得之益与观原文无异，是则为善译也已。（马建忠，2009：192）

其中，马建忠对"善译"的条件（"其平日冥心钩考，……及其义理精深奥折之所由然"）、"善译"的过程（"一书到手，……振笔而书"）、"善译"的实质（"译之成文，适如其所译而止，而曾无毫发出于其

---

① 参见搜狗百科（http://baike.sogou.com/v58965.htm? ch = ch. bk. %20innerlink）。

间")、"善译"的要求（"能使阅者所得之益与观原文无异"）作了明确的阐述。"'善译'者，理想的翻译，理想的译者，理想的境界是也!"（王秉钦、王颉，2009：40—41）

张今在《文学翻译原理》中提出了译介和欣赏文学作品的标准——真、善、美，认为"真、善、美"是"科学的翻译标准"，是"文学翻译的最高境界"（周仪、罗平，1999：26）。

翻译批评中的"至善"就是楼宇烈教授提到的"用中"，达到中庸，就是《中庸》中的"致中和"，契合我们提出的"中和"翻译批评标准。在翻译实践方面，要求译者精心研究原文，运用适当的翻译策略、方法、技巧等，生产更好的译文。在翻译理论方面，要求研究者探赜索隐，寻求新的翻译研究途径，不断补充、完善翻译理论。贝尔曼就是在对梅肖尼克的"介入批评"与特拉维夫学派的"实用主义批评"提出批评的同时，通过保留其中的合理成分，创立了自己的批评体系，从而补充、完善了翻译批评理论（许钧、袁筱一，2001：295）。

（二）翻译批评原则：公

如证券交易应讲"三公"一样，翻译批评也应讲"三公"——公开、公平、公正。

1. 公开

公开即不加隐蔽，面对公众。翻译批评不是私下交易，不是谈私事，不能暗地进行、黑箱操作，需要透明化、公开化。翻译批评中的公开，一是批评者公开表明自己的态度、立场、观点等，不隐瞒，不含糊，不搞"小动作"，不搞阴谋诡计，不惧公众知晓，一切批评在阳光下进行；二是批评者将批评的标准、原则、方法等内容形诸语言文字，或在正式的论坛上讨论或在正式的报刊、书籍、网站等上发表，利于公众的关注，也利于研究者对相关观点和学说的修正、补充和发展。诚如王宏印（2006：6）在谈到文学翻译评论发表问题时所说："有关研究成果应能通过学术杂志或书籍正式向学界和社会发表，并且连同其他研究人员的相关研究一起引起学界和社会的重视。理想的情况是：引起有关的学术讨论和更为广泛而深入的文学翻译批评。"

2. 公平

《系辞下传》曰："子曰：'知几其神乎？君子上交不谄，下交不渎，其知几乎！几者，动之微，吉之先见者也。'"（孔子说："能够预知几微的事理，应该算达到神妙的境界了吧？君子与上者交往不谄媚，与下者交往不渎慢，可以说是预知几微的事理了吧！几微的事理，是事物变动的微小征兆，吉凶的结局先有所隐约的显现。"）为什么君子能做到"上交不谄，下交不渎"呢？因为君子富有智慧，富有远见，富有洞察力，能"知几"，能从事物的微妙变化中看出吉凶成败，不需要通过巴结阿谀上司去谋求名利，也不需要通过轻侮下人来满足自己的虚荣。这里孔子所讲的"上交不谄，下交不渎"，即不媚上傲下的人格风范，不是从一种外在的做人教条而来，而是从对生命本质的理解而来。在生命这一最深刻的层面上，所有的人都是平等的，难怪美国《独立宣言》讲"人人生来平等"。不媚上傲下，尊重所有的人，就是尊重这个内在的生命本原。所有的生命，在最本质的层面上，是密不可分的。因而尊重他人，就是尊重自己；蔑视他人，就是蔑视自己（阿鸿，2011：145—146）。

在生命本原的层面上，翻译批评者与被批评者是平等的。所以在翻译批评中，批评者应做到孔子所说的"上交不谄，下交不渎"，平等待人，尊重他人。翻译批评中，一些人只信权威，而对其他人却不屑一顾，甚至轻蔑歧视。这是有失偏颇的。权威本人不能搞一言堂，不能当学阀，也不能被盲目崇拜。权威有权威的价值，有值得佩服值得学习的地方，但权威并非圣人，也有不足之点（圣人也有不足之点），并非十全十美。如果把权威打的喷嚏都说成是美妙的音乐，那岂不滑稽可笑！翻译批评提倡百家争鸣，具有独特见解的惊人之作也许出自名不见经传者。"英雄不问出处。"翻译批评中，一切"吉善之人"都应受到尊重，受到欢迎。关于这一点，杨晓荣教授说得好：

　　无论是鉴赏还是批评，都不以名气为转移，既不仰视，也不俯视，而是站在一个平等的、相对超然的位置上，将注意力集中于廓清事实，分析原因，讲清道理；不盛气凌人，也不搞文人相轻，理解译者，体谅译者，在指出问题的同时，尽量提出改进的建议。这样做既能体现对译者的尊重，也有助于排除干扰，准确地说明问题。翻译界常说的善意的、建设性的批评，就是这样一种积极的批评态度。（杨晓荣，2005：36）

3. 公正

北宋政治家、文学家、史学家司马光一生潜心研究中和思想，主张以中正平和之心去认识事物，按中和之道为人行事。他在《中和论》中提出"常设中于厥心"，即常秉持客观公正之理于心中，并用以认识和对待一切事情，反对以个人好恶偏激看待人和事。他认为，处理好任何事都得"治心以中"，"专以中为事，动作语默，饮食起居，未始不在乎'中'。"假若"心苟倾焉，则物以其类应之，是故喜则不见其所可怒，怒则不见其所可爱，顾右则失左，瞻前则忘后，视必有敝，听必有所偏"（转引自程静宇，2010：53）。凡心偏不正的人，其认识必然是片面的，其行为必然是偏激错误的。只有"以中正平和为心者"，才能正确认识事物，即"苟能以平心察之，则是非易见矣"（同上）。司马光这种认为只有中和之心，才能有中正平实的认识，才能作出正确的行动，才能在实践中获得成功的观点，是符合唯物主义认识论原理的，也是符合《周易》"处正则吉"的道理的。

翻译批评是对译作和译论问题的理论思考，是依据一定的批评标准，对翻译现象进行的一种审美评价和科学判断，具有科学性和客观性，批评者应恪守公正原则。诚如法国作家莫泊桑所言："一个真正名副其实的批评家，就应该是一个无倾向、无偏爱、无私见的分析者，像绘画的鉴赏家一样，仅仅欣赏人家请他评论的艺术品的艺术价值。他那无所不知的理解力，应当把自己消除得相当干净，好让自己发现并赞扬甚至作为一个普通人所不喜爱的，而作为一个裁判者必须理解的作品。"（转引自王秉钦、王颉，2009：251）

翻译批评呼唤科学的批评精神，而科学的批评精神基于批评的公正性。有了翻译批评的公正性，才能抵制和打击翻译批评的不正之风，维护翻译批评的正义。翻译批评只有在公正的基础上才能走上中和之道，从而促进翻译事业健康有序地发展。

（三）翻译批评原则：实

《家人·象传》曰："风自火出，家人；君子以言有物而行有恒。"即是说：风从火的燃烧生出（自内延外），象征"一家人"（事关社会风化）；君子因此日常言语必切合实物，居家行事必守恒不变。家人卦下卦为离，上卦为巽，离象征火，巽象征风，卦画是一幅火动风生的意象图。

家人卦中的这个风不是空穴来风，是由火引发的。这告诫人们，说话要像火动风生那样，不能凭空捏造，要言之有物，要有事实依据。翻译批评亦然。翻译批评要以事实为依据，突出一个"实"。这里的"实"主要包含两层意思：实证为本和实事求是。

1. 实证为本

翻译批评以实证为基础，以具体的文本或事件为对象，不是漫无边际地谈论翻译（因而不同于一般的译论）。"翻译批评离不开原作和译作的关系，它把重点由前者逐渐转移到后者身上。翻译要研究作品，而作家和翻译家的研究以及社会文化条件的研究，都会或多或少联系到作品，最终有利于说明和评价作品。甚至可以说，翻译批评始终是带有个案性质的研究活动，它是一步也离不开对象化的实践的，也是一点儿也不允许缺乏实证基础的。脱离实证基础，就有把翻译批评架空的危险。如果说翻译批评是科学，那么，它就是一门'具体科学'，并需要扎实的实证研究基础。"（王宏印，2006：47—48）

2. 实事求是

陈云有句名言："不唯上、不唯书、只唯实。"[1] "不唯上"指工作要从人的根本利益出发，因时因地因人制宜地贯彻执行上级的指示和决策，反对机械地照搬照抄、唯命是从。"不唯书"并非指不读书，或者轻视理论，而是指在学习书本知识时要理论联系实际，避免读死书、照本宣科的教条主义。"只唯实"指从实际出发，坚持实事求是。实事求是，就是从实际出发，不夸大，不缩小，正确地对待和处理问题。翻译批评中，认识和评价应避免主观臆断，要符合实际，讲究客观性。王宏印（2009：91）认为，翻译批评的客观性可以包括几层含义：（1）尽量去除批评者本人的感情色彩和好恶态度，避免个人情绪化因素的介入；（2）利用科学手段和科学方法，进行有目的有秩序的研究活动，然后在此基础上得出较为可靠的客观结论；（3）在进行评价的时候，并不排除研究者和评价者本人的价值判断尺度，但应当将纯属个人的东西降低到最小程度，从而有效地避免主观随意性的介入。著名文艺批评家雷内·韦勒克（René Welleck）在《批评的概念》

---

[1] 这是老一辈革命家陈云 1990 年 1 月 24 日同浙江省党政军领导谈话时赠送给浙江省委书记李泽民条幅上的前 9 个字，后 6 个字是"交换、比较、反复"，全文被称为"15 字工作方针"或"15 字箴言"。

中所讲的如下一番话表明，实事求是是正确批评的不二法门。

> 唯一可靠和正确的办法就是使这种判断尽可能客观，按照每个科学家和学者的做法行事：就我们的情况来说，就是把对象即文学艺术作品分离出来，凝神细察进行分析、做出解释，最后得出评价，所根据的标准是我们所能达到的最广博的知识，最仔细的观察，最敏锐的感受力，最公正的判断。（转引自王宏印，2009：91）

（四）翻译批评原则：全

所谓"全"，就是指翻译批评不能片面，要讲究全面性。王宏印（2009：91）认为，翻译批评的全面性包括下列含义：（1）就占有的材料而言，要求研究者尽量占有全部或大部分相关材料，以便作出最大限度的科学概括；（2）就研究的角度而言，要求研究本身要能尽可能运用多种手段和方法，多角度多侧面地考虑和逼近问题，力避片面性和局部性；（3）就思维方式而言，要求研究者尤其是评判者能够运用辩证思维和整体思维，辩证地全面看问题，也就是要尽量考虑到翻译过程中的多种因素，以便作出准确而客观的判断。

杨晓荣（2005：37—38）认为，翻译批评中的所谓全面，粗略地说，是指批评对译作至少要给出一个基本的、整体的、体现本质的评价：这个译本到底怎么样，行不行，哪些方面还可以，哪些方面不好，为什么不好，不好到什么程度，等等。即使评论对象只是译作中的一个部分，也不应使人对译作整体产生错误印象。她进一步对全面的内涵作了共时和历时两方面的说明：共时的全面，是指在评论时，应该根据具体情况考虑是一般现象还是例外现象，是局部问题还是全局问题，还应充分考虑译者所处环境、条件以及所译作品的语言难度、文化远近等各方面的因素。越周全越好。历时的全面，指的是翻译批评应该有历史观，也就是说，不应该拿今天的标准去绳法前人，必须考虑到一系列可变因素所起的作用，考虑"时间差"所造成的影响。

我国现代进步文化的先驱、杰出翻译家茅盾特别强调翻译批评要讲究全面性。早在1954年，他在《为发展文学翻译事业和提高翻译质量而奋斗》中说：

过去的一些批评大多侧重于指摘字句的误译，而很少就译本作本质的、全面的批评。指摘字句的误译，当然也是需要的，但这是不够的，批评工作还必项比这更进一步。我们希望今后的批评更注意从译文本质的问题上，从译者对原作的理解上，从译本传达原作的精神、风格的正确性上，从译本的语言的运用上，以及从译者劳动态度与修养水平上，来作全面的深入的批评。（茅盾，2009：579）

英国著名翻译理论家彼得·纽马克（Peter Newmark）在其所著的《翻译教程》（*A Textbook of Translation*）中提出，全面的翻译批评应包括五个方面：（1）对原语文本的意图和功能的简要分析；（2）译者对原语文本目的、翻译方法以及译文潜在读者的说明；（3）有选择性但有代表性的译文与原文的详细比较；（4）从译者和批评者的角度对译作进行的评价；（5）在适当地方进行的对译作在译语文化或学科中可能地位的评估（Newmark，2001：186）。

翻译批评做到了"全"，就可以避免挂一漏万，避免断章取义，避免盲人摸象的现象，也就能从整体把握，抓纲张目，从而收到翻译批评的实效，利于翻译批评预期目的达到。

翻译批评原则是翻译研究的必要内容，是翻译批评活动的重要指南。没有正确的翻译批评原则，整个翻译批评活动就会偏离正轨，陷入混乱。这里探讨的"善、公、实、全"四大翻译批评原则是根据大易（主要是《周易》）的道理提出的，具有较强的哲理性和说服力，相信会得到实践的有效检验。

三　翻译批评方法：三多

翻译批评方法，"就是翻译批评者认识、理解和沟通对翻译活动看法的各种途径、媒介、方式的总和"（温秀颖，2007：168）。翻译批评方法多种多样，不胜枚举。笔者拟从"三多"——多层次、多视角和多途径进行讨论。

（一）翻译批评方法：多层次

《系辞上传》开篇道："天尊地卑，乾坤定矣。卑高以陈，贵贱位矣。"（天尊而高，地卑而低，乾坤的位置就确定了。卑贱、尊高一经陈列，事物显贵和微贱就各居其位。）天地并非处同一位置，有高低之分；事物并非属同一层次，有贵贱之分。《周易》六十四卦每卦由初、二、三、四、五、上六爻构成，初、二爻代表地，三、四爻代表人，五、上爻代表天，地、人、天一体，但所处不同位置，分属三大层次。"方以类聚，物以群分。"（《系辞上传》）天下各种意识观念以门类相聚合，各种动植物以群体相区分。万事万物各有所归，处于不同位置，属于不同层次。

由上述易理推及翻译批评方法，翻译批评方法无疑有层次性。所以，翻译批评不能局限于同一层次，而应在多层次上进行。杨晓荣（1993）论及翻译批评方法时曾提出"表层批评"（技巧性批评）和"深层批评"（理论性批评）概念，并对这两种批评，特别是深层批评作了较为详细的论述，这无疑具有一定的启发意义。温秀颖等（2001：211—213）将翻译批评方法分为哲学层次、逻辑学层次和具体学科层次进行阐述，这对翻译批评者有一定借鉴作用。吕俊、侯向群在《翻译批评引论》中说的下面一段话很有见地：

> 翻译批评学摆脱了翻译批评那种以特定文本或现象为评价对象的具体层面，就可以把原来无法进行比较的翻译活动放在一起比较了。如原来我们无法把《共产党宣言》的翻译同一本文学名著的翻译放在一起进行评论，甚至认为这不但是不可能的，而且是荒唐的。但是如果把两者均放在促进社会发展与进步的大目标下来看，它们的社会价值就显而易见了，一个是改造社会并带来人类社会翻天覆地变化的强大思想武器，而另一个给人们带来的仅是满足审美需要的愉悦感。若从审美需要的满足上来看，前者又无法同后者相比。但是在评价活动中，在不同类型的价值的选择上是有一定的等级序列的，在这里，重大的社会进步价值当然远高于审美价值。（吕俊、侯向群，2009：19—20）

（二）翻译批评方法：多视角

站在不同的位置从不同的视角观察同一事物，结果可能不一样，甚至有很大差异。这就像不同的观察者从不同的角度观看一座建筑物一样，他们观看的虽是同一座建筑物，但看到的却是这座建筑物不同侧面所展示的面貌。翻译批评者从不同的角度看同一译作或译论，也可能有不同的印象和感受，从而作出不同的评价。从价值判断而言，批评者可以从真理价值、知识价值、道德价值、审美价值、功利价值等不同方面切入。这里以林纾的翻译实践活动为例作简要说明。林纾早期的翻译活动以道德价值为主要价值取向，如翻译《黑奴吁天录》，主要是揭露西方殖民者对黑奴的虐待与欺压，让国人通过了解黑奴的悲惨命运而间接了解华人在美的境况，呼唤民族觉醒与自强，让国人在哀黑种将亡的同时哀黄种之将亡，因为他的目的主要在宣教启蒙。而林纾的后期翻译活动以审美价值为主要价值取向，所以他后期翻译的作品多为文字华美的艺术性强的文学作品，如《吟边燕语》等作品，这是因为他认为"政教两事与文章无属。政教既美，宜泽以文章；文章徒美，无益于政教"（林纾，1987：序2）。所以，对林纾翻译活动的价值评价，视角不同，结论就会不一样。

（三）翻译批评方法：多途径

《系辞下传》曰："天下同归而殊途，一致而百虑。"人们可以从不同的道路走到同一个归宿。翻译批评可采取多途径进行。许钧在《文学翻译批评研究》中将通常使用的文学翻译批评方法归纳为六类：

（1）逻辑验证的方法；

（2）定量定性的分析方法；

（3）语义分析的方法；

（4）抽样分析的方法；

（5）不同翻译版本的比较；

（6）佳译欣赏的方法（许钧，2012：37—39）。

王宏印在《文学翻译批判论稿》中列举并阐释了十项翻译批评的基本方法：

（1）细读法（close reading）；

（2）取样法（sampling）；

（3）比较法（comparative method）；

（4）逻辑法（logic approach）；

（5）量化法（quantitative method）；

（6）阐释法（interpretation）；

（7）互文法（intertextuality）；

（8）历史法（historical study）；

（9）模型法（modeling）；

（10）评价法（evaluation）（王宏印，2006：93—105）。

温秀颖在《翻译批评——从理论到实践》中较详细地讨论了翻译批评方法，将其分为四大类：

（1）文本途径的批评方法，包括传统批评方法、形式主义批评方法、新批评方法、结构主义批评方法、解构主义批评方法、女性主义批评方法、语言学批评方法；

（2）译者途径的批评方法，包括道德批评方法、目的论批评方法；

（3）读者途径的批评方法，主要是接受批评方法；

（4）综合的批评方法，包括心理学批评方法、科学批评方法、社会历史批评方法、文化学批评方法（温秀颖，2007：182—207，214）。

具体的翻译批评中，究竟使用何种方法，无一定成规，均视特定对象、适应范围等具体情况而定，批评者应坚持客观、公允、合理和科学的标准，择其宜者而用之。

翻译批评方法多种多样，可谓琳琅满目。所以我们所说的"三多"中的"三"可理解为"多"，我们还可以说"多维度"、"多侧面"、"多学科"等。翻译批评方法在总体上呈现开放性系统的特性，不能只从一个方向、一个平面、一条直线上去研究。我们可以从不同层次、不同视角、不同侧面等进行相关研究。但无论方法怎样，翻译批评应不断朝着"中和"这一目标努力。

翻译实践、翻译理论研究、翻译学科建设、翻译人才培养等都需要翻译批评，所以季羡林呼吁："翻译事业要发展，要健康地发展，真正起到促进中华文明发展的作用，就不能没有翻译批评。现在批评很少，担负不起应有的职责来。这方面，必须大力加强才行。翻译的批评十分重要，不好的风气，不健康的翻译道德，如果不批评，任其泛滥，那怎么行？在30年代，鲁迅说过，翻译出了问题，翻译出版出了问题，翻译批评界有很大的责任。所以，我呼吁，现在要加强翻译批评，发挥批评应有的作用。"（转引自许钧，2003：396）然而，翻译批评不是盲目进行的，得有正确的标准、原则和方法。本章提出的"中和"翻译批评标准、"善、公、实、全"翻译批评原则以及"三多"翻译批评方法，以易理为理论依据，具有较强的哲理性和较大的现实意义，相信会对翻译事业有所裨益。

第十三章

翻译生态环境

　　21 世纪初，生态翻译学作为一种新的翻译研究途径在我国崛起，"翻译生态环境"因之成为不少研究者关注的问题。胡庚申认为，翻译是"译者适应翻译生态环境的选择活动"，而翻译生态环境"指的是原文、原语和译语所呈现的世界，即语言、交际、文化、社会，以及作者、读者、委托者等互联互动的整体"（胡庚申，2004：174）。许建忠指出："所谓翻译的生态环境，是以翻译为中心，对翻译的产生、存在和发展起着制约和调控作用的 n 维空间和多元环境系统。"（许建忠，2009：12）它涉及自然环境、社会环境、规范环境以及译者及翻译研究者的生理和心理环境。方梦之则将翻译生态环境定义为"影响翻译主体生存和发展的一切外界条件的总和。这里的主体是广义的，即参与翻译活动的一切生命体，包括原文作者、译者、读者、翻译发起人、赞助人、出版商、营销商、编辑等。而外界环境可包括与翻译活动有关的自然经济环境、语言文化环境、社会政治环境等"（方梦之，2011）。他还认为："生态环境是一个问题的两个方面：生态和环境。生态和环境虽然是两个相对独立的概念，但两者紧密联系，'水乳交融'，互相交织，构成一个新的范畴。翻译生态环境也就包含两个方面：翻译生态和翻译环境。""翻译生态可表述为：翻译主体之间及其与外界环境之间相互联系、相互作用的状态。也就是说，翻译主体在其周围环境的生存和工作状态。""翻译环境主要指翻译活动所涉及的环境（客观环境），包括经济环境、文化语言环境以及社会政治环境的总和。此外就是……主观环境，即翻译主体在翻译生态场中形成关系，并由此而产生的内部环境。"（同上）他进而对翻译生态、翻译环境及其关系等问题进行了探讨。笔者认同方梦之的看法，并拟按大易所揭示的道理，从新的视角来对翻译生态环境问题作进一步探讨。

一　交感成和

《周易》认为，世界的本质在于阴阳，阴阳是化育生命的本原，万事万物都是阴阳交感、交通成和而生。例如，伏羲六十四卦方圆图（图13.1）中，方图自右下角乾一始，最下一列为乾组八卦，第二列为兑组八卦，第三列为离组八卦，第四、五、六、七列分别为震组、巽组、坎组、艮组之八卦，最上列为坤组八卦。自右下角乾一始至左上角坤八止，其对角线依"乾一兑二离三震四巽五坎六艮七坤八"的次序，由下而上，井然有序。"所以乾天居一，坤地居上者，盖即天地交泰，万物化生之义，天气下降，以成雨雪，地气上升，以成云霓。"（徐芹庭，2009：37）

《系辞上传》曰："一阴一阳之谓道。"道就是指贯穿天地人的普遍规律，即强调阴阳两种力量调和相融而生成万物。孤阴不生，独阳不长。阴阳和合才能刚柔有体，生生不息，周而复始。庄子认为，天地阴阳之气交结运行，和合而生成万物："天地絪缊，和合二气，共生万物。"（转引自孔颖达，2009：24）《系辞下传》道："天地絪缊，万物化醇；男女构精，万物化生。"意思是说，天地二气缠绵交密，万物化育醇厚；男女阴阳交合其精，万物化育孕生。东汉王充在《论衡·自然篇》中也讲道："天地合气，万物自生，犹夫妇合气，子自生矣。"（转引自张立文，2003）天阳地阴，夫阳妇阴，阴阳和合，即天地、夫妇和合，而生万物和子女。泰卦的卦象是乾下坤上，乾为阳，坤为阴，阳气上升，阴气下降，二气交感成和，万物畅达、顺遂，生命旺盛。"天地交而万物通也，上下交而其志同也。"（《泰·象传》）天地交合，万物各畅其生；君臣交合，上下志趣合同。咸卦的卦象为兑上艮下，兑为阴、艮为阳，阴气在上、阳气在下，阴阳二气才能发生交感效应。天地以阴阳二气相感而万物生成，表现了自然界的和谐；人类以男女两性交感而家道亨通，表现了人类社会的和谐。《咸·象传》对此作了精辟的说明："天地感，而万物化生。圣人感人心，而天下和平。观其所感，而天地万物之情可见矣。"庄子因此提出"阴阳调和"、"交通成和"的重要论断："四时迭起，万物循生，一盛一衰，文武伦经；一清一浊，阴阳调和，流光其声……吾奏之以阴阳之和，烛之以日月之明。其声能短能长，能柔能刚，变化齐一，不主故常。"（《庄子·天运》）"至阴肃肃，至阳赫赫。肃肃出乎天，赫赫发乎地。两者交通成

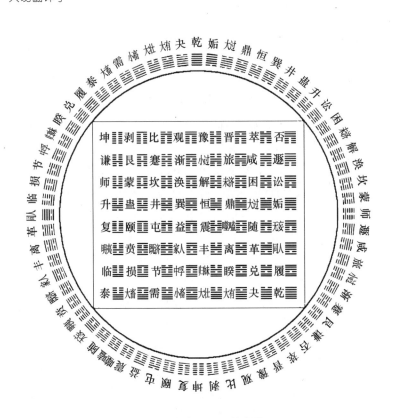

图 13.1　伏羲六十四卦方圆图

和，而物生焉。"(《庄子·田子方》) 交通，即交感；调和包括和谐、平衡、协调以至渗透、转化等意蕴。庄子在盛衰、清浊、长短、刚柔对待中以求阴阳的和谐；这个"和"是通过交通的方式达到的，阴阳交感成和，万物以生（刘玉平，2004）。难怪康有为说："如使天有昼而无夜，有夏而无冬，万物从何而生？故天惟能交通，而后万物成焉。"（转引自程静宇，2010：623）

通过《周易》阴阳交感的思想，我们可以推知：只有文化交感，人类交流才有可能，翻译才能成为现实。而翻译成为现实脱离不了翻译生态和翻译环境。翻译生态和翻译环境，犹如阴阳两种力量，互存互依，互联互动，构成一个复合整体。只有翻译生态和翻译环境有机结合，交通成和，翻译才能发生、存在和发展。

二　和而不同

《说卦传》曰："天地定位，山泽通气，雷风相薄，水火不相射；八卦相错。"〔天地设定上下配合的位置，山泽一高一低交流沟通气息，雷风各自与动交相潜入应和，水火异性不相厌弃而相资助；八卦就是这样（既对立又统一）相互错杂。〕"天地"、"山泽"、"雷风"、"水火"，即八卦之象，皆为一阴一阳的两相对立之卦象；而"定位"、"通气"、"相薄"、"不相射"，又均见统一和谐的情状，故称"相错"。八卦在对立统一中"相错"，正是体现自然万物的矛盾运动规律。唐孔颖达《周易正义》曰："《易》以乾、坤象天地，艮、兑象山泽，震、巽象雷风，坎、离象水火。若使天地不交，水火异处，则庶类无生成之用，品物无变化之理。"又曰："今八卦相错，则天地人事莫不备矣。故云天地定位而合德，山泽异体而通气，雷风各动而相薄，水火不相入而相资。"（孔颖达，2009：306）世上万物各不相同，相互错杂，既对立又统一，不断运动发展。

《同人·象传》曰："天与火，同人。君子以类族辨物。"魏王弼注云："天体在上而火炎上，同人之义也。君子小人，各得所同。"（王弼，2011：77—78）孔颖达正义曰："天体在上，火又炎上，取其性同，故云'天与火，同人'。'君子以类族辨物'者，族，聚也。言君子法此同人，以类而聚也。'辨物'谓分辨事物，各同其党，使自相同，不间杂也。"（孔颖达，2009：77）意思是，天、火相互亲和，象征和同于人。君子因此分析人类群体、辨别各种事物以审异求同。《睽·象传》曰："睽，火动而上，泽动而下；二女同居，其志不同行。"孔颖达正义曰："'睽，火动而上，泽动而下，二女同居，其志不同行'者，此就二体释卦名为'睽'之义，同而异者也。水火二物，共成烹饪，理应相济。今火在上而炎上，泽居下而润下，无相成之道，所以为乖。中少二女共居一家，理应同志，各自出适，志不同行，所以为异也。"（孔颖达，2009：160—161）《睽·象传》曰："上火下泽，睽。君子以同而异。"王弼注云："同于通理，异于职事。"（王弼，2011：203）孔颖达正义曰："'上天下泽，睽'者，动而相背，所以为'睽'也。'君子以同而异'者，佐王治民，其意则同；各有司存，职掌则异，故曰'君子以同而异'也。"（同上）即是说，睽卦上为火下为泽，象征乖背睽违。君子因此谋求大同并存小异。同人卦和睽卦两者都强调求同存异，和而不同。

《国语·郑语》记载了西周史伯论和同的一段话：

> 夫和实生物，同则不继。以他平他谓之和，故能丰长而物归之；若以同裨同，尽乃弃矣。故先王以土与金、木、水、火杂，以成百物。是以和五味以调口，刚四支以卫体，和六律以聪耳，正七体以役心，平八索以成人，建九纪以立纯德，合十数以训百体。……周训而能用之，和乐如一。夫如是，和之至也。（其实和谐才能生成万物，同一则发展难以为继。把不同的东西加以协调平衡叫做和谐，所以能丰富发展而使万物归于统一；如果把相同的东西相加，用尽了之后就完了。所以先王把土和金、木、水、火相配合，而生成万物。因此调配五种滋味以适合人的口味，强健四肢来保卫身体，调和六种音律使它动听悦耳，端正七窍来为心服务，协调身体的八个部分使人完整，设置九脏以树立纯正的德行，合成十种等级来训导百官。……用忠信来教化和使用他们，使他们协和安乐如一家人。这样的话，就是和谐的顶点了。）

从中可以看出，"和"是异类相承的结果，表示相互对立、相互补充的多层阴阳关系的和谐统一。正如古希腊哲学家赫拉克利特（Heraclitus）所说："互相排斥的东西结合在一起，不同的音调造成最美的和谐。"（转引自章关键，2007：54）"自然也是追求对立的东西，它是从对立的东西产生和谐，而不是从相同的东西产生和谐……艺术也是这样造成和谐的，显然是由于模仿自然。绘画在画面上混合着白色和黑色、黄色和红色的部分，从而造成与原物相似的形相。音乐混合不同音调的高音和低音、长音和短音，从而造成一个和谐的曲调。"（刘业超，2012：1354）

《周易》在讲乾坤之德时，强调"夫乾，其静也专，其动也直，是以大生焉。夫坤，其静也翕，其动也辟，是以广生焉"（《系辞上传》）。这里的"大生"、"广生"即是易之"生"的多样性的体现。生命只有是多样的、互补的，才有可能形成完整的食物链结构，组成全面的生物群落，最终形成我们所生活于其中的这个最大的生态系统——地球。我们人类也只有在这种物种多样性的基础上，才能找到自己在生物链中的地位，找到自己生存和发展的基础以及可能的和最佳的途径。

翻译生态环境是一个由多种因素构成的系统。它涉及宏观环境因素、支持环境因素、作者因素、译者因素和读者因素。这些因素又可细分：宏观环境因素包括政治环境、文化环境、经济环境、自然环境等；支持环境因素包括翻译资源、行业环境、翻译研究、翻译技术、权利因素等；作者因素包括作者理念、作者语言、文本因素等；译者因素包括译者理念、翻译动机、译者情感、专业能力、语言能力、创造能力等；读者因素包括读者理念、读者语言、读者情感等（钱春花，2011）。众因素各如其位，各如其分，有着特定的位置和功能，这些不同的位置和功能反映了翻译生态环境的多样性。所以说，翻译生态环境是一个各因素同济共生、和而不同、不断丰富和发展的统一体。

三　相生相克

晋代堪舆家郭璞在其《葬经》中说："五气行乎地中，发而生乎万物。"这里的"五气"指五行之气，即"木、火、土、金、水"五行。五行最早见于《尚书·洪范》："一曰水，二曰火，三曰木，四曰金，五曰土。"《史记·天官书》中记载"天有五星，地有五行"，说明远古时期，古人按照天象将地球上万事万物分为五种类型并称为五行，即水、火、木、金、土，同时认为，"水"有润下之性，"火"有炎上之势，"木"有伸曲之能，"金"有坚硬之美，"土"有植藏之德。在远古时代，这五种元素的分类作为哲学概念包含了地球上所有的事物或物质。五行中提到的物质或现象并不是指具体的事物或现象，仅是哲学概念和分类而已。如同阴阳概念一样，五行概念从产生起，在中国几千年历史进程中得到了广泛的应用和推广（甘开万，2008：24—25）。

《周易》中的五行学说认为，木、火、土、金、水是天地间五种基本元素，也就是天地生化万物的元气，此五气与万物密切相关。五行之气为生长化收藏，依天道而行，播于万物，施于人身，在时为春夏秋冬，在人身为心肝脾肺肾，在情志为怒喜思悲恐，在人伦为仁义礼智信，万物在不知不觉中，被此五行之气保养，或偷夺着元气。如果万物顺五行之气的规律，则得生机；如逆五行之气的规律，则将衰亡（陆毅，2011：359）。

古人将五行之间的相互作用分为生成者（相生）、克制者（相克）、被生者（被生）、被克者（被克）。木、火、土、金、水这五行相互滋生、相互制约，处于不断的运动变化之中。五行相生即指五行之间相互滋生、促进、助长；五行相克即指五行之间相互制约、抑制、克服。五行相生的规律是：木生火，火生土，土生金，金生水，水生木。隋萧吉《五行大义·论相生》解释说："木生火者，木性温暖，火伏其中，钻灼而出，故木生火；火生土者，火热故能焚木，木焚而成灰，灰即土也，故火生土；土生金者，金居石依山，津润而生，聚土成山，山中长石，故土生金；金生水者，少阴之气，润燥流津，销金亦为水，所以山石而从润，故金生水；水生木者，因水润而能生，故水生木也。"（转引自洪迪，2014：114）五行相克的规律是：木克土，土克水，水克火，火克金，金克木。东汉班固《白虎通义·五行》记载："五行所以相害者，天地之性：众胜寡，故水胜火也；精胜坚，故火胜金；刚胜柔，故金胜木；专胜散，故木胜土，实胜虚，故土胜水也。"（同上）《黄帝内经·素问·宝命全形论》提到："木得金而伐，火得水而灭，土得木而达，金得火而缺，水得土而绝。万物尽然，不可胜竭。"（转引自张其成，2009：52—53）五行相生相克的规律从图 13.2 中可看得分明。五行相生中同时寓有相克，相克之中也同时寓有相生。相生相克是一切事物维持平衡不可缺少的条件。

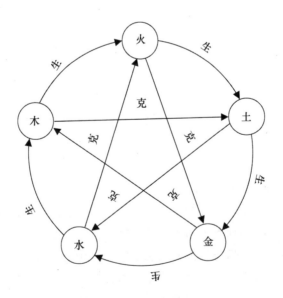

图 13.2　五行相生相克

翻译生态环境是由诸多因素构成的，像五行相生相克一样，各因素间存在相互滋生相互制约的关系。各因素通过相生相克的关系形成一个自组织的翻译生态平衡系统。相生诸因素和衷共济，建立和维持翻译生态环境的和谐状态。"天地以和顺为命，万物以和顺为性。"（王夫之，1977：121）和顺即和谐，此乃天地和万物之性。如果没有这种和谐，翻译生态环境就归于虚无，不可能存在，翻译也就成为空话。但和谐并不意味着没有矛盾，没有冲突。翻译生态环境中，矛盾和冲突始终存在。这就引出解决矛盾和冲突，"优胜劣汰"等问题。不过，这些不是你死我活的问题，不是一方存在就必须以消灭另一方为前提。发生在自然界的"优胜劣汰"现象告诉我们：自然界的"优胜劣汰"是发生在一个物种之内的故事，是大自然帮助剔除不良个体的方式，但发生在物种层面的却是另一个故事，在这个故事里，不同的物种并存，动物没有取代植物，哺乳动物没有取代节肢动物和爬行动物，人类的出现也没有让灵长类动物消失（吴志杰，2011b）。所以，翻译生态环境个别要素内部"优胜劣汰"是正常现象，是对整体的优化，能促进整体的发展。翻译生态环境各大系统则应是共存并生，和谐发展。

四 生生不息

《系辞上传》曰："《易》有太极，是生两仪，两仪生四象，四象生八卦。"八卦又生出六十四卦。六十四卦以乾、坤两卦开头。《乾·象传》曰："大哉乾元！万物资始，乃统天。"《坤·象传》曰："至哉坤元！万物资生，乃顺承天。"乾、坤两卦为六十四卦的门户，代表阴阳刚柔这两种宇宙的根本势力和属性对万物的决定作用，它们的相攻相交构成宇宙整体生生不息和周期循环运动的力量源泉。六十四卦以既济、未济两卦结尾，说明事物发展到最后必然有一个终结，但此终结又是另一新的开始，所以《说卦传》说："物不可穷也，故受之以未济终焉。"此两卦体现了《周易》六十四卦的逻辑体系并不是一个僵死的封闭系统，而是一个生生不息的开放系统（罗移山，2001）。

翻译生态和翻译环境犹如乾坤两卦，是翻译的门户，翻译得以在其中产生。《周易》中有"生生之谓易"之说，我们可以据此作出推论：生生之谓译。"生生"至少有两个含义，一是化生、创生。翻译意味着"为特定目的和的语环境中的特定受众生产的语背景中的文本"（Vermeer，1987），其过程就是文本的生产，其结果就是文本的生成。文本的生产、生成即物的化生、创生。另外，翻译是一项非常古老的人类活动。在整个人类历史上，语言的翻译几乎同语言本身一样古老，自有人类起就一直在发生。几千年来，翻译赓续不断，生生不息，并将与人类社会共延共进，永无止境。所以说，翻译本身就是创生、创新的过程，是谓"生生"。

"生生"的另一含义是相生、共生。《序卦传》道："有天地然后有万物，有万物然后有男女，有男女然后有夫妇，有夫妇然后有父子，有父子然后有君臣，有君臣然后有上下，有上下然后礼义有所错。"所谓"事出有因"、"前因后果"，无"因"之"果"是不存在的（李丹、彭利元，2011）。译作源于原作，是原作的再生。"它赋予原作以新的面貌、新的活力、新的生命，使其以新的形式与姿态面对新的文化与读者。"（张泽乾，1998：470）原作和译作不是主从关系，而是平等互补的关系。翻译不仅是传达原作内容的手段，而更主要的是使原作得以延生的手段（刘桂兰，2010：74—75）。译作和原作相互联系，一方的存在以另一方的存在为前提和基础。两者体现着《周易》里所谓的阴阳关系：阴中有阳，阳中有阴，阴阳互感互摄，互存互生。所以说，生生之谓译。

翻译与翻译生态环境息息相关。毫无疑问，翻译生态环境对翻译产生影响；反过来，翻译对翻译生态环境也会产生影响，两者的相互影响如物理学上的作用力与反作用力的相互影响一样，不可避免，不可忽视。从翻译与翻译环境两者互联互动的内在必然性看，"生生之谓译"的另一面必定是翻译生态环境的生生不息！

五 保合太和

易具有不易性、变易性、简易性、交易性、和易性，而易的终极价值是和易性，是创造天地的和谐生态和人类和谐充实的生存状态，也就是实现天地万物的条理组织以及人类世界的和谐繁荣。难怪《乾·象传》提出："乾道变化，各正性命，保合太和，乃利贞。"意思是说，天道变化，万物各自禀受其性，得天赋之命，而太和元气得以保全、融合，这样就使得物性和谐，各有其利，万物都能正固持久地成长。"太和"，宋朱熹在

《周易本义》中解释为"阴阳会合冲和之气也"（朱熹，2011：50），也就是阴阳和谐之气。高亨《周易大传今注》中说："太和非谓四时皆春，乃谓春暖、夏热、秋凉、冬寒，四时之气皆极为谐调，不越自然规律，无酷热，无严寒，无烈风，无淫雨，无久旱，无早霜，总之，即无特殊之自然灾害。天能保合太和之景象，乃能普利万物，乃为天之正道。"（高亨，2009：34）因此，"太和"就是天地间万物自身内部与外部环境之间保持平稳有序的最大和谐，即一方面，万事万物在运动中互相交流渗透、联结，另一方面，万事万物在运动中始终保持自身内在的本质。如阴阳合德，刚柔有体，正是万物各得性命之正，而又相参相比，构成了宇宙之间最大的和谐（程静宇，2010：25）。汤一介（1998）认为，"太和"可以理解为"普遍和谐"，包括自然的和谐、人与自然的和谐、人与人的和谐（即社会生活的和谐）以及自我身心内外的和谐四个方面。"太和"的意思是"至和、最和谐"，即最高的和谐，包括汤一介所说的四方面的和谐，是自然自在的和谐与人类自为的和谐的统一，是至上至美的和谐。

自然和人类进入"太和"状态，就会出现《周易·中孚》所描绘的那类景象："鸣鹤在阴，其子和之；我有好爵，吾与尔靡之。"（鹤在树阴中鸣叫，它的同类声声应和；我有甜美的酒浆，愿与你共饮同乐。）从中我们可以看出，自然界是一幅多么和谐、祥和的画面，人类又是处在多么和睦、安乐的环境之中。

保合太和，既意味着保合自然太和和人世太和，又意味着保合人与自然的太和；既意味着保合个人太和，又意味着保合家庭太和、群体太和、地区太和、国家太和、天下太和……套用一句现代科技术语，它意味着保持微观系统与宏观系统的全面平衡。通过"保合太和"，可以实现"万国咸宁"的理想世界，照我们今天的说法，就是构建天下太平的和谐社会。"保合太和"是《周易》追求的最高理想："身和则体健，家和则居安，人和则业兴，民和则国泰，族和则世宁，进而密切交流，群策群力，更可共谋天下大同。"（章关键，2007：171）翻译生态环境进入"太和"状态，著（原作）、（翻）译、经（营）、管（理）、（出版）商，各色人等，各尽其才，各显神通；社会、政治、经济、文化，诸方力量，和衷共济，参赞辅相。翻译世界因此和谐有序，繁荣昌盛。

翻译是人类活动的一部分，与社会其他活动紧密联系，在人们的生活中起重要作用。翻译与其他人类活动一样，其和谐发展会推动人类社会的和谐发展。翻译工作者所孜孜追求的正是翻译生态环境的"太和"状态。

翻译生态环境是翻译产生、存在和发展的基础，它由翻译生态和翻译环境组成，具有整体性、多样性、创生性、动态性等特性。本章从大易的视角阐释了与之相关的问题："交感成和"、"和而不同"、"相生相克"、"生生不息"、"保合太和"。从中我们可以清楚地看出：翻译生态与翻译环境，犹如阴阳两种力量，交通互感，并存共生，一起构成一个复合的翻译生态环境系统；其系统内部，构成因素多种多样，各有其位置，各发挥其应有功能；诸因素相互滋生相互制约，在融合中冲突，在冲突中融合；翻译就是在这种融突中创生、创新，赓续不断，生生不息；为促进翻译事业更加繁荣发展，人们需要不断改善翻译生态环境，始终保持翻译生态环境的"太和"状态。

参考文献

Baker, Mona and Gabriela Saldanha (eds). *Routledge Encyclopedia of Translation Studies (Second Edition)*. Shanghai: Shanghai Foreign Language Education Press, 2010.

Bassnett, Susan. *Translation Studies (Third Edition)*. Shanghai: Shanghai Foreign Language Education Press, 2004.

Baynes, Cary F. (trans.). *I Ching or Book of Changes*. London: Penguin Books, 2003.

Benjamin, Walter. The task of the translator, trans. Harry Zohn. In Lawrence Venuti (ed.) *The Translation Studies Reader*. London and New York: Routledge, 2000.

Berman, Antoine. *L'Épreuve de l'étranger*. Paris: Gallimard, 1984.

Berman, Antoine. Translation and the trials of the foreign. In Lawrence Venuti (ed.) *The Translation Studies Reader*. London and New York: Routledge, 2000.

Blanchot, Maurice. Translating, trans. Elizabeth Rottenberg. In Maurice Blanchot (ed.) *Friendship*. Stanford: Stanford University Press, 1997.

Blofeld, John (trans.). *I Ching: The Book of Change*. New York: Penguin Compass, 1991.

Chesterman, Andrew. Proposal for a Hieronymic Oath. *The Translator* 7 (2), 2001.

Cleary, Thomas (trans.). *I Ching: The Book of Change*. Boston and London: Shambhala, 2006.

Gentzler, Edwin. *Contemporary Translation Theories (Revised Second Edition)*.

Shanghai: Shanghai Foreign Language Education Press, 2004.

Gutt, Ernst-August. *Translation and Relevance: Cognition and Context.* Shanghai: Shanghai Foreign Language Education Press, 2004.

Hardy, Thomas. *The Return of the Native.* London: Penguin Books, 1999.

Hewson, Lance and Jacky Martin. *Redefining Translation: The Variational Approach.* London: Routledge, 1991.

Holz-Mänttäri, Justa. *Translatorische Handeln: Theorie und Methode.* Helsinki: Suomalainen Tiedeakatemia, 1984.

Katan, David. *Translating Cultures: An Introduction for Translators, Interpreters and Mediators.* Shanghai: Shanghai Foreign Language Education Press, 2004.

Lefevere, Andre. *Translating Literature: Practice and Theory in a Comparative Context.* New York: The Modern Language Association of America, 1992.

Legge, James (trans.). *The Yi King.* Sacred Books of China, part 2. Oxford: Clarendon Press, 1882.

Legge, James (trans.). *Book of Changes.* Changsha: Hunan Press, 1993.

Legge, James (trans.). *The Chinese Classics (Volume 1).* Shanghai: East China Normal University, 2011a.

Legge, James (trans.). *The Doctrine of the Mean.* Beijing: Foreign Language Teaching and Research Press, 2011b.

Lynn, Richard John (trans.). *The Classic of Changes: A New Translation of the I Ching as Interpreted by Wang Bi.* New York: Columbia University Press, 1994.

Mao, Tse-tung. *Selected Works of Mao Tse-tung (Volume III).* Peking: Foreign Language Press, 1975.

Minford, John (trans.). *I Ching: The Essential Translation of the Ancient Chinese Oracle and Book of Wisdom.* New York: Viking, 2014.

Munday, Jeremy. *Introducing Translation Studies: Theories and Applications.* Shanghai: Shanghai Foreign Language Education Press, 2010.

Newmark, Peter. *A Textbook of Translation.* Shanghai: Shanghai Foreign Language Education Press, 2001.

Nida, Eugene A. *Language, Culture and Translating.* Shanghai: Shanghai Foreign Language Education Press, 1993.

Nida, Eugene A. *Language and Culture: Contexts in Translating.* Shanghai: Shanghai Foreign Language Education Press, 2001.

Nida, Eugene A. and Charles R. Taber. *The Theory and Practice of Translation.* Leiden: E. J. Brill, 1969.

Nord, Christiane. *Text Analysis in Translation: Theory, Methodology and Didactic Application of a Model for Translation-Oriented Text Analysis.* Amsterdam: Rodopi, 1991.

Nord, Christiane. *Translating as a Purposeful Activity: Functionalist Approaches Explained.* Shanghai: Shanghai Foreign Language Education Press, 2001.

Pym, Anthony. *Pour une éthique du traducteur.* Arras: Artois Presses Université, 1997.

Pym, Anthony. Introduction: The return to ethics in translation studies. *The Translator* 7 (2), 2001.

Rabassa, Gregory. No two snowflakes are alike: Translation as metaphor. In John Biguenet and Rainer Schulte (eds) *The Craft of Translation.* Chicago and London: The University of Chicago Press, 1989.

Régis, Jean-Baptiste (trans.). *Y-king, antiquissimus Sinarum liber quem ex latina interpretatione.* Stuttgart: J. G. Gotta, 1834.

Reiss, Katharina. *Translation Criticism: The Potentials and Limitations.* Shanghai: Shanghai Foreign Language Education Press, 2004.

Savory, Theodore. *The Art of Translation.* London: Jonathan Cape, 1957.

Schleiermacher, Friedrich. On the different methods of translating, trans. Waltraud Bartscht. In Rainer Schulte and John Biguenet (eds) *Theories of Translation: An Anthology of Essays from Dryden to Derrida.* Chicago and London: The University of Chicago Press, 1992.

Shaughnessy, Edward (trans.). *I Ching: The Classic of Changes; The First English Translation of the Newly Discovered Second-Century BC Mawangdui Texts.* New York: Ballantine Books, 1996.

Shaw, Daniel. *Transculturation: The Cultural Factors in Translation and Other Communication Tasks.* Pasadena: William Carvey Library, 1988.

Sherrill, Wallace A. and Wen Kuen Chu. *The Astrology of I Ching.* New York:

Penguin Books, 1993.

Snell-Hornby, Mary. The professional translator of tomorrow: language specialist or all-round expert? In Cay Dollerup and Anne Loddegaard (eds) *Teaching Translation and Interpreting: Training, Talent and Experience.* Amsterdam and Philadelphia: John Benjamins, 1992.

Snell-Hornby, Mary. *Translation Studies: An Integrated Approach.* Shanghai: Shanghai Foreign Language Education Press, 2001.

Steiner, George. *After Babel: Aspects of Language and Translation.* Shanghai: Shanghai Foreign Language Education Press, 2001.

Toury, Gideon. *Descriptive Translation Studies and Beyond.* Shanghai: Shanghai Foreign Language Education Press, 2001.

Tymoczko, Maria. *Translation in a Postcolonial Context: Early Irish Literature in English Translation.* Shanghai: Shanghai Foreign Language Education Press, 2004.

Venuti, Lawrence. *The Scandals of Translation: Towards an Ethics of Difference.* London and New York: Routledge, 1998.

Venuti, Lawrence. *The Translator's Invisibility: A History of Translation.* Shanghai: Shanghai Foreign Language Education Press, 2004.

Vermeer, Hans J. Ein Rahem für eine allgemeine Traslationsthoerie. *Lebende Sprachen* 23 (1), 1978.

Vermeer, Hans J. What does it mean to translate? *Indian Journal of Applied Linguistics* 13 (2), 1987.

Waley, Arthur (trans.). *The Analects.* Beijing: Foreign Language Teaching and Research Press, 1998.

Wilhelm, Richard (trans.). *I Ging: Das Buch der Wandlungen.* Jena: Diederichs, 1924.

Xu, Yuanchong (trans.). *300 Tang Poems.* Beijing: China Translation & Publishing Corporation, 2007.

Yang, Hsienyi and Gladys Yang (trans.). *The Scholars.* Peking: Foreign Languages Press, 1957.

Zhao, Yanchun. A critical hierarchy for translating rhyme: Chinese-English, English-Chinese. *Translating China* 1 (1), 2014.

阿鸿：《易经的至理名言》，宗教文化出版社 2011 年版。

［美］爱默生：《自然沉思录》，博凡译，上海科学院出版社 1993 年版。

蔡希勤（编注）：《孔子说》，华语教学出版社 2006 年版。

曹山柯：《翻译：文本意义的实现》，《外国语》1999 年第 3 期。

［苏］别林斯基：《别林斯基论文学》，别列金娜选辑，梁真译，新文艺出
　　版社 1958 年版。

［苏］波斯彼洛夫：《文学原理》，王忠琪、徐京安、张秉真译，三联书店
　　1985 年版。

陈宝庭、刘金华：《经济伦理学》，东北财经大学出版社 2001 年版。

陈碧：《〈周易〉象数之美》，人民出版社 2009 年版。

陈东成：《文化差异与翻译》，中南大学出版社 2000 年版。

陈东成：《从接受美学看幽默广告的翻译》，《澳门理工学报》2006 年第
　　3 期。

陈东成：《从接受美学看广告复译》，《湖南大学学报（社会科学版）》
　　2007 年第 2 期。

陈东成：《文化视野下的广告翻译研究》，中国社会科学出版社 2012
　　年版。

陈恩林：《论〈易传〉的和合思想》，《吉林大学社会科学学报》2004 年
　　第 1 期。

陈福康：《中国译学理论史稿》，上海外语教育出版社 2000 年版。

陈鼓应、赵建伟：《周易今注今译》，商务印书馆 2015 年版。

陈凯军、赵迎春：《哲学视域下论翻译伦理》，《湖北社会科学》2012 年
　　第 2 期。

陈戍国（点校）：《周礼·仪礼·礼记》，岳麓书社 1997 年版。

陈望衡：《中国古典美学二十一讲》，湖南教育出版社 2007 年版（a）。

陈望衡：《中国古典美学史》（上卷），武汉大学出版社 2007 年版（b）。

陈志椿、侯富儒：《中国传统审美文化》，浙江大学出版社 2009 年版。

陈志杰：《翻译的伦理与伦理的翻译》，《译林》2012 年第 8 期。

成立：《"辨于味"及其他——中国古典文学解释理论初探》，《名作欣
　　赏》1997 年第 5 期。

成中英：《易学本体论》，北京大学出版社 2006 年版。

程静宇：《中国传统中和思想》，社会科学出版社 2010 年版。

程平：《"善"译的伦理阐释》，《西安外国语大学学报》2012 年第 2 期。

（宋）程颐：《周易程氏传》，王孝鱼点校，中华书局 2016 年版。

戴永新：《〈周易〉中的和谐观》，《周易研究》2006 年第 1 期。

但汉源：《翻译风格与翻译的理论剖视》，《语言与翻译》1996 年第 3 期。

丁衡祁：《翻译广告文字的立体思维》，《中国翻译》2004 年第 1 期。

董琇：《赛珍珠以汉语为基础的思维模式——谈赛译〈水浒传〉》，《中国翻译》2010 年第 2 期。

（汉）董仲舒：《春秋繁露》，山东友谊出版社 2001 年版。

杜承南：《诗歌翻译之我见》，载杜承南、文军主编《中国当代翻译百论》，重庆大学出版社 1994 年版。

段峰：《文化视野下文学翻译主体性研究》，四川大学出版社 2008 年版。

樊培绪：《理雅各、辜鸿铭英译儒经的不及与过》，《中国科技翻译》1999 年第 3 期。

方梦之：《译者就是译者》，载许钧主编《翻译思考录》，湖北教育出版社 1998 年版。

方梦之：《论翻译生态环境》，《上海翻译》2011 年第 1 期。

方梦之（主编）：《中国译学大辞典》，上海外语教育出版社 2011 年版。

方平（译）：《呼啸山庄》，上海译文出版社 1984 年版。

［瑞士］费尔迪南·德·索绪尔：《普通语言学教程》，高名凯译，商务印书馆 1999 年版。

冯骥才：《遵从生命》，《文汇报》1992 年 1 月 2 日。

冯建文：《神似翻译学》，敦煌文艺出版社 2001 年版。

冯庆华：《文体翻译论》，上海外语教育出版社 2002 年版。

冯友兰：《中国哲学史》，新世纪出版社 2004 年版。

傅惠生（英译）、张善文（今译）：《周易》，湖南人民出版社 2008 年版。

傅雷：《〈高老头〉重译本序》，载罗新璋、陈应年编《翻译论集（修订本）》，商务印书馆 2009 年版（a）。

傅雷：《翻译经验点滴》，载罗新璋、陈应年编《翻译论集（修订本）》，商务印书馆 2009 年版（b）。

甘开万：《易之启示》，武汉出版社 2008 年版。

高亨：《周易大传今注》，齐鲁书社 2009 年版。

高健：《浅谈散文风格的可译性》，载杨自俭、刘学云编《翻译新论（1983～1992）》，湖北教育出版社 1994 年版。

高民、王亦高：《汉英双讲中国古诗 100 首》，大连出版社 2003 年版。

辜鸿铭：《辜鸿铭英译〈论语〉》，云南人民出版社 2011 年版。

辜正坤：《翻译标准多元互补论》，《中国翻译》1989 年第 1 期。

辜正坤：《中西诗比较鉴赏与翻译理论》，清华大学出版社 2003 年版。

顾正阳：《古诗词曲英译美学研究》，上海大学出版社 2006 年版。

顾正阳：《古诗词曲英译文化探幽》，国防工业出版社 2012 年版。

郭建中：《翻译中的文化因素：异化与归化》，《外国语》1998 年第 2 期。

郭沫若：《〈雪莱诗选〉小序》，载罗新璋、陈应年编《翻译论集（修订本）》，商务印书馆 2009 年版。

韩生民：《关于文学翻译风格问题》，《翻译通讯》1984 年第 4 期。

洪迪：《〈周易〉三读》，东方出版中心 2014 年版。

侯敏：《易象论》，北京大学出版社 2006 年版。

胡庚申：《翻译适应选择论》，湖北教育出版社 2004 年版。

（明）胡应麟：《诗薮》，上海古籍出版社 1979 年版。

胡兆云：《美学理论视野中的文学翻译研究》，中国书籍出版社 2013 年版。

胡自逢：《周易经文研究》，载刘大钧主编《大易集述》，巴蜀书社 1998 年版。

黄建中：《比较伦理学》，山东人民出版社 1998 年版。

黄寿祺、张善文：《周易译注》，上海古籍出版社 2007 年版。

黄书泉：《文学批评新论》，安徽大学出版社 2001 年版。

黄振华：《论日出为易》，载《哲学年刊》第五辑，台湾商务印书馆 1968 年印行。

（梁）慧皎：《高僧传（卷第七）》，楼宇烈校释，中华书局 1992 年版。

贾文波：《应用翻译功能论》，中国对外翻译出版公司 2004 年版。

蒋孔阳、朱立元：《二十世纪美学（上）》，北京师范大学出版社 2013 年版。

蒋骁华：《符号学翻译研究——文学语言的理据及其再造》，外语教学与研究出版社 2003 年版。

金慧敏：《两种"距离"，两种"审美现代性"——以布洛和齐美儿为例》，《天津社会科学》2007 年第 4 期。

金景芳：《学易四种》，吉林文史出版社 1987 年版。

金景芳、吕绍纲：《周易全解》，上海古籍出版社 2005 年版。

靳新：《论文学作品翻译的风格再现》，《三峡大学学报（人文社会科学版）》2009 年第 6 期。

［英］卡特福德：《翻译的语言学教程》，穆雷译，旅游出版社 1991 年版。

孔慧怡：《翻译·文学·文化》，北京大学出版社 1999 年版。

（唐）孔颖达：《周易正义》，中国致公出版社 2009 年版。

雷士铎：《10 分钟周易》，中山大学出版社 1993 年版。

黎昌抱：《王佐良翻译风格研究》，光明日报出版社 2009 年版。

黎昌抱：《风格翻译论述评》，《绍兴文理学院学报（哲学社会科学版）》2010 年第 2 期。

黎跃进：《文化批评与比较文学》，东方出版社 2002 年版。

黎子耀：《周易秘义》，浙江古籍出版社 1989 年版。

李大用：《周易新探》，北京大学出版社 1992 年版。

李丹、彭利元：《从阴阳学说看翻译中的异化与归化》，《西安外国语大学学报》2011 年第 3 期。

李晶、刘昊博、张维途：《〈三字经〉英译：Giles 与赵彦春平行译本分析》，光明日报出版社 2014 年版。

李镜池：《周易通义》，中华书局 1981 年版。

李明：《从主体间性理论看文学作品的复译》，《外国语》2006 年第 4 期。

李树尔：《周易诗解及卦体二进制转换》，九州出版社 2012 年版。

李思：《论小说翻译中叙述距离的传译——以〈泥土〉中译本为例》，《郑州航空工业管理学院学报（社会科学版）》2009 年第 6 期。

李文革：《西方翻译理论流派研究》，中国社会科学出版社 2004 年版。

李照国：《门外译谈》，苏州大学出版社 2012 年版。

连淑能：《论中西思维方式》，《外语与外语教学》2002 年第 2 期。

梁启超：《翻译文学与佛典》，载罗新璋、陈应年编《翻译论集（修订本）》，商务印书馆 2009 年版（a）。

梁启超：《论译书》，载罗新璋、陈应年编《翻译论集（修订本）》，商务印书馆 2009 年版（b）。

梁韦弦：《〈程氏易传〉导读》，齐鲁书社 2003 年版。

廖七一：《当代英国翻译理论》，湖北教育出版社 2001 年版。

林纾（译）：《吟边燕语》，商务印书馆 1987 年版。

林以亮：《翻译的理论与实践》，载《翻译通讯》编辑部编《翻译研究论文集》，外语教学与研究出版社 1984 年版。

林语堂：《论翻译》，载罗新璋、陈应年编《翻译论集（修订本）》，商务印书馆 2009 年版。

刘大钧：《周易概论（增补修订本）》，巴蜀书社 2010 年版。

刘纲纪：《〈周易〉美学》，武汉大学出版社 2006 年版。

刘桂兰：《重译考辨》，光明日报出版社 2010 年版。

刘宓庆：《现代翻译理论》，江西教育出版社 1990 年版。

刘宓庆：《汉英对比研究的理论问题（上）》，《外国语》1991 年第 4 期。

刘宓庆：《翻译美学导论》，中国对外翻译出版公司 2005 年版（a）。

刘宓庆：《中西翻译思想比较研究》，中国对外翻译出版公司 2005 年版（b）。

刘宓庆、章艳：《翻译美学理论》，外语教学与研究出版社 2011 年版。

刘薇：《翻译学：走向解释学模式与质疑伦理——评韦努蒂新著〈翻译改变一切〉》，《中国翻译》2013 年第 3 期。

刘蔚华：《刘蔚华解读周易》，齐鲁书社 2007 年版。

刘晓丽：《名著重译贵在超越》，《中国翻译》1999 年第 3 期。

（南朝）刘勰：《增订文心雕龙校注》，黄叔琳注，李详补注，杨明照校注拾遗，中华书局 2012 年版。

刘业超：《文心雕龙通论》，人民出版社 2012 年版。

刘玉平：《论〈周易〉的阴阳和谐思维》，《周易研究》2004 年第 5 期。

刘云虹：《复译重在超越与创新》，《中国图书评论》2005 年第 9 期。

刘重德：《文学风格翻译问题商榷》，《中国翻译》1988 年第 2 期。

刘重德：《文学翻译十讲》，中国对外翻译出版公司 1991 年版。

刘重德：《西方译论研究》，中国对外翻译出版公司 2003 年版。

龙明慧：《翻译原型研究》，中山大学出版社 2011 年版。

鲁迅：《"题未定"草》，载罗新璋、陈应年编《翻译论集（修订本）》，商务印书馆 2009 年版（a）。

鲁迅：《关于翻译（下）》，载罗新璋、陈应年编《翻译论集（修订本）》，商务印书馆 2009 年版（b）。

鲁迅：《鲁迅和瞿秋白关于翻译的通信·鲁迅的回信》，载罗新璋、陈应
　　年编《翻译论集（修订本）》，商务印书馆 2009 年版（c）。

陆毅：《学易明道》，黄山出版社 2011 年版。

罗炽、萧汉明：《易学与人文》，中国书店 2004 年版。

罗新璋：《复译之难》，《中国翻译》1991 年第 5 期。

罗新璋：《我国自成体系的翻译理论》，载罗新璋、陈应年编《翻译论集
　　（修订本）》，商务印书馆 2009 年版。

罗移山：《论〈周易〉生态循环律》，《学术交流》2001 年第 4 期。

吕俊、侯向群：《翻译批评学引论》，上海外语教育出版社 2009 年版。

马红军：《翻译批评散论》，中国对外翻译出版公司 2000 年版。

马建忠：《拟设翻译书院议》，载罗新璋、陈应年编《翻译论集（修订
　　本）》，商务印书馆 2009 年版。

毛泽东：《毛泽东选集（第三卷）》，人民出版社 1969 年版。

茅盾：《为发展文学翻译事业和提高翻译质量而奋斗》，载罗新璋、陈应
　　年编《翻译论集（修订本）》，商务印书馆 2009 年版。

南怀瑾：《南怀瑾选集（第三集）》，复旦大学出版社 2008 年版。

南怀瑾、徐芹庭：《周易今注今译》，重庆出版社 2009 年版。

倪蓓锋：《论译者个性的介入》，《大连大学学报》2010 年第 3 期。

倪愫襄：《伦理学导论》，武汉大学出版社 2002 年版。

潘文国：《汉英语对比纲要》，北京语言文化大学出版社 1997 年版。

彭萍：《伦理视角下的中国传统翻译活动研究》，外语教学与研究出版社
　　2008 年版。

彭萍：《翻译伦理学》，中央编译出版社 2013 年版。

钱春花：《翻译生态系统要素结构研究》，《中国矿业大学学报（社会科学
　　版）》2011 年第 4 期。

钱基博：《周易解题及其读法》，广西师范大学出版社 2010 年版。

钱纪芳：《和合翻译思想初探》，《上海翻译》2010 年第 3 期。

钱锺书：《管锥编》，中华书局 1986 年版。

钱锺书：《林纾的翻译》，载罗新璋、陈应年编《翻译论集（修订本）》，
　　商务印书馆 2009 年版。

秦文华：《对复译现象与翻译标准的剖析》，《外语与外语教学》2003 年
　　第 11 期。

（曹魏）阮籍：《阮籍集》，李志钧等校点，上海古籍出版社 1978 年版。

［美］斯皮瓦克：《翻译的政治》，许兆麟、郝田虎译，载许宝强、袁伟选
　　编《语言与翻译的政治》，中央编译出版社 2001 年版。

［日］松浦晃一郎：《促进文化交流、推动文明发展是翻译工作者的使
　　命——联合国教科文组织总干事松浦晃一郎致世界翻译大会的贺
　　词》，宫结实、苑爱玲译，《中国翻译》2008 年第 4 期。

孙会军：《普遍与差异》，上海译文出版社 2005 年版。

孙艺风：《翻译与多元之美》，《中国翻译》2008 年第 4 期。

孙艺风：《翻译的距离》，《中国翻译》2013 年第 6 期。

孙迎春：《第二次大水——归、异化翻译策略辩证》，天津教育出版社
　　2008 年版。

孙致礼（译）：《呼啸山庄》，花城出版社 1998 年版。

谭载喜：《翻译学》，湖北教育出版社 2000 年版。

谭载喜：《西方翻译简史（增订版）》，商务印书馆 2004 年版。

汤一介：《"太和"观念对当今人类社会可有之贡献》，《中国哲学史》
　　1998 年第 1 期。

铁省林：《西方哲学主体性问题的历史嬗变》，《齐鲁学刊》2003 年第 2 期。

涂又光：《楚国哲学史》，华中科技大学出版社 2014 年版。

屠岸、许钧：《"信达雅"与"真善美"》，载许钧等《文学翻译的理论与
　　实践：翻译对话录（增订本）》，译林出版社 2010 年版。

屠国元、李静：《文化距离与读者接受：翻译学视角》，《解放军外国语学
　　院学报》2007 年第 2 期。

屠国元、李静：《距离合法性视角下译者当译之本的知情选择与情感同
　　构》，《中国翻译》2009 年第 4 期。

万志全：《中国古代审美理想》，中国社会科学出版社 2010 年版。

汪榕培、任秀桦（译）：《英译易经》，上海外语教育出版社 2007 年版。

汪榕培、王宏：《中国典籍英译》，上海外语教育出版社 2009 年版。

王爱军：《叙事诗词翻译中的视角转换与语篇连贯》，《武汉理工大学学报
　　（社会科学版）》2007 年第 4 期。

（曹魏）王弼：《周易注（附周易略例）》，楼宇烈校释，中华书局 2011
　　年版。

王秉钦、王颉：《20 世纪中国翻译思想史（第二版）》，南开大学出版社

2009 年版。

王大智：《翻译与翻译伦理——基于中国传统翻译伦理思想的思考》，北京大学出版社 2012 年版。

（清）王夫之：《周易外传》，中华书局 1977 年版。

王宏印：《参古定法，望今制奇——探寻文学翻译批评的评判标准》，《天津外国语学院学报》2002 年第 3 期。

王宏印：《英汉翻译综合教程》，辽宁师范大学出版社 2002 年版。

王宏印：《中国传统译论经典诠释——从道安到傅雷》，湖北教育出版社 2003 年版。

王宏印：《文学翻译批评论稿》，上海外语教育出版社 2006 年版。

王宏印：《文学翻译批评概论》，中国人民大学出版社 2009 年版。

王健：《文学翻译风格谈》，《西安外国语学院学报》2000 年第 1 期。

王克非：《关于翻译批评的思考——兼谈〈文学翻译批评研究〉》，《外语教学与研究》1994 年第 3 期。

王向远：《王向远著作集·翻译文学研究》，宁夏人民出版社 2007 年版。

王晓军：《论译者风格与原作风格的统一》，《宁夏大学学报（人文社会科学版）》2002 年第 4 期。

王晓丽：《伽达默尔哲学诠释学与复译策略》，《齐齐哈尔大学学报（哲学社会科学版）》2002 年第 4 期。

王玉德、姚伟钧、曾磊光：《神秘的八卦——〈周易〉研究纵横观》，广西人民出版社 2004 年版。

王占斌：《"言不尽意"与翻译本体的失落和译者的主体意识》，《广东外语外贸大学学报》2008 年第 2 期。

王章陵：《周易思辨哲学（上）》，齐鲁书社 2007 年版。

王振复：《大易之美——周易的美学智慧》，北京大学出版社 2006 年版。

王振复：《周知万物的智慧——〈周易〉文化百问》，复旦大学出版社 2011 年版。

王忠亮：《距离等值翻译论》，《中国翻译》1986 年第 3 期。

王佐良：《翻译：思考与试笔》，外语教学与研究出版社 1989 年版。

王佐良：《论诗的翻译》，江西教育出版社 1992 年版。

王佐良：《词义·文本·翻译》，载罗新璋、陈应年编《翻译论集（修订版）》，商务印书馆 2009 年版。

［德］威克纳格：《诗学·修辞学·风格论》，载歌德等《文学风格论》，
　　王元化译，上海译文出版社 1982 年版。

魏建刚：《鸣鹤在阴，其子和之——中国传统译学之易学影响发微》，《外
　　语与外语教学》2015 年第 2 期。

温秀颖：《翻译批评——从理论到实践》，南开大学出版社 2007 年版。

温秀颖等：《英汉翻译教程》，南开大学出版社 2001 年版。

翁凤翔：《关于翻译界的"第四群体"》，《上海翻译》2007 年第 1 期。

（清）吴敬梓：《儒林外史》，上海古籍出版社 1984 年版。

吴志杰：《中国传统译论专题研究》，上海译文出版社 2009 年版。

吴志杰：《和合翻译研究刍议》，《中国翻译》2011 年第 4 期（a）。

吴志杰：《和合文化生态观观照下的替代型翻译与吸收型翻译辨析》，《民
　　族翻译》2011 年第 4 期（b）。

吴志杰：《中国传统译论研究的新方向：和合翻译学》，《南京理工大学学
　　报（社会科学版）》2011 年第 2 期（c）。

吴志杰、王育平：《以诚立译——论翻译的伦理学转向》，《南京社会科
　　学》2008 年第 8 期。

席升阳：《〈周易〉中的真、善、美思想》，《洛阳工学院学报（社会科学
　　版）》2000 年第 1 期。

肖川：《教育与文化》，湖南教育出版社 1990 年版。

肖维青：《翻译批评模式研究》，上海外语教育出版社 2010 年版。

萧洪恩：《易纬文化揭秘》，中国书店 2008 年版。

萧乾、文洁若、许钧：《翻译这门学问或艺术创造是没有止境的》，载许
　　钧等《文学翻译的理论与实践：翻译对话录（增订版）》，译林出版
　　社 2010 年版。

邢福义：《文化语言学》，湖北教育出版社 1990 年版。

熊谊华、王丽耘：《生生之谓易——〈易经〉英译事业的描写性研究》，
　　《周易研究》2015 年第 2 期。

徐芹庭：《细说易经》，中国书店 2009 年版。

徐祝林：《中华现代广告文化艺术特征》，《鞍山师范学院学报》1997 年
　　第 3 期。

许宏：《翻译存异伦理研究——以中国的文学翻译为背景》，上海译文出
　　版社 2012 年版。

许建忠：《翻译生态学》，中国三峡出版社 2009 年版。

许钧：《重复·超越——名著名译现象剖析》，《中国翻译》1994 年第
　　3 期。

许钧：《翻译论》，湖北教育出版社 2003 年版。

许钧：《〈小王子〉在中国的命运》，《中国图书评论》2007 年第 10 期。

许钧：《翻译概论》，外语教学与研究出版社 2009 年版。

许钧：《文学翻译批评研究（增订版）》，译林出版社 2012 年版。

许钧、袁筱一：《当代法国翻译理论》，湖北教育出版社 2001 年版。

许钧等：《翻译学概论》，译林出版社 2009 年版。

许渊冲：《译学与〈易经〉》，《北京大学学报（哲学社会科学版）》1992
　　年第 3 期。

许渊冲：《自成一派的文学翻译理论》，载史忠义、辜正坤主编《国际翻
　　译学新探》，百花文艺出版社 2006 年版。

［古希腊］亚里士多德：《亚里士多德全集（第 8 卷）》，苗力田译，中国
　　人民大学出版社 1992 年版。

娅喆：《接受美学》，《中国远程教育》1994 年第 3 期。

（清）严复：《〈天演论〉译例言》，载罗新璋、陈应年编《翻译论集（修
　　订本）》，商务印书馆 2009 年版。

杨洪林：《〈周易〉"太和"哲学思想与当代社会和谐》，《湖北财经高等
　　专科学校学报》2006 年第 4 期。

杨鸿儒：《换个角度读〈易经〉》，花城出版社 2011 年版。

杨建华：《西方译学理论辑要》，天津大学出版社 2009 年版。

杨玲：《文学翻译中译者的"心理距离"审美态度》，《北京理工大学学报
　　（社会科学版）》2003 年 S1 期。

杨柳：《20 世纪西方翻译理论在中国的接受》，上海外语教育出版社 2009
　　年版。

杨平：《〈易经〉在西方的翻译与传播》，《外语教学与研究》2015 年第
　　6 期。

杨庆中：《周易与人生》，人民大学出版社 2010 年版。

杨向荣：《距离》，《外国文学》2010 年第 2 期。

杨晓荣：《对翻译评论的评论》，《中国翻译》1993 年第 2 期。

杨晓荣：《翻译批评导论》，中国对外翻译出版公司 2005 年版。

杨苡（译）:《呼啸山庄》，平明出版社 1955 年版。

［德］姚斯、［美］霍拉勃:《接受美学与接受理论》，周宁、金元浦译，
　　辽宁人民出版社 1987 年版。

［德］伊瑟尔:《阅读活动——审美反应理论》，金元浦、周宁译，中国社
　　会科学出版社 1991 年版。

易正天:《易经的智慧阅读》，西苑出版社 2009 年版。

余敦康:《中国智慧在〈周易〉〈周易〉智慧在和谐》，《光明日报》2006
　　年 8 月 24 日。

余一中:《幸运人的节日感言》，《中华读书报》2006 年 5 月 17 日。

余中先:《译介先锋文学必须忠实》，《文学报》2000 年 12 月 7 日。

袁可嘉（译）:《彭斯诗抄》，上海译文出版社 1981 年版。

赞宁:《义净传系辞》，载罗新璋、陈应年编《翻译论集（修订本）》，商
　　务印书馆 2009 年版。

张谷若（译）:《还乡》，人民文学出版社 1991 年版。

张杰:《读者理论建构的逻辑起点：作品观念的调整》，《萍乡高等专科学
　　校学报》1994 年第 2 期。

张立文:《和合是 21 世纪中华文化的主题》，《深圳大学学报（人文社会
　　科学版)》2003 年第 1 期。

张立文、莫艮:《和境——易学与中国文化》，人民出版社 2005 年版。

张其成:《易经应用大百科》，东南大学出版社 1994 年版。

张其成:《易道主干》，广西科学技术出版社 2007 年版。

张其成:《张其成全解周易》，华夏出版社 2009 年版。

张荣梅:《赛珍珠〈水浒传〉译本的霍米·巴巴式解读》，《赤峰学院学报
　　（汉文哲学社会科学版)》2011 年第 10 期。

张绍金、易枫:《周易大省悟》，中国商业出版社 2009 年版。

张首映:《西方二十世纪文史论》，北京大学出版社 1999 年版。

张学谦:《从风格标记看小说人物语言风格的传译——以〈红楼梦〉两译
　　本为例》，《长春理工大学学报（社会科学版)》2012 年第 8 期。

张泽乾:《翻译百思》，载许钧主编《翻译思考录》，湖北教育出版社
　　1998 年版。

章楚藩:《易经与辩证法杂说》，浙江大学出版社 2010 年版。

章关键:《想象的智慧——〈周易〉想象学发微》，复旦大学出版社 2007

年版。

赵娟:《问题与视角:西方易学的三种研究路径》,《周易研究》2011 年第 4 期。

赵彦春:《关联论对翻译的解释力》,《现代外语》1999 年第 3 期。

赵彦春:《三字经英译集解》,光明日报出版社 2014 年版。

郑海凌:《翻译标准新说:和谐说》,《中国翻译》1999 年第 4 期。

郑海凌:《文学翻译学基本范畴新论》,载史忠义、辜正坤主编《国际翻译学新探》,百花文艺出版社 2006 年版。

郑海凌、许京:《文学翻译过程中的"距离"问题》,《中国翻译》2002 年第 3 期。

郑敏宇:《重拾依瑞·列维的翻译思想》,《中国翻译》2013 年第 6 期。

郑诗鼎:《论复译研究》,《中国翻译》1999 年第 2 期。

支谦:《法句经序》,载罗新璋、陈应年编《翻译论集(修订本)》,商务印书馆 2009 年版。

中国社会科学院语言研究所词典编辑室(编):《现代汉语词典(2002 年增补本)》,商务印书馆 2002 年版。

周朝伟:《"翻译"为什么可以称为"有机体"?》,*Crazy English Teachers*, 2010 年第 6 期。

周朝伟:《解蔽"翻译标准"》,《陕西教育(高教版)》2011 年第 6 期。

周仪、罗平:《翻译与批评》,湖北教育出版社 1999 年版。

周志培、陈运香:《文化学与翻译》,华东理工大学出版社 2013 年版。

朱安博:《朱生豪翻译的"神韵说"与中国古代诗学》,《江南大学学报(人文社会科学版)》2013 年第 4 期。

朱伯崑:《易学基础教程》,九州出版社 2011 年版。

朱光潜:《谈美 文艺心理学》,中华书局 2012 年版。

朱三毛:《"意境"难求——〈夜雨寄北〉英译之对比分析》,《湖南科技学院学报》2006 年第 2 期。

朱生豪(译):《莎士比亚全集(一)》,人民文学出版社 1978 年版。

朱生豪:《〈莎士比亚戏剧全集〉译者自序》,载罗新璋、陈应年编《翻译论集(修订本)》,商务印书馆 2009 年版。

(宋)朱熹:《四书章句集注》,中华书局 1983 年版。

(宋)朱熹:《周易本义》,王玉德、朱志先整理,凤凰出版社 2011 年版。

朱志荣：《夏商周美学思想研究》，人民出版社 2009 年版。

祝朝伟：《译者职责的翻译伦理解读》，《外国语文》2010 年第 6 期。

宗白华：《美学散步》，上海人民出版社 1981 年版。

邹广胜：《读者的主体性与文本的主体性》，《外国文学研究》2001 年第 4 期。

祖行：《图解易经》，陕西师范大学出版社 2010 年版。

索 引

后　记

　　我 2008 年春初 "尝" 《周易》，这一 "尝" 便觉 "一滴沾唇满口香"，这一 "尝" 便觉 "特造精酿醇悠悠"，这一 "尝" 便觉 "滴滴香浓，意犹未尽"。从此我便陶醉在《周易》的世界里，在这世界里畅游，在这世界里淘宝，在这世界里 "玩味而有所得"，在这世界里尽情享受人生。获《周易》如获无穷无尽的宝藏！

　　我 2005 年开始给深圳大学英语专业的研究生讲授翻译理论课，教学多年，老是拿人家的东西说事，自己没有拿得出手的东西。2011 年产生了构建一种新的翻译理论的想法，但构建何种翻译理论？以什么为理论基础？探讨哪些问题？按何种思路进行研究？……一系列问题摆在面前，困惑不解。2012 年春节期间待在湖南老家，住在新盖的楼房里，悠闲静思之时，上述问题的答案渐渐在脑海里浮现：构建大易翻译学；以《周易》的哲理为理论基础；探讨翻译本质、翻译标准、翻译原则、翻译策略、翻译审美、翻译伦理、翻译风格、翻译距离、翻译批评、翻译生态环境等一系列问题；以 "翻译" 为 "经"，以 "大易" 为 "纬"，"经" "纬" 交织，从哲学的高度将 "体"、"相"、"用" 贯通，以致 "成务"，构建大易翻译学……特别是我生日的那天早晨，我比平时醒得早，似觉灵感闪现，在被窝里就草拟了《大易翻译学》的基本提纲。春节后回深圳，一连三个月，我很少外出，在家 "闭门造车"。三个月的时间里，写了五万多字的书稿。后来，边学边思边写边改，经过三年多的耕耘，这本书终能付梓，现可聊以自慰了。

　　诸葛亮在《出师表》中说："苟全性命于乱世，不求闻达于诸侯。" 笔者有幸 "生在新中国，长在红旗下"，沐浴改革开放春风，享受经济建设成果，太平盛世中惬意执教，安心从事大易翻译学研究，与诸葛亮 "苟全性命于乱世" 相比，真是三生有幸。诸葛亮才智盖世，尚且 "不求闻达于诸侯"，笔者智识平平，怎敢奢求名扬天下，唯望大易翻译学能于世有所裨益，并希望大易翻译学研究后继有人，一则弘扬中国传统文化，二则促进翻译事业发展。诚然，则心满意足，幸哉！乐哉！

本书酝酿与写作过程中，我请教过多位学者，包括香港岭南大学陈德鸿教授、孙艺风教授，香港城市大学朱纯深教授，北京大学陈鼓应教授，清华大学胡庚申教授，山东大学张文智教授，复旦大学何刚强教授，上海大学傅敬民教授，上海外国语大学谢天振教授，华东师范大学潘文国教授、傅惠生教授，福建师范大学岳峰教授，湖南大学李伟荣教授，中山大学黄国文教授，广东外语外贸大学黄忠廉教授、曾利沙教授，四川外国语大学祝朝伟教授，西南财经大学邵璐教授，西南科技大学任运忠教授，西北大学胡宗锋教授等，他们的指教使我获益良多，谨向他们表示由衷的感谢！

本书是广东省教育厅人文社会科学研究项目"大易翻译学：译学的大易视角研究"的最终成果，我的同事张吉良教授和王辉教授参与了项目的申报，吴予敏教授、问永宁教授、蒋道超教授、张晓红教授、阮炜教授、纪瑛琳教授、李小均教授、辛广勤教授、唐立新教授、袁文彬教授等提出了宝贵的意见和建议，特对他们深表谢忱！

本书写作完成后，天津外国语大学赵彦春教授拨冗作序，美国夏威夷大学成中英教授、香港浸会大学谭载喜教授、澳门理工学院蒋骁华教授、台湾师范大学赖贵三教授、中国科学院李亚舒教授、山东大学林忠军教授、上海大学方梦之教授、中山大学王东风教授等受邀点评，深圳大学向春博士热心联系出版，中国社会科学出版社刘艳女士认真负责编辑，他们的鼓励和帮助永记心中！

我的家人，特别是我父亲陈行光、母亲余莲宝、妻子题楚桐、女儿陈钰，始终支持我，给我关爱和温暖，对他们终身感恩！还有很多领导、同事、学生、亲友给了我不少的帮助和支持，恕不一一道姓说名，在此一并衷心致谢！

本书的出版得到深圳大学资助，除衷心道谢外，笔者将鼓足干劲，以实际行动报效深圳大学。

本书的写作是一种尝试，疏漏不妥之处在所难免，诚望广大读者不吝斧正。

陈东成

2015 年 9 月 15 日

于深圳大学海滨小区寓所